J. MICHAEL RAINER

EINFÜHRUNG IN DAS RÖMISCHE STAATSRECHT

Die Anfänge und die Republik

DIE ALTERTUMSWISSENSCHAFT

Einführungen in Gegenstand, Methoden und Ergebnisse
ihrer Teildisziplinen und Hilfswissenschaften

WISSENSCHAFTLICHE BUCHGESELLSCHAFT
DARMSTADT

J. MICHAEL RAINER

EINFÜHRUNG IN DAS RÖMISCHE STAATSRECHT

Die Anfänge und die Republik

WISSENSCHAFTLICHE BUCHGESELLSCHAFT
DARMSTADT

Einbandgestaltung: Neil McBeath, Stuttgart.

Die Deutsche Bibliothek – CIP-Einheitsaufnahme

Rainer, Johannes Michael:
Einführung in das römische Staatsrecht: die Anfänge und die Republik / J. Michael Rainer. – Darmstadt: Wiss. Buchges., 1997
(Die Altertumswissenschaft)
ISBN 3-534-11543-0

Bestellnummer 11543-0

Gedruckt auf säurefreiem und alterungsbeständigem Werkdruckpapier
Satz: Fotosatz Janß GmbH, Pfungstadt
Druck und Einband: VDD–Darmstadt
Printed in Germany
Schrift: Linotype Garamond, 9.5/11

ISSN 0174-0849
ISBN 3-534-11543-0

INHALT

VORWORT

Die Anregung, eine zweibändige Einführung in das römische Staatsrecht zu schreiben, gab mir o. Univ. Prof. Dr. I. Weiler, mein althistorischer Doktorvater in Graz. Dafür und für vieles mehr, was die Beschäftigung mit der Alten Welt anbelangt, bin ich ihm zu bleibendem Dank verpflichtet. Die Erstkorrektur des Manuskriptes übernahm Dr. J. Stauber (München), die erste Fassung verfertigte Frau P. Chaberny (München). Beiden möchte ich herzlich danken. Ohne die umsichtige Endkorrektur von Frau Dr. J. Filip-Fröschl (Salzburg) sowie die perfekte Endredaktion durch Frau M. Ullrich (Salzburg) wäre das Buch noch längst nicht abgeschlossen. Beiden sowie Univ. Doz. Dr. M. Schermaier (Salzburg), der die Literaturliste überprüfte sowie die Druckfahnen las, bin ich zu großem Dank verpflichtet.

Dreieinhalb Jahre lang war mir das Leopold-Wenger-Institut für Antike Rechtsgeschichte in München wissenschaftliche Heimat. Der Direktor dieses Institutes, o. Univ. Prof. Dr. Dr. h. c. Dieter Nörr, war mir beim Bemühen, dem antiken Recht näherzutreten, eine unersetzbare Hilfe. Möge diese großartige wissenschaftliche Einrichtung, die viele Hunderte in- und ausländische Wissenschaftler geprägt hat, trotz des Zeitgeistes weiterhin in diesem Ausmaße bestehenbleiben.

Salzburg, Juli 1996 J. Michael Rainer

ABKÜRZUNGEN

1. Zeitschriften, Reihen und Nachschlagewerke

AHDE	Anuario de Historia del Derecho Español
AJAH	American Journal of Ancient History
AJPh	American Journal of Philology
ANRW	Aufstieg und Niedergang der römischen Welt. Geschichte und Kultur Roms im Spiegel der neueren Forschung, Berlin/New York 1972 ff.
Atene e Roma	Atene e Roma. Rassegna trimestrale dell'associazione di Cultura Classica
Athenaeum	Athenaeum. Studi periodici di Letteratura e Storia dell'Antichità
BIDR	Bullettino dell'Istituto di Diritto Romano
Bonner JB	Bonner Jahrbücher des Rheinischen Landesmuseums in Bonn
Bull. Comm. Arch.	Bullettino della Commissione Archeologica Comunale in Roma
Chiron	Chiron. Mitteilungen der Kommission für alte Geschichte und Epigraphik
CIL	Corpus Inscriptionum Latinarum, Berlin 1863 sgg.
CRAI	Comptes Rendus de l'Académie des Inscriptions et Belles-lettres
ED	Enciclopedia del Diritto (Milano)
Eos	Eos. Commentarii Societatis Philologae Polonorum
FIRA	Fontes Iuris Romani Anteiustiniani, 3 Bde., Firenze 1940–1943 (vol. III: Nachdruck 1968 mit Appendix)
Hermes	Hermes. Zeitschrift für klassische Philologie
Historia	Historia. Zeitschrift für alte Geschichte
IURA	IURA. Rivista internazionale di diritto romano ed antico
JRS	Journal of Roman Studies
Klio	Klio. Beiträge zur alten Geschichte

Labeo	Labeo. Rassegna di Diritto romano
Latomus	Latomus. Revue d'études latines
MEFR	Mélanges d'archéologie et d'histoire de l'Ecole française de Rome (bis 1971)
Memorie Acc. Lincei	Memorie della Classe di Scienze morali e storiche dell'Academia dei Lincei
Mnemosyne	Mnemosyne. Bibliotheca Classica Batava
NGA	Nachrichten der Akademie der Wissenschaften in Göttingen
PP	La Parola del Passato. Rivista di studi antichi
RE	Paulys Real-Encyklopädie der classischen Altertumswissenschaft, Stuttgart 1873 ff.
REL	Revue des Etudes Latines
RH	Revue Historique
RIDA	Revue Internationale des Droits de l'Antiquité
RIL	Rendiconti dell'Istituto Lombardo, Classe di lettere, scienze morali e storiche
RISG	Rivista Italiana di Scienze Giuridiche
Riv. St. Cl.	Rivista di Studi Classici
RSI	Rivista Storica Italiana
SDHI	Studia et Documenta Historiae et Iuris
SZ	Zeitschrift der Savigny-Stiftung für Rechtsgeschichte (Romanistische Abteilung)
TAPhA	Transactions and Proceedings of the American Philological Association
Vestigia	Vestigia. Beiträge zur alten Geschichte, hrsg. von der Kommission für Alte Geschichte und Epigraphik des Deutschen Archäologischen Instituts

2. Abgekürzte Literatur

Alföldi	A. Alföldi, Die Struktur des voretruskischen Römerstaates, Heidelberg 1974
Biscardi, Auctoritas Patrum	A. Biscardi, Auctoritas Patrum, Problemi di storia del diritto pubblico romano, Napoli 1987
Bleicken, Lex Publica	J. Bleicken, Lex Publica. Gesetz und Recht in der römischen Republik, Berlin/New York 1975

Bleicken, Verfassung	J. Bleicken, Die Verfassung der römischen Republik. Grundlagen und Entwicklung, Paderborn/München/Wien/Zürich [6]1993.
Capogrossi	L. Capogrossi-Colognesi, Storia delle istituzioni romane arcaiche, Roma 1978
Coli	U. Coli, Regnum, in: SDHI 17 (1951) 1 ff.
De Francisci, Primordia	P. De Francisci, Primordia civitatis, Roma 1959
De Martino	F. De Martino, Storia della costituzione romana, 2ª ed., vol. 1–5 Napoli 1972–1975, vol. 6 (indici) Napoli 1990
De Sanctis	G. De Sanctis, Storia dei romani, vol. 1–4, Firenze 1907–1923
DH	Dionys von Halikarnaß
Ferenczy	E. Ferenczy, From the Patrician State to the Patricio-Plebeian State, Budapest 1976
Garofalo	L. Garofalo, Il processo edilizio. Contributo allo studio dei iudicia populi, Padova 1989
Gjerstad, Early Rome	E. Gjerstad, Early Rome, vol. 1–6, Lund 1953–1973
Guarino	A. Guarino, Le origini quiritarie. Raccolta di scritti romanistici, Napoli 1973
Hanell	Chr. Hanell, Das altrömische eponyme Amt, Lund 1946
Kunkel	W. Kunkel/R. Wittmann, Staatsordnung und Staatspraxis der Römischen Republik, II: Die Magistraturen, München 1995 (Handbuch d. Altertumswiss. 3, 2, 2)
v. Lübtow	U. v. Lübtow, Das römische Volk. Sein Staat und sein Recht, Frankfurt a. M. 1955
Martin, Royauté	P. M. Martin, L'idée de royauté à Rome, I: De la Rome royale au consensus républicain, Clermont-Ferrand 1982
Mazzarino	S. Mazzarino, Dalla monarchia allo stato repubblicano, Catania 1945
Mommsen, StR	Th. Mommsen, Römisches Staatsrecht, Bd. 1–3, Leipzig [3]1887–1888 (Nachdr. Darmstadt 1963)
Palmer	R. E. A. Palmer, The Archaic Community of the Romans, Cambridge 1970

Ranouil	F. Ch. Ranouil, Recherches sur le „Patriciat (509–367 av. J.-Chr.), Paris 1973
Serrao	F. Serrao, Classi partiti e legge nella Repubblica Romana, 1974 (Rist. Pisa 1981)
Siber	H. Siber, Römisches Verfassungsrecht in geschichtlicher Entwicklung, Lahr 1952
Siber, Plebejische Magistraturen	H. Siber, Die plebejischen Magistraturen bis zur lex Hortensia, Leipzig 1936 (in: FS der Leipziger Juristenfakultät für A. Schultze)
Storia di Roma	Storia di Roma, vol. I: Roma in Italia (ed. A. Momigliano/A. Schiavone), Torino 1988
Taylor, The voting districts	L. Ross Taylor, The voting districts of the Roman Republic, Rom 1960
Valditara	G. Valditara, Studi sul magister populi. Dagli ausiliari militari del rex ai primi magistrati repubblicani, Milano 1989
Watson	A. Watson, Law Making in the Later Roman Republic, Oxford 1974
Wenger	L. Wenger, Die Quellen des römischen Rechts, Wien 1953
Wieacker	F. Wieacker, Römische Rechtsgeschichte. Quellenkunde, Rechtsbildung, Jurisprudenz und Rechtsliteratur, I: Einleitung, Quellenkunde, Frühzeit und Republik, München 1988 (Handbuch d. Altertumswiss. 10, 3, 1)
Willems	P. Willems, Le sénat de la république romaine. Sa composition et ses attributions, vol. 1–2, Löwen 1878–1885

EINLEITUNG

Das vorliegende Buch ist tatsächlich als Einführung zu verstehen. Dabei habe ich mich bemüht, zu den einzelnen Problemen einen möglichst knappen Überblick zu bieten. Freilich ist oftmals meine eigene Anschauung unmittelbar eingeflossen. Bezüglich der wissenschaftlichen Diskussion habe ich regelmäßig auf die Fußnoten verwiesen. Auch dabei darf aber entsprechend dem Sinn und Zwecke des Werkes keine Vollständigkeit vorausgesetzt werden. Es handelt sich jeweils um diejenige wissenschaftliche Literatur, die in meinen Augen von großer Bedeutung ist. Das gleiche gilt für die angeführten Quellen. Da ich davon überzeugt bin, daß die Verfassung der römischen Republik auch als staatsrechtliches System zu verstehen ist, sind die einzelnen Institutionen dieses Systems nach Paragraphen geordnet angeführt. Ich habe mich aber auch bemüht, jene historischen Grundlagen darzustellen, die zur Entstehung der römisch-republikanischen Verfassung von 367 geführt haben. Ich habe ausdrücklich darauf verzichtet, auf jene von den Quellen so hervorragend dokumentierte politische Auseinandersetzung, die zum Untergang der Republik geführt hat, einzugehen. Vom staatsrechtlich-systematischen Standpunkt her bin ich fest davon überzeugt, daß durch diese Vorgehensweise das Wesen der republikanischen Verfassung klar und deutlich in den Vordergrund tritt. Die politische Diskussion seit Tiberius Gracchus (133) hat nicht zu nachhaltigen Veränderungen im System geführt. Die Auseinandersetzung zwischen Popularen und Optimaten ist eine rein politische gewesen, wie namentlich die Rolle der Volkstribunen und des Senates und insbesondere ihr Zusammenwirken bzw. ihre Gegensätze. Die römische Verfassung, wie sie sich in eindrucksvoller Weise aus den Schriften Ciceros ergibt, war im wesentlichen jene, deren Grundlagen im Jahre 367 gelegt worden waren. Insbesondere die Versuche, die Herrschaft eines Mannes zu errichten, müssen bis zu Augustus als Episoden angesehen werden. Marius, Sulla und Pompeius sowie auch Cäsar sind Episode geblieben. Ich beabsichtige diese Phänomene im II. Band anläßlich der Entstehung des Prinzipates zu behandeln. Einen hervorragenden allgemeinen Überblick bietet M. A. Levi[1], besonders mit der sogenannten Verfassung Sullas hat sich Th. Hantos[2] beschäftigt.

Zur Vertiefung in die Materie empfehle ich nachdrücklich das nach wie vor unübertroffene Werk von Th. Mommsen über das Römische Staatsrecht. Von unvermindertem Interesse sind wegen der Fülle der verarbeiteten Quellen und der intensiven Darstellungsweise L. Lange, Römische Altertümer, 3 Bde., Berlin 1876 (1. und 2. Band in der 3. Auflage, der 3. in der 2. Auflage), J. N. Madvig, Die Verfassung und Verwaltung des römischen Staates, 2 Bde., Leipzig 1881/1882 sowie E. Herzog, Geschichte und System der römischen Staatsverfassung, Leipzig 1884. Aus neuerer Zeit seien das Werk von De Martino sowie E. Meyer, Römischer Staat und Staatsgedanke, Zürich ^{4}1975 und J. Bleicken, Verfassung der römischen Republik genannt. In italienischer Sprache sei das einführende Werk von A. Burdese, Manuale di Diritto Pubblico Romano, Torino ^{3}1987 erwähnt. Die beste Arbeit zu den Ursprüngen des römischen Staates ist augenblicklich jene von Capogrossi, den Übergang von der Monarchie zur Republik betreffend jene von Valditara. Keinem Althistoriker ist es besser gelungen, in das Recht des römischen Staates einzudringen, als J. Bleicken, sein Buch zur *lex publica* sei ebenfalls als grundlegende Lektüre anempfohlen. Zur historischen Einführung empfehle ich The Cambridge Ancient History VII, Teil 2, The Rise of Rome to 220 B. C., herausgegeben von F. W. Walbank (1989) unter Mitarbeit der besten Kenner der Materie wie Ogilvie, Momigliano u. a. Zur Geschichte des römischen Rechts und zu den Magistraten werden die leider fragmentarisch gebliebenen Handbücher von Wieacker und Kunkel für lange Zeit die Grundlage jeder weiteren Forschung bieten.

[1] M. A. Levi, La costituzione Romana dai Gracchi a Giulio Cesare, Milano 1974.

[2] Th. Hantos, Res publica constituta. Die Verfassung des Dictators Sulla = Hermes Einzelschriften 50, Stuttgart 1988.

§ 1. Die Grundlagen

Ein Buch über römisches Staatsrecht zu verfassen setzt prinzipiell voraus, daß der Verfasser der Ansicht ist, daß der Staat der Römer und ihr politisches Handeln gefestigten Regeln folgte, die allgemein anerkannt waren. Die Gesamtheit derartiger allgemeinverbindlicher Regeln ist durchaus als Verfassung zu bezeichnen. Es kann keinem Zweifel unterliegen, daß der Staat der römischen Republik ab dem Jahre 367 von einer derartigen Verfassung geprägt war. Diese Verfassung geht auf eine leider sehr fragmentarisch überlieferte Gesetzgebung zurück, die unter dem Namen der Licinisch-Sextischen Gesetze bekannt ist. Politisch wurde die Reform einem der „großen alten Herren" der Zeit, dem ruhmvollen Sieger von Veji, M. Furius Camillus übertragen: Er sollte als Dictator den zweiten und entscheidenden Ständeausgleich zwischen Patriziern und Plebejern in die Wege leiten.[3] Ab diesem Zeitpunkt war sichergestellt – ein wichtiges Element des Staatsrechtes –, auf welchem Wege die Verfassung weiterentwikkelt werden konnte. In der Tat ist die republikanische Verfassung Veränderungen unterworfen gewesen, und selbst die Weiterentwicklung wurde im Jahre 287 durch die *lex Hortensia* auf eine andere Ebene gestellt. Die Jahre von 367 bis 287 sind geprägt durch vielfach politisch bedingte Anpassungen, diese hatten aber im Sinne der Verfassung über Gesetze *(leges)* zu erfolgen. Die Kompetenz, Gesetzesbeschlüsse zu fassen, stand ausschließlich von 367 bis 287 den Centuriatcomitien, der wichtigsten der Volksversammlungen, zu. Geregelt war 367 des weiteren die Zusammensetzung derselben, bestehend aus 193 Einheiten, und die Einteilung auf Grund timokratischer Kriterien. 367 bestanden außerdem sämtliche Magistraturen, die den Staat je nach ihrer Kompetenz in Friedenszeiten wie im Kriege *(domi/militae)* zu lenken hatten. Dazu zählte insbesondere auch die Wahrnehmung der Gerichtsbarkeit. Consul, Prätor, Censor, Ädil, Quästor, Volkstribun, ihnen allen kamen schon 367 ganz bestimmte Aufgaben zu, die, sieht man von der erhöhten Kompetenz der Volkstribunen durch die 287 beschlossene allgemeine Gültigkeit der Plebiszite ab, im wesent-

[3] Liv. 6, 42, 2; 6, 42, 9–14; Diod. 15, 75, 1; F. Cassola, Lo scontro fra patrizi e plebei e la formazione della *nobilitas*, in: Storia di Roma I, Torino 1988, 458 ff.

lichen bis zum Ausgang der Republik unverändert blieben. Als Bollwerk der Regierungspraxis mit genauen staatsrechtlichen Funktionen existierte der Senat, ein Rat gewesener Magistrate. Freilich kann die Verfassung von 367 allein der Form wegen nicht mit den modernen europäischen Verfassungen in der Tradition der amerikanischen verglichen werden. Gewiß, im Jahre 367 wurden auf Grund eines politischen Ausgleichs viele Regeln definitiv gemacht, manche freilich auch tatsächlich völlig neu konzipiert: Zu letzteren zählen insbesondere das Doppeloberamt und die Beschränkung der Prätur im wesentlichen auf die Jurisdiktion, die Schaffung des curulischen Ädilen und die Ausgestaltung der Centuriatcomitien. Viele staatsrechtlich relevante Grundsätze waren freilich durch einen langen historischen Entwicklungsprozeß derart geformt, daß sie selbstverständlich geradezu als Grundlage der Verfassung von 367 dienten: In allen diesen grundsätzlichen Dingen, wie prinzipielle Aufteilung der Staatsgewalten in Volksversammlung, Magistratur, Senat und Priesterschaften, wie Ausformung der Kompetenzen anhand von Begriffen wie *imperium* oder *auctoritas*, war die römische Verfassung ungeschriebenes Gewohnheitsrecht.

Th. Mommsen hat dem römischen Staat durch sein monumentales ›Staatsrecht‹ ein unvergängliches Denkmal geschaffen. Sein Werk bleibt durch die Fülle des verarbeiteten Quellenmaterials und durch die geniale Methode des historisch arbeitenden Juristen einerseits, des juristisch arbeitenden Historikers andererseits unübertroffen. Freilich hat Mommsens Darstellungsweise auch Kritik auf sich gezogen. Als fundamental möchte ich J. Bleickens Auseinandersetzung nennen: Bleicken hat in vielfacher Hinsicht das Richtige erkannt, er hat insbesondere hervorgekehrt, wie sehr der Jurist Mommsen um die Begriffsbildung gerungen hat, wie sehr er bei der Konzeption seines Staatsrechts auf die von Puchta weiterentwickelte Historische Schule baute.[4] Mommsen war selbst ein *homo politicus*, sein Engagement für ein fortschrittliches, verfassungsmäßiges Deutschland ist seit dem Jahre 1848 evident, nicht zuletzt beschäftigte er sich selbst immer wieder mit Verfassungsentwürfen. Stärker noch als Bleicken möchte ich darauf hinweisen, wie sehr überhaupt die Begrifflichkeit des römischen Staatsrechts auf Mommsen zurückzuführen ist. Die Römer waren exzellente Politiker und auf dem Wege des politischen Sinnes und Konsenses schufen sie aus der Praxis die Verfassung von 367 und paßten

[4] J. Bleicken, Lex Publica, Berlin 1975, 14ff. S. 19 Kritik am vielfach aprioristisch gesetzten Begriff, S. 23f. zum System im Sinne des Rechtspositivismus.

sie bis 287 den praktischen Erfordernissen und den Veränderungen der Gesellschaft weiter an. Ihnen fehlte aber jeder Zugang zur Theorie des Staatsrechtes und dies in einem noch viel höheren Ausmaße, als dies für das Privatrecht der Fall war.

Im Gegensatz zur grundsätzlichen, systematischen Einheit des römischen Privatrechtes, das nicht von historischen Umbrüchen gekennzeichnet ist, ist der Staat, den Augustus seit dem Jahre 31 ins Leben gerufen hatte, ein völliger Neuanfang. Insofern fehlen uns für das Staatsrecht der Republik jene Aussagen, die den spätklassischen Juristen wie Papinian, Ulpian oder Paulus für den Staat des Prinzipates entnommen werden können. Selbst die vermeintlich theoretischen Schriften eines Cicero wie *De republica* oder *De legibus* erweisen sich vielmehr als Apologie der Republik, durchsetzt mit wenigen reformatorischen Vorschlägen. Sie belegen aber deutlich die Existenz staatsrechtlicher Einrichtungen und die Funktionsfähigkeit derselben.[5] Der wichtigste Theoretiker der römischen Verfassung war freilich der Grieche Polybios[6], der *sine ira et studio*, nicht getrieben vom politischen Alltagsgeschehen und geschult an griechischer Wissenschaftlichkeit das Wesen des römischen Staates zu erfassen vermochte. Th. Mommsen ist völlig zu Recht der polybianischen Auffassung der drei Säulen des römischen Staates, Volksversammlung – Magistratur – Senat, gefolgt.[7] Dabei hat er freilich selbst den abstrakten Begriff wenn nicht sogar selbst geprägt, so doch einer entscheidenden Klärung zugeführt. Begriffe wie Consulat, Magistratur, Prätur, Tribunat etc. waren den Römern als solche fremd, andere wie *imperium, comitia, concilium* dagegen bekannt. Natürlich darf das Fehlen des Begriffs nicht dazu führen, annehmen zu wollen, daß den Römern das Wesen des Amtes des Consuls, eben das Consulat, nicht klar gewesen war. Das Gegenteil ist der Fall. Mommsens Begrifflichkeit hat das System der römischen Verfassung, hat die rechtliche Komponente des römischen Staates der Moderne eröffnet und insbesondere der modernen staatsrechtlichen Diskussion zugänglich gemacht. Dies ist eine immense Leistung und ein bleibendes Verdienst. Dadurch wurde erstmals in einmaliger Deutlichkeit vorgeführt, daß entwickelte Staaten rechtlich systematisch organisiert sein müssen, daß das Politische –

[5] Vgl. A. Heuß, Ciceros Theorie vom römischen Staat, in: NGA 8 (1975) sowie ders., Zur Thematik republikanischer „Staatsrechtslehre", in: FS Wieacker, Göttingen 1978, 71 ff.

[6] Polyb. 6, 11–6, 18.

[7] Vgl. Th. Mommsen, Römische Geschichte II^{10}, 452.

das Veränderliche – zum Recht, dem Unveränderlichen, führen kann und wahrscheinlich bei Kontinuität von Gemeinschaften auch führen muß. Um dies zu demonstrieren, mußte Mommsen in manchen Belangen das System der Entwicklung voranstellen. Nur dieser bisweilen ahistorische Kraftakt konnte das Staatsrecht als solches in gebotener Deutlichkeit darstellen. Heute sind wir von der Aufgabe befreit, auch für die Antike das Staatsrecht darlegen und beweisen zu müssen: Mommsens Beweis bedarf in seiner Großartigkeit keiner weiteren Unterstützung. Aus diesem Grunde fällt es uns leichter, einzelne Entwicklungen deutlicher zu zeichnen, das Historische stärker zur Geltung kommen zu lassen. Dieser Tatsache muß insbesondere dadurch genügt werden, daß die Verfassung der römischen Republik das Produkt einer jahrhundertelangen politischen Auseinandersetzung ist und in sich die Substanz zahlreicher Kompromisse darstellt. Grundsätzliches wie die Trennung der Ausübung der staatlichen Gewalt und der Beratung durch Ältestenräte sowie prinzipielle Teilnahme des Volkes an politischer Willensbildung durch eine Heeresversammlung gehen in die vielfach nicht näher ergründbare Vorzeit der Wanderungen und Seßhaftwerdung zurück. Erst im Jahre 367 stand dasjenige staatsrechtliche Gebilde fest, das man als die Verfassung der römischen Republik bezeichnen kann. Einige Anpassungen, von denen die Gleichschaltung Plebiszite – *leges* bei weitem die wichtigste ist, und die damit verbundene Aufwertung des Volkstribunates waren 287 abgeschlossen. Gerade die lange und mühevolle Phase bis 367 ist wohl von Mommsen unterschätzt worden, was ihn insbesondere zur irrigen Annahme der ursprünglichen Kollegialität im Oberamt bewog. Diese oft langwierige und mühevolle politische Kompromißfindung darf uns freilich nicht darüber hinwegtäuschen, daß der römische Staat auch für den modernen Betrachter der Staatswissenschaften ab 367[8] eine klar erkennbare Verfassung hatte, daß die rechtlichen Bausteine diese Verfassung klar erkannt, begrifflich abgesteckt haben und daß insbesondere auch das Funktionieren des politischen Systems im Zusammenwirken der einzelnen rechtlichen Institute dargelegt werden kann: Damit ist außer Zweifel zu stellen, daß die Verfassung von 367 die Grundlage eines römischen Staatsrechtes war. Diese Verfassung erwies sich in den Grundfunktionen als außerordentlich stabil, und sie wirkt geistig als solche bis auf unsere Tage. Nicht das politische

[8] Nach wie vor grundlegend K. v. Fritz, The Reorganisation of Roman Government in 366 BC and the so called Licinio-Sextian Laws, in: Historia 1 (1950) 13ff.

Geplänkel der Endphase prägt unser Verständnis der republikanischen Verfassung, sondern Senat, Magistraturen, Volksversammlungen, also die zentralen Begriffe des Staatsrechtes. Es ist seit Mommsens Tagen immens vieles über den Untergang der römischen Republik zu Papier gebracht worden: der Kampf zwischen Optimaten und Popularen, die Macht der Volkstribune in der Auseinandersetzung mit dem Senat, das Streben nach Alleinherrschaft. Historisch gesehen steht am Ende dieser Entwicklung eine neue Verfassung, die des Augustus. Die genauere Darlegung dieser Prozesse gilt dem Beginn des Prinzipates. Nur soviel sei im Zusammenhang mit dem republikanischen Staatsrecht darüber vermerkt: Sieht man von wenigen Ausnahmen ab, begrub erst Augustus die Verfassung von 367, allerdings mit der Eigenheit eines großen Staatsgründers, also unwiderruflich, endgültig, total. Bei Cäsar liegt die Vermutung nahe, daß er, wenn auch in anderer Form, desgleichen gehandelt hätte. Marius, Sulla und Pompejus – Sulla im größten Ausmaße – veränderten die Verfassung höchstens temporär; vielmehr handelt es sich um politische Episoden, um Maßnahmen, die nie an die Substanz der Verfassung gingen. Sullas Verfassung beispielsweise war eine kurzlebige politische Antwort, nicht eine Verfassungsschöpfung neuer Art. Auch weitere politische Anpassungsversuche sollen in diesem Buch nicht genannt werden, sie sind im wesentlichen kurzlebig gewesen und dienen daher der historischen Forschung in weit größerem Ausmaße als der staatsrechtlichen. In der Tat, eine Fülle von Werken hat das Ende der Republik auch unter staatsrechtlichen Aspekten dargestellt. Sie alle zeigen eindeutig, daß es sich um politische Maßnahmen handelte, um kleine Antworten auf oftmals große Probleme.[9] Das Jahrhundert der römischen Revolution von Tiberius Gracchus 133 bis zu Augustus ist zwar von ungeheurem historischem Interesse, doch von der Seite des Staatsrechtes her unergiebig. Gaius und Tiberius Gracchus fielen politischen Machenschaften zum Opfer, nicht einem Verfassungsbruch. Daß sie sich jemals um eine Veränderung der römischen Verfassung bemüht hätten, ist nicht bekannt. So kann man nur wieder Bausteine zusammenfügen, Tendenzen hervorkehren, die zum Prinzipat des Augustus führten: Dazu

[9] Vgl. etwa L. Thommen, Das Volkstribunat der späten römischen Republik, Stuttgart 1989; L. A. Burckhardt, Politische Strategien der Optimaten in der späten römischen Republik; L. De Libero, Obstruktion. Politische Praktiken im Senat und in der Volksversammlung der ausgehenden römischen Republik, Stuttgart 1992. Nach wie vor grundlegend C. Meier, Res publica amissa. Eine Studie zu Verfassung und Geschichte der späten römischen Republik, Wiesbaden 1966.

zählt insbesondere der immense Herrschaftsbereich, über den die Römer verfügten. Er war zugleich Quelle unermeßlichen Reichtums wie Faktor sozialer Entwicklungen im römischen Staate. Neben der herrschenden Nobilität brachte der Reichtum, die Ausbeutung eroberter Länder es mit sich, daß das Regierungsmonopol gegen die traditionellen Familien von einer neuen reichen bürgerlichen Schicht in Frage gestellt wurde. Die Geschlossenheit der römischen Nobilität und der steigende Reichtum des sogenannten neuen Ritterstandes mußten permanente Konflikte heraufbeschwören. Die Administration der Provinzen sowie der Drang nach weiteren Eroberungen führten zur Existenz ständig wachsender, stehender Bürgerheere. Das Problem der Versorgung der Soldaten wurde ständig drängender, insbesondere dann, wenn die Zeit zum Beutemachen zu Ende war. Die lange Zeit im Felde hatte den römischen Bauernstand ruiniert, wie bereits Tiberius Gracchus richtig erkannt hat. Nicht zu vernachlässigen sind außerdem geistige Faktoren: Die Auseinandersetzung mit griechischer Kultur und Geschichte sowie die Herrschaft über die Griechen führten in der römischen Oberschicht in zunehmendem Ausmaße zur Verehrung griechischer Vorbilder, insbesondere des Eroberers und Alleinherrschers par excellence, Alexanders des Großen. Das Streben nach Alleinherrschaft fand so seine Legitimation in der Geschichte. Diese und andere Faktoren mehr – von denen ich insbesondere die Unfähigkeit des republikanischen Staates sehen möchte, die Provinzen rechtsstaatlich zu verwalten, sie wurden vielmehr militärisch drangsaliert und ruchlosen Steuerpächtern überantwortet – führten zum Untergang des republikanischen Staates.

Auch in Gegenüberstellung zum Neuen erwirbt die republikanische Verfassung eine historische wie systematische Eigenberechtigung. Ebenso wie ökonomische, soziale, kulturgeschichtliche Faktoren die Entwicklung der Politik und damit des Politischen und der Verfassung bestimmen und prägen können, steht für mich außer Zweifel, daß auch die Verfassung ihrerseits nachhaltig auf das Politische zu wirken vermag. Auf diese Weise können auch soziale und ökonomische Prozesse das Ergebnis der Verfassung werden. Die Verfassung wird somit zum gleichberechtigten Element, das bald stärker, bald schwächer die Gesellschaft durchdringt und lenkt. Die Verfassung der römischen Republik hat dies über fast dreieinhalb Jahrhunderte getan, sie hat aus einem Stadtstaat mit geringem Umland, schwacher Wirtschaftskraft und geringem allgemeinem Wohlstand einen aus Italien bestehenden Territorialstaat gemacht, der weite Teile der Mittelmeerwelt unangefochten beherrschte, der sein Modell vom Stadtstaat auf unzählige autonome Gemeinwesen ausdehnte, der zu einer bis dahin nie dagewesenen wirtschaftlichen Größe aufgestiegen war und der für einen Großteil seiner Bürger einen ungewohnten allgemeinen Wohlstand gebracht hatte. Diese Leistungen wären ohne die Grundlage der Verfassung undenkbar. Auch aus dieser Perspektive gesehen ist es zumindest ebenso notwendig, wie die Erforschung aller anderen Komponenten römischer Geschichte auch die Struktur und das System der römisch-republikanischen Verfassung zu ergründen. Diese Erkenntnis ist nur vermittels juristischer Begrifflichkeit und Systematik denkbar. So ist es bei aller gebotenen Vorsicht, die Einflüsse anderer Faktoren auf die Verfassung und insbesondere auf das Werden und die Entwicklung, die politische Realität nicht zu vernachlässigen, durchaus geboten, diese Verfassung vom staatsrechtlichen Betrachtungswinkel aus, d. h. vom juristischen Begriff und der juristischen Systematik aus zu erforschen.[10] Zuletzt sei daran erinnert, wie sehr die moderne staatsrechtliche Terminologie und die Theorie vom Staat als solche auf das System der Römer zurückzuführen ist. Montesquieus staatstheoretische Schriften, die so nachhaltig das politische Denken der Neuzeit geprägt haben, sind das unmittelbare Ergebnis seiner intensiven Beschäftigung mit der römischen Geschichte und zuvorderst mit der Verfassung der römischen Republik.

§ 2. Die Quellen

Wer sich mit der Verfassung der römischen Republik beschäftigt, muß zumindest darüber Auskunft geben, welchen Stellenwert er den Quellen[11], der Überlieferung schlechthin einräumt. Freilich, die Erforschung staatsrechtlicher Einrichtungen ist um vieles klarer als der Ablauf historischer Ereignisse. Nach der in diesem Buch vertretenen Meinung hatte die 367 im wesentlichen vorgezeichnete Verfassung unter Berücksichtigung einiger zumeist nur punktueller Veränderungen Bestand bis zur Neugründung des Staates durch Octavian Augustus. Das bedeutet, daß wir insbesondere auf die reichlich vorhan-

[10] Vgl. dagegen Bleicken, Lex Publica 57 unten. Betonung der historischen Begrifflichkeit, Abhängigkeit der Begrifflichkeit von den jeweiligen Verhältnissen, und zwar S. 33 mit Kritik, Lücken durch innere Logik zu schließen.

[11] Nach wie vor grundlegend Wenger; jetzt Wieacker, Romanistische Quellenkunde, 2. Teil, 63–182 sowie Bleicken, Lex Publica 5 ff., zu Recht kritisch.

dene Literatur der späten Republik zurückgreifen können. Keine Quelle kommt dabei an die Schriften Ciceros heran, nicht nur sind seine staatstheoretischen Schriften von eminenter Bedeutung für das Verständnis der römischen Verfassung, sondern auch aus seinen Prozeßreden und Briefen erschließt sich uns die Praxis der Verfassung, das eigentliche Staatsrecht. Daneben bieten die etwas späteren Autoren Varro, Festus und Valerius Maximus über Definitionen, Hinweise und Episoden die Möglichkeit, verfassungsmäßige Einrichtungen tiefer zu ergründen. Als besonderes Glück muß außerdem gelten, daß uns der große griechische Historiker Polybios geradezu als Zeitgenosse ein faszinierendes Bild der römischen Verfassung und ihres Wirkens in der Realität des 2. Jh. vermitteln konnte. Zurückzugreifen ist noch auf die bei Pomponius D. 1, 2, 2 pr. – 34 überlieferte Tradition zur Entwicklung des römischen Staates. Bemerkenswert sind zudem die Jahreslisten der römischen Amtsträger, insbesondere der Oberbeamten: Diese sind zuvor auch in die literarische Überlieferung eingeflossen, stellen aber als epigraphisches Zeugnis über weite Strecken eine eigenständige Quelle dar. Das Problem der *fasti consulares*, die bereits an den Beginn der Republik die berühmte consularische Kollegialität stellen, wird seit Mommsen heftig diskutiert;[12] ich schließe mich all jenen an, die die Authentizität der Fasten vor 450 grundsätzlich in Frage stellen und die bis zum Jahre 367 doch noch berechtigte Zweifel anmelden.[13] Ab diesem Jahr, der endgültigen Einführung der kollegialen Obermagistratur, sind die Fasten unbedenklich. Die Periode von 450 bis 367 ist zumindest nicht grundsätzlich, was die Entwicklung der Magistraturen anbelangt, in Frage zu stellen.

Über die römische Königszeit und die Republik informieren uns Titus Livius und Dionys von Halikarnaß, zwei Autoren der augusteischen Zeit. Beide bedienten sich vorangegangener Autoren, zogen aber auch historische Dokumente in ihre Betrachtung ein. Über die Glaubwürdigkeit dieser Autoren ist viel gestritten worden, Tatsache

[12] Th. Mommsen, Römische Chronologie, Berlin ^{2}1859, 110 ff. und CIL I^{2}. Für eine grundsätzliche Authentizität G. De Sanctis, Storia dei Romani I, cap. 1; A. Degrassi, Inscriptiones Italiae XIII, 1. Fasti consulares et triumphales, Roma 1947.

[13] Vgl. schon K. J. Beloch, Römische Geschichte, Berlin/Leipzig 1926, 1 ff.; R. Werner, Der Beginn der römischen Republik, München 1963, 219 ff.; ders., B. G. Niebuhr und der Aufbau der frührömischen Chronologie, in: Chiron 12 (1982) 363 ff.; K. Hanell, Das altrömische eponyme Amt, Lund 1946, 65 ff. u. 147 ff. Vgl. zuletzt mit weiterführender Literatur Wieacker 178 Fn. 104.

ist, daß offenbar die Aufzeichnungen der Zeitgenossen der frühen und mittleren Republik ausgesprochen knapp und dürftig ausgefallen waren. Offenbar kam den *pontifices* die Rolle zu, die wichtigsten Ereignisse der Nachwelt zu überliefern. Diese *annales* werden in erster Linie Ereignisse vermerkt haben, die mit dem Göttlichen in irgendeinen Zusammenhang zu bringen waren, Erdbeben, Seuchen, Blitzschläge und andere Fingerzeige der Gottheiten, wie Mißgeburten.[14] Der Überlieferung nach war Fabius Pictor der erste Römer, der bewußt ein historisches Werk verfaßte. Dieser Mann, der in der 2. Hälfte des 3. Jh. lebte, versuchte wohl auch aus propagandistischen Motiven, die römische Geschichte, die Frühzeit und die Entwicklung bis zur Mittelmeer-Großmacht, insbesondere den griechischen Nachbarn beschönigend vorzuführen: In der Tat schrieb er in griechischer Sprache.[15] Fabius' Werk ist zum Ausgangspunkt einer historischen Tradition geworden, der Annalistik,[16] auf welcher letztlich Dionys und Titus Livius fußen. Uns muß hier weder die Kunst der Reden berühren noch erzählte Ereignisse wie der Freitod der Lucretia oder Coriolans, dies ist das weite Feld der Philologen und Historiker. Gerade auf Grund der überlieferten Fasten und der Überlieferung durch die *pontifices* ist davon auszugehen, daß die Grundzüge der staatlichen

[14] Zu den Annalen der *pontifices* zuletzt B. W. Frier, Libri Annales Pontificum Maximorum, Roma 1979; Cic. Orat. 2, 12, 52–53; Cic. Leg. 2, 11, 26–27. Vgl. im historischen Sinne G. Sigwart, Römische Fasten und Annalen bei Diodor, in: Klio 6 (1906) 269 ff.

[15] Zu Fabius Pictor grundlegend A. Momigliano, Linea per una valutazione di Fabio Pittore, in: Rendiconti Accademia dei Lincei, Classe di Scienze Morali, Storiche e Filologiche XV (1960) 7–12. Sehr negativ A. Alföldi, Römische Frühgeschichte, Heidelberg 1976, 48 ff.

[16] Dazu: K. W. Nitzsch, Die römische Annalistik von ihren ersten Anfängen bis auf Valerius Antias, Berlin 1873; W. Soltau, Die Anfänge römischer Geschichtsschreibung, Leipzig 1909; R. Bloch, Tite-Live et les premiers siècles de Rome, Paris 1965; R. M. Ogilvie, A commentary on Livy, books 1–5, Oxford 1965; W. Papst, Quellenkritische Studien zur inneren Geschichte der älteren Zeit bei Titus Livius und Dionys von Halikarnass, Diss. Innsbruck 1969; D. Musti, Tendenze nella storiografia romana e greca su Roma arcaica. Studi su Livio e Dionigi d'Alicarnasso, Urbino 1970; D. Timpe, Fabius Pictor und die Anfänge der römischen Historiographie, in: ANRW I/2 (1972) 928 ff.; J. Poucet, Le premier livre de Tite Live et l'histoire, in: Les études classiques 43 (1975) 327 ff.; ders., Fabius Pictor et Denys d'Halicarnasse, in: Historia 25 (1976) 201 ff.; C. E. Gabba, La Storia di Roma arcaica di Dionigi d'Alicarnasso, in: ANRW 30, 1 (1982) 804 ff.; F. Càssola, Diodoro e la storia romana; in: ANRW 30/1 (1982) 724 ff.

Entwicklung seit der etruskischen Monarchie einen nicht zu leugnenden Kern historischer Wahrheit enthalten.[17] Dazu zählen:

1. Die servianische Heeresreform.
2. Der Sturz der etruskischen Könige.
3. Der patrizisch-plebejische Gegensatz.
4. Die Annuität der Obermagistratur.
5. Die Entstehung plebejischer Magistraturen.
6. Dezemvirat und 1. patrizisch-plebejischer Ausgleich.
7. Der Senat.
8. Das Experimentieren im Oberamt 450–367.
9. Die Entstehung weiterer Magistraturen insbesondere der Censur.
10. Die Rolle der Heeresversammlung in politischer Funktion.

Der Rest wurde entweder ausgeschmückt oder frei erfunden, ebenso wie der Sturz der etruskischen Monarchie und der Ständekampf die patrizische Geschichtsbetrachtung wiedergeben. Das Funktionieren von Volksversammlungen, Senat und Magistraturen ist für die Frühzeit ein getreues Abbild der Verfassung von 367, wie Fabius Pictor und seine Nachfolger sie erlebten und kannten. Dazu zählt insbesondere das kollegiale Oberamt und die Centurieneinteilung präziser Art nach Vermögensverhältnissen und ihre ausschließlich politische Funktion.[18]

Was für die Republik noch ergründbar ist, wird für die Zeit vor Servius Tullius geradezu zur Legende. Gewiß, Strukturen wie *rex*, Ältestenrat und Heeresversammlung sind aus den Tagen der Wanderung bei der Seßhaftwerdung übernommen worden, aber die so peinlich genau geschilderte Verfassung des Romulus vor allem bei Dionys ist wohl samt und sonders in das Reich der Phantasie zu verwerfen.[19] Hier möchte ich mich den ablehnenden Ausführungen von Poucet[20] anschließen. Freilich, gerade für die Frühzeit, die Stadtgründung und Stadtwerdung, Fremdherrschaft und auswärtige Einflüsse hat sich die Archäologie als wichtige Quelle erwiesen. Sie hat insbesondere wesentliche Erkenntnisse zum latinischen Siedlungsumfeld beigesteuert, die etruskische Herrschaft und die Blütezeit der Stadt unter den

[17] Zum Problem ausgewogen Wieacker 146. Vgl. zur Beurteilung der Quellen im institutionellen Bereich Valditara 1 ff. und besonders 31 ff.

[18] Vgl. auch Bleicken, Lex Publica 5 ff. Wieacker § 5 mit umfassender weiterführender Literatur.

[19] E. Gabba, Studi su Dionigi d'Alicarnasso. I, La costituzione di Romolo, in: Athenaeum n. s. 38 (1960) 175 ff.; L. Fascione, Il mondo nuovo, La costituzione romana nella 'Storia di Roma arcaica' di Dionigi d'Alicarnasso, Napoli 1988.

[20] J. Poucet, Les origines de Rome, Bruxelles 1985.

Etruskern sowie den ihrem Sturz folgenden wirtschaftlichen Niedergang dokumentiert. Über den chronologischen Nachweis von Pflasterungen, Tempelgründungen, Veränderungen öffentlicher Bauten *(regia)* hat sie im wesentlichen das chronologische Grundgerüst der Annalistik bestätigt.[21]

§ 3. Die Anfänge

Oftmals ist die Frage gestellt worden, ob der römische Staat aus kleineren, aber bereits politischen Einheiten entstanden war oder ob vielmehr das Zerbersten größerer Patenschaft gestanden hatte. Für den Zweck dieses Buches ist die Diskussion nicht zielführend, da von anderen Prämissen ausgegangen werden muß. Diese Prämissen können nicht in frühester Urgeschichte menschlicher Gesellschaft gesehen werden, sondern in den großen Völkerwanderungen, die nach langer und wohl nicht genau nachvollziehbarer Wanderschaft bestimmte, zusammengehörende Menschengruppen nach Italien brachten, die man den indogermanischen Völkerschaften zurechnen muß. Linguistische Gemeinsamkeiten weisen darauf hin, daß die in Italien eindringenden Menschen irgendwann, irgendwo in Gemeinschaft gelebt haben müssen und daß von dieser ursprünglichen Gemeinsamkeit Abbröckelungserscheinungen auftraten, die zu neuen und zumindest linguistisch separaten Einheiten führten. Diese Einheiten, unterteilt insbesondere in Latiner, Umbrer, Osker, Falisker etc., treten uns zu Beginn des 1. Jahrtausends in bestimmten italischen Siedlungsgebieten entgegen.[22] Zweifellos ist es dabei zur Gründung von politischen Gebilden auch städtischer Natur gekommen, so daß die Gründung der Stadt Rom nur als eine dieser Gründungen verstanden werden kann. Völlig zu Recht berichten die Quellen von einer Vielzahl von „Städten“ auf dem Territorium des latinischen Stammes. Das heißt, eine ursprüngliche Einheit von wandernden Stämmen wird allein durch die Seß-

[21] M. Pallotino, Le origini di Roma, in: ANRW I/2 (1972) bes. 25 ff.; vgl. zuletzt C. Ampolo, La nascita delle città, in: Storia di Roma, 153 ff. mit eingehender Diskussion. Id., La città riformata e l'organizzazione centuriata, in: Storia di Roma, 203 ff.; F. Coarelli, Demografia e territorio, in: Storia di Roma, 317 ff.; J. C. Meyer, Pre-Republican Rome, Odense 1983.

[22] Zu den Anfängen mit umfangreichen Literaturhinweisen Wieacker 185 ff. Vgl. auch E. Gjerstad, Early Rome VI, Lund 1973 und A. Momigliano, An interim report on the origins of Rome, in: JRS 53 (1963) 95 ff.; Alföldi, Struktur 15, 28 bes. 40; M. Torelli, Le popolazioni dell'Italia antica, in: Storia di Roma, 53 ff.

haftwerdung von zentripetalen Kräften langsam aufgelöst. Insofern ist der Stamm der Latiner, der selbst aus der größeren Einheit der sog. Italiker hervorgegangen war, zeitweilig eine politische Einheit gewesen, und zwar bis zur definitiven Seßhaftwerdung im Gebiet zwischen Tiber und der Küste nördlich von Antium mit dem Zentrum der Albaner Berge. Eine andere Frage wäre natürlich der soziale Aufbau des latinischen Stammes bis zu seiner politischen Zersplitterung, und hier spricht angesichts der späteren archaischen Überreste vieles für eine Gentilordnung.[23] Daß aber zur Zeit der Wanderung der Stamm als solcher „politische“ Funktionen wahrnehmen mußte, in welchem hierarchischen Aufbau auch immer, ist ein Gebot des nackten Überlebens. Diese sichtlich im militärischen Sinne besonders tiefgehend geprägten Strukturen – aber wohl auch im religiösen und rechtlichen – wurden dann auf die einzelnen Städte sukzessive übertragen, wenn sich auch föderale, militärische und insbesondere religiöse Gemeinsamkeiten wie in Lavinium[24] erhielten. Von nomadisierenden *gentes* in Latium zu träumen ist einfach verfehlt. Die nach *gentes* erfolgte Siedlung bedeutete gewiß die Zuweisung von Weidegründen an *gentes*,[25] die Häupter derselben regierten die Orte, wobei angesichts der geringen Bevölkerung die aus der Völkerwanderung hervorgegangenen *gentes* nicht allzu groß an Mitgliedern gewesen sein mußten. Möglicherweise wurden auf derlei Zügen auch Untergruppen mitgeschleppt, insbesondere wurden aber bei der Landnahme die Ureinwohner zumindest zeitweilig unterdrückt. Nicht in Betracht gezogen werden kann die vorstaatliche Entwicklung der *gens*, wobei hier insbesondere auf ethnologische Studien zu verweisen wäre.[26] Als wesentliche Entwicklungsstufen sehe ich:

1. Den indogermanischen Ursprung.
2. Die Prägung in Zeiten der Wanderung (auch Einflüsse von außeritalischen temporären Siedlungsplätzen).

[23] Vgl. De Francisci, Primordia 169 ff.; vgl. auch V. Arangio-Ruiz, Storia del Diritto Romano, Napoli [7]1957, 413; Capogrossi 25 ff.; Guarino 49.

[24] F. Castagnoli, Lavinium I, Roma 1972; ders., Les Sanctuaires du Latium archaïque, in: CRAI (1977) 460 ff.

[25] De Francisci, Primordia 167 ff.; L. Capogrossi-Colognesi, La città e la sua terra, in: Storia di Roma, 266 ff., 271 ff.

[26] Eingehende Studien werden insbesondere von Franciosi auf der Basis ethnischer Überlegungen angestellt. Vgl. so etwa: politischer Charakter nur im Rahmen der *civitas* (129). Die Ergebnisse Franciosis werden namentlich von F. Serrao, Diritto Privato Economia e Società nella Storia di Roma, Napoli 1984, 54 ff. übernommen. Wieacker 196 ff.

3. Die Prägung durch Einheimische und Umwelt in den endgültigen Siedlungsplätzen in Italien.

Keine Frage kann es auch sein, daß zur Zeit der Seßhaftwerdung der Latiner Regeln herrschten, die das soziale Zusammenleben regelten. Diese waren ebenso wie die soziale Struktur selbst das Produkt einer langen Entwicklung. Sie betrafen das Zusammenleben sowohl innerhalb der *gens* wie auch der *gentes* untereinander. Die Regeln, die das Leben innerhalb der *gens* bestimmten, mußten die Verhältnisse der Mitglieder untereinander betreffen, insbesondere im Hinblick auf die Rolle innerhalb des Verbandes. Im Mittelpunkt stand dabei die Ordnung des Nachwuchses. Zur Zeit, als Rom ein Staat wurde, waren die *gentes* bereits in monogamisch-patriarchalische Kleingruppen = Familien unterteilt, d. h., Ehe und Filiation müssen als geregelt angenommen werden. Diese Regelung, die wohl dem ganzen Stamme zu eigen war, weist auf eine Entstehung vor der Zersplitterung der Stammeseinheit. Daß es sich dabei nicht um gesatztes, noch um in exakten Regulierungsmechanismen entstandenes Recht gehandelt haben kann, versteht sich von selbst. Die Römer selbst würden in späterer Zeit ein derartiges Recht mit *mos* umschrieben haben (inexakt dagegen Gaius 3, 17).

Als weitere, ganz wichtige rechtliche Komponente am Beginn des Staates finden wir die von den Göttern den Menschen vorgegebenen Ordnungen. Dieser sakralen Komponente ist entgegen dem Schweigen der meisten Autoren allergrößtes Gewicht beizumessen, ist doch in der Regel die Verbindung zum Überirdischen als entscheidender Ordnungsfaktor in frühen Gesellschaftsordnungen aufzufassen und richten sich menschliche Verhaltensweisen nach dem vermeintlichen Gutheißen bzw. Ablehnen der Gottheit. Es ist daher wahrscheinlich, daß diejenigen Menschen, denen ein engerer Kontakt zu dieser möglich ist, auch einen besonderen Einfluß auf die Mitmenschen ausüben. Die uns zur Verfügung stehenden Hinweise auf die indogermanische Religion frühester Zeit mag uns davor warnen, in historisch greifbarer Zeit dergleichen zu sehen.[27] Die vorangegangene Entwicklung, insbesondere die Frage nach der vorendomono-

[27] Zur frühen römischen Religion nach wie vor grundlegend G. Dumézil, La réligion romaine archaïque, Paris ^{2}1974, ders., Fêtes d'romaines d'été et d'automne, Paris 1975; ders., L'héritage indoeuropéen à Rome, Paris 1949; H. Wagenvoort, Wesenszüge altrömischer Religion, in: ANRW I/2 (1972) 348 ff.

gamisch-patriarchalischen Ordnung bleibt bewußt ausgeklammert. Gewarnt werden kann nur vor auch im Marxismus allzu lange gehätschelten Traumvorstellungen – doch der Traum vom goldenen Zeitalter ist ungleich älter – einer wie immer gearteten Urgesellschaft und dergleichen. Dieser Traum wird durch folgende Überlegungen sehr fraglich:

1. Allgemeine phylogenetische Untersuchungen von Rangordnungen.[28]
2. Die Herausbildung einer Hierarchie im Verlaufe des permanenten Kriegszustandes der Wanderung: Vorteile des kriegerisch Erfolgreichen.[29]
3. Die hierarchischen Strukturen indogermanischer Religion (und nicht nur dieser).

Für die Zeit der Seßhaftwerdung des latinischen Volkes im Raume des heutigen Latium um die Albaner Berge schlage ich folgende Sozialordnung vor:

1. *Gentes* bestehend aus einer mehr oder minder großen Anzahl von monogam strukturierten Familien, die sich auf einen noch nicht allzu fernen Vorvater zurückführen. Hierarchische Strukturen innerhalb der *gentes*, hervorgegangen aus der Wanderungszeit, d. h. charismatische Herrschaft[30] innerhalb der *gens* und sakrale Funktion dieses Anführers sowie streitschlichtende Rolle.

Als demokratisches Element ist die Versammlung sämtlicher Familienoberhäupter zu sehen,[31] die in Zeiten, als die militärisch-charismatische Führerrolle in den Hintergrund trat, einen aus ihrer Mitte zum Vorsitzenden des Verbandes bestimmten, d. h., daß eine erbliche Führerrolle nicht aufscheint. Die Seßhaftwerdung mußte auch unabhängig von der ökonomischen Entwicklung (siehe unten) die Rolle des militärisch-charismatischen Gensoberhauptes zugunsten der einzelnen Familienoberhäupter verschieben.

2. Das oben genannte Modell ist im größeren Rahmen auf das gesamte Volk zu übertragen. Charismatisches Herrschertum[32] mußte in

[28] Vgl. z. B. E. Topitsch, Erkenntnis und Illusion: Grundstrukturen unserer Weltauffassung, Hamburg ^{2}1988, 44 ff.

[29] Zu diesem interessanten Punkt Capogrossi 36 ff.

[30] De Francisci, Primordia 181.

[31] De Francisci, Primordia 176: *curia*.

[32] M. Weber, Die drei reinen Typen der legitimen Herrschaft, in: Preußische Jahrbücher 187 (1922) 6 ff.

Zeiten militärischer Notwendigkeit vorherrschend gewesen sein. Welchen Titel oder welche Bezeichnung auch immer dieser Heerführer getragen haben mag, er ist typologisch als Vorläufer des *rex* zu bezeichnen. Dieses Heerkönigtum, dem gewiß eine wichtige sakrale Rolle zukommen mußte, war bei Seßhaftwerdung in Frage gestellt und wurde zurückgedrängt.

3. Im Prozeß des Auseinandersiedelns erleben wir den eigentlichen Schritt zur Staatswerdung. Er erfolgte nach der Niederlassung der *gentes* im Territorium und durch Zusammensiedlung in einzelnen festen Orten. In ganz Latium entstanden so Siedlungen, die nach dem Muster der ursprünglichen *urbs* aus mehreren, mehrere Familien umfassenden *gentes* bestanden und wohl entsprechend insbesondere den militärischen Gegebenheiten Staatsoberhäupter bestimmten.

Im Zusammenspiel von Auflösung, Zersiedelung, Zusammensiedelung und Neugründung sind die ersten Jahrhunderte des letzten vorchristlichen Jahrtausends in Latium zu erblicken. Die Auflösung eines sichtlich politischen wandernden Volksstammes und die Errichtung neuer politischer Einheiten mit Territorien, daher nach moderner Definition Staaten im eigentlichen Sinne, stehen als Hintergrund an der Wiege des römischen Staates, der einer der letzten – vielleicht sogar der letzte – auf latinischem Gebiete gegründeten Staaten gewesen sein dürfte.

Die Streusiedlung der Latiner, die zur Auflösung ihrer politischen Strukturen der Wanderzeit führte, bedeutete, daß wohl kein eigentlicher latinischer Staat entstanden war. Überreste aus der Wanderzeit liegen in der religiösen Einheit und in kultischen Überresten wie dem *ver sacrum* und dem *rex Nemorensis.*[33]

Stadtwerdung oder Stadtgründung sind Begriffe, die in diesem Zusammenhang stets gegeneinander ausgespielt werden[34]: Gewiß, ohne Gründung keine „Werdung“, aber freilich Gründung in sehr bescheidenem Ausmaße. Siedlungen am Palatin, am Abhang Richtung Tiber und selbst im Forum stehen anderen Siedlungen im Quirinal- und Esquilinbereich gegenüber, wobei die Annahme durchaus plausibel ist, daß die auf den Hügeln jenseits des Forums Siedelnden dem sabinischen Volk zuzurechnen sind.[35] Freilich muß vor der Umwallung

[33] Zur Betonung des indogermanischen Charakters Ed. Meyer 14ff.; C. Ampolo, Ricerche sulla lega Latina, in: Parola del Passato 36 (1981) 219ff.

[34] Vgl. die Arbeiten von E. Gjerstad, Early Rome, 6 Bde., Lund 1953–1973; H. Müller-Karpe, Zur Stadtwerdung Roms, Heidelberg 1962.

[35] J. Poucet, Les Sabins aux origines de Rome, in: ANRW I/1, 48ff. Vgl.

die Beziehung Stadt–Umland fließend gewesen sein. Die Umwallung ebenso wie die archäologisch nachweisbare rudimentäre Pflasterung des Forum um die Mitte des 7. Jh. zeugen vom urbanen Charakter der Siedlung, damit kann die Stadtwerdung als abgeschlossen bezeichnet werden.[36] Welche zentrale Bedeutung dem Abschluß der Stadtwerdung im Bewußtsein der Römer zukam, beweist die große Rolle, die auch im entwickelten Staatsrecht der ursprünglichen Stadtumfriedung, dem *pomerium*, zukam. Sein Verlauf ist nur teilweise gewiß; mit Sicherheit wurde er im Laufe der Zeit ausgedehnt, umfaßte aber auch in der hohen Republik nur die zentralen ursprünglichen sechs Hügel der Stadt Rom: Palatin, Kapitol, Esquilin, Quirinal, Viminal, Caelius. Noch in historischer Zeit befand sich der Aventin außerhalb des *pomerium*.[37]

Freilich, es gab zuvor staatliche Strukturen, ab diesem Zeitpunkt aber, und zwar für annähernd sechs Jahrhunderte, wird die Stadt zum Zentrum und Inbegriff des Staates. Die Lage der Stadt erwies sich als äußerst günstig, lag sie doch am äußersten Rande des latinischen Siedlungsgebietes und damit offen für äußere Einflüsse. Andererseits boten die Hügel, insbesondere das steil abfallende Kapitol, die Burg, hinreichende Verteidigungsmöglichkeiten. Die Nähe zur Tibermündung bedeutete außerdem Nutzung und Vermarktung der Salzvorkommen. Von den Einflüssen verschiedener Völkerschaften sind in erster Linie jene der Etrusker, eines zwischen Tiber und Apennin siedelnden Volkes, zu nennen. Die unmittelbaren Einflüsse sind historisch und archäologisch klar dokumentiert, eine etruskische politische

auch De Francisci, Primordia 561 ff. Insbesondere die Aufspaltung aller Kultverbände in Latini und Collini wie Salier und Lupercier weisen in diese Richtung; vgl. Ch. Ulf, Das römische Lupercalienfest, Darmstadt 1982. Auch die Überlieferung eines ursprünglich sabinisch-latinischen Doppelkönigtums Romulus/Titus Tatius ist nicht a priori abzulehnen. Vgl. auch Alföldi, Struktur 172 ff.

[36] Vgl. dazu eindrucksvoll C. Ampolo, La nascita della città, in: Storia di Roma, 153 ff. Wichtig aber zur Stadtwerdung im Gebiete Roms ist der Ausstellungskatalog, Civiltà del Lazio primitivo, Roma 1976. Vgl. auch Capogrossi 53 f. sowie A. Bernardi, La Roma dei re fra storia e leggenda, in: Storia di Roma, 184 ff. Vom religiösen Standpunkt her legt das historische Fest des Septimontium davon Zeugnis ab. Vgl. nochmals C. Ampolo, La città arcaica e le sue feste, in: Archeologia Laziale 4 (1981) 233 ff. sowie I. Poe, The Septimontium and the Subura, in: TAPhA 108 (1978) 147 ff.

[37] Gell. 13, 14, 5. Dazu A. Magdelain, Le Pomerium archaïque et le mundus, in: REL 54 (1976) 71 ff.

Vorherrschaft ab etwa 600 kann als gesichert angesehen werden. Die etruskischen Herrscher haben gewiß die Stadt und somit den Staat perfektioniert.[38]

Wie schon mehrmals betont, sollen auch hier nicht die Fragen des Ursprungs untersucht und dargestellt werden.[39] Die *gens* war aber im

[38] Dazu etwa Guarino 68; Alföldi, Struktur 59; v. Lübtow 40f.; Wieacker 197.

[39] Die diesbezügliche Literatur kann als besonders reichhaltig bezeichnet werden, münden doch mehrere Forschungszweige in diese „Ursprungsdebatte" ein. Meines Erachtens ist es ein Gebiet, das vornehmlich der vergleichenden Ethnologie bzw. Kulturanthropologie vorbehalten sein sollte. Doch haben sich seit jeher Juristen und Historiker des Problems angenommen. Kurz gefaßt stellte man sich insbesondere die Frage, ob die *gens* als vorstaatliche Organisation politischen Charakters existierte. Überblick über die verschiedenen Ansichten De Martino I, 4ff. Siehe insbesondere für die Ursprünglichkeit der Familie und *gens* (patriarchalische Theorie) H. Summer Maine, Ancient Law Bd. V, Ndr. Tucsan 1986, 107; Mommsen StR III, 9. Besonderen Inhalt erhielt diese Anschauung durch die sog. politische Interpretation von P. Bonfante (Res mancipi e res nec mancipi [1888], in: Scritti II, 1ff.; La gens e la famiglia [1888], in: Scritti I, 1ff., Storia I, 60), der im Staat einen fixen Anhaltspunkt menschlicher Organisation sah, wie auch immer bezeichnet oder definiert, jedenfalls aber in vorstädtischer Zeit. In diesem Sinne Perozzi, Istituzioni di Diritto Romano I, 300; De Francisci, Storia del Diritto Romano I, 138ff.; Primordia 162ff.; Frezza, Corso di Diritto Romano 2 (1968), 19ff.; vgl. aber G. Hanard, Aux origines de la famille romaine, in: Revue interdisciplinaire d'études juridiques 5 (1980) 63ff. und 6 (1981) 127ff. Besonders eingehend De Martino I, 11ff., wenn auch zum Teil problematisch: keine blutsmäßige Zusammengehörigkeit, sondern ethnische, nur mythischer Urvater. Verweist auf vorstädtische Gentilrechte, insbesondere Luperkalier auf gemeinsamem Territorium, auf Haupt der *gens*. Marxistischer Ansatz dann bei Begründung der politischen Rolle, die stets als eine hoheitliche Zwangsgewalt zu verstehen sei (17). Dieser Schritt sei erst dann vollzogen worden, als neben den gleichen Gentilen „untergeordnete", sog. Klienten aufgenommen worden seien, für den Autor der Beginn der Klassengesellschaft (vgl. F. Engels). Der Verf. spricht sich für Gentilland und monokratische Führung aus (36). Gegen diese vorstaatlich-politische Rolle der *gens* gab es schon frühzeitig kritische Stimmen. Bemerkenswert ist die Vorstellung von Ed. Meyer, der der Entstehung der Familie größere ethnische Gruppen (Horden) voranstellte (Geschichte des Altertums I ff.). Über die Anfänge des Staates und sein Verhältnis zu den Geschlechtsverbänden, Sitzungsbericht Preuß. Akad. 1907, 508). Kleinere Gruppen seien erst als Abspaltungen der großen entstanden. Insofern seien Familien- und Verwandtschaftsverbände bewußte Schöpfungen des Staates. Vgl. De Francisci, Primordia 188f., ursprünglich zwar politische Funktionen, aber kein politischer Organismus.

entwickelten römischen Staat in manchen Bereichen von Bedeutung.[40] Sie kann als ideeller Verband von Familien definiert werden, die auf einen gemeinsamen Urvater zurückgeht und die dessen *nomen* als *nomen gentile* im Namen führt. Sie ist zumindest in historischer Zeit ein lose strukturierter Verband, sehr im Gegensatz zur straff geführten Familie *proprio iure*, die völlig monokratisch auf das Familienoberhaupt, den *pater familias*, ausgerichtet war. Ihre Bedeutung beruht in erster Linie auf der für Jahrhunderte wichtigen Differenzierung in Patrizier und Plebejer,[41] die Zugehörigkeit zur *gens* vermittelte die Zugehörigkeit zum Stand und die damit verbundenen Vorteile bzw. Benachteiligungen. Noch in der ausgehenden Republik war die Zugehörigkeit zum Patriziat bzw. zur Plebs für die Betroffenen eine klare Angelegenheit. Die meisten verfassungsmäßigen Einrichtungen, beginnend mit den Curiatcomitien – wobei die Curien immerhin noch gentilizisch zusammengesetzt waren –, berücksichtigten die *gentes* nicht. Dies trifft insbesondere auf die Centuriatcomitien zu, die Volksversammlung aufgrund timokratischer Einteilungsprinzipien. Die eigentlich politische Rolle der *gentes* dürfte in der Zeit früher Staatlichkeit im Rat der Häupter der *gentes* gelegen haben, und zwar insbesondere durch Bestimmung des jeweiligen *rex* und Mitwirkung bei dessen Regierungsgeschäften.[42] Gewisse Hinweise wie gemeinsame Kulte und Heimfall der Erbschaft im Falle eines Nachlasses[43] an

[40] Vgl. Capogrossi 66 f.

[41] Zum Problem der fehlenden Gentilverfassung bei den Plebejern Franciosi 7 ff., Rücksicht bereits in XII Tafeln auf Plebejer. Andererseits ist gerade die XII-Tafeln-Bestimmung *gentiles familiam habento* ein Hinweis dafür, daß auch die Plebejer vielleicht *per analogiam* gentile Strukturen annehmen wollten. Vgl. De Francisci, Primordia 194 und v. Lübtow 162.

[42] D. h., daß dieser Rat womöglich von irgendeinem König geformt wurde, aber sicherlich nicht gegründet, wie dies DH 2, 12, 1; Liv. 1, 8, 7 über Romulus berichten, als Aufnahme der 100. Es muß ursprünglich einfach die Versammlung der Häupter der *gentes* gewesen sein.

[43] Zu Recht gegen *gentis enuptio* De Martino I, 14 f. Im Jahre 186 war infolge des Bacchanalenskandales der Freigelassenen Hispala Fecennia (Liv. 39, 14, 3 ff., vgl. zum *Senatus Consultum de Bacchanalibus* CIL I 195 = FIRA 1 Nr. 30) gewählt worden, diese Beschränkung betraf offenbar nur Freigelassene; von De Martino anerkannt freilich unter Hinweis, daß dieser Horde keine politische Funktion zukomme (7). Erst mit dem Sinn der Verwandtschaft seien soziale Funktionen geboren worden. Arangio-Ruiz (Le genti e la città, Messina 1914) und De Sanctis sprachen von den *gentes* durch den Staat. Letzterer sah sie als Produkt sozialer Differenzierung an (233). Ursprünglich hätten die einzelnen Kleinfamilien nebeneinander gelebt. Als künstlicher Akt

die *gens* weisen auf ihre bedeutende Rolle in frühen Zeiten hin, eine Rolle, die eben durch den Staat sukzessive übernommen wurde, dies allein aus der Tatsache, daß das Gemeinwesen mehrere bis viele *gentes* umfaßte. In Zeiten der Schwäche des Gemeinwesens konnte die Rolle der *gentes* noch einmal erstarken. Gewiß war dies die Zeit nach dem Sturz der tarquinischen Monarchie. Dokumentiert ist diese Rolle durch die berühmte Expedition der *gens Fabia* gegen Veij, die bekanntlich am Flüßchen Cremera mit einer Katastrophe endete (nach annalistischer Zählung 484 v. Chr.).[44] Die dezemvirale Gesetzgebung

eines Gesetzgebers: B. G. Niebuhr, Römische Geschichte I, Berlin ²1828, 354 ff.). Sehr eingehend hat sich zuletzt Capogrossi (21 ff.) mit dem Problem der *gens* auseinandergesetzt, der durchaus auch die politische Rolle vertritt *(precivico)*, allerdings die patriarchalische Meinung Bonfantes nicht akzeptiert, sondern vielmehr Coli recht gibt, der wohl zu Recht nachgewiesen hatte, daß nicht das Testament als ursprüngliche Form der Erbfolge anzusehen sei, sondern vielmehr die gesetzliche, die ja gerade zur extremen Zersplitterung der Familien führen mußte. Die *gens* sei aber als ursprüngliche militärische Demokratie zu verstehen, eine Vorstellung, der z. T. beigepflichtet werden kann (33), wenn auch gerade im militärischen Bereich das Führerprinzip zu allen Zeiten entwickelt sein mußte, allein deshalb, weil die Menschen (und mithin alle Lebewesen) verschiedene physische Voraussetzungen mitbringen. Capogrossi erkennt dies zwar an (37), allerdings nur ab dem Zeitpunkt der Auflösung der *gentes*. Dem Autor ist freilich insofern recht zu geben, als diese frühe gentile Gesellschaft nicht sehr differenziert sein konnte (was auch aus den archäologischen Funden hervorgeht), während eine Differenzierung im Verlaufe des 8. Jh. zu erkennen sei. Bei den herausgearbeiteten Ursachen: Arbeitsteilung durch metallurgische Produktion, Festigung der seßhaften Landwirtschaft, Expansion des Handels, gerade auch durch den Frieden, pflichte ich dem Verf. bei. Die Auflösung der *gentes* sei dadurch bedingt gewesen, eine Annahme, die ich nicht voll übernehmen möchte, es sei denn hinsichtlich der Betonung des stetigen Aufstieges der *familia proprio iure*, was gewiß mit der Entwicklung des Privateigentums an Grund und Boden sowie Vieh in einem Prozeß der wechselwirkenden Abhängigkeit steht. Während zum einen eben diese Entwicklung die *gens* aushöhlen mußte, war der andere Grund gewiß der Zusammenschluß mehrerer *gentes* zu einem Verband = Gründung des Stadtstaates *(civitas)* mit der damit verbundenen Aufgabe gewisser Kompetenzen und der langsamen Schaffung von Einrichtungen des Gesamtstaates. Vgl. zuletzt Wieacker 195 ff. mit eingehenden Literaturhinweisen, der der *gens* auch eine politische Rolle vor der eigentlichen Stadtgründung zuschreibt im Sinne einer sozialen und wirtschaftlichen Einheit. Wirtschaftliche Grundlage sei eine agrarische Nutzungsgenossenschaft gewesen, die *gens* eben als solche genossenschaftlich organisiert (198), daher keine monokratische Führung der *gens*.

[44] Liv. 2, 49–50.

und die Festigung der republikanischen Institutionen, insbesondere das politische Erstarken der Plebs, machten der *gens* als maßgeblicher politischer Einrichtung endgültig den Garaus.

Als besondere Frage im Rahmen der Gentilverfassung wäre zu klären, ob es neben den eigentlichen gleichwertigen Genossen Gruppen Untergeordneter gegeben hat. Es ist dies das Problem der Klientel[45], deren Ursprung namhafte Gelehrte in jene frühe Zeit setzen[46], wenn auch konkrete Hinweise weitgehend fehlen[47], so daß die genaue Ausgestaltung des Verhältnisses nicht versucht werden sollte. Eine abhängige (bäuerliche) Bevölkerung könnte sich aus Resten vorindogermanischer Bevölkerungen zusammensetzen, in späterer Zeit hatten sich andere Gruppen freiwillig in ein derartiges Verhältnis begeben können *(deditio applicatio)*. Einhelligkeit besteht freilich neuerdings darin, daß die Klientel ursprünglich mit der Plebs nichts zu tun hatte[48], später aber möglicherweise in dieser aufging.

§ 4. Curien und Tribus

Auch an dieser Stelle ist es nicht von Belang, sich die Frage zu stellen, wann die Curien entstanden sein könnten, insbesondere ob vor oder nach Gründung des Staates. Die Existenz einer außer- bzw. überfami-

[45] Th. Mommsen, Römische Forschungen I, 356 ff. und ders., StR III, 54 ff.; anders De Martino I, 37 ff., der in Ablehnung der politischen Rolle der *gentes* nur das höchstpersönliche Verhältnis zwischen einem Patron (egal ob Patrizier oder Plebejer, wenn auch Klientel als typisch patrizische Einrichtung geschildert wird) und einem Klienten anerkennt. De Francisci, Primordia 187; Capogrossi 50. Vgl. DH 2, 9, 1; Cic. Rep. 2, 9, 16; Plut. Romulus 13, 5; Festus 262 L „patrocinia".

[46] Bes. De Martino I, 37 ff., der freilich ganz einfach die rechtliche Struktur des Verhältnisses auf diese frühe Zeit überträgt. Seine Beobachtung, daß das persönliche Abhängigkeitsverhältnis auf eine Entstehung vor dem Stadtstaat hinweist, ist durchaus plausibel zu einer Zeit, als die *gens* das hoheitliche Element repräsentierte (41). Wieacker 189 f., in Gehorsam verpflichtete Kleinbauern, läßt die Frage nach der Entstehung offen.

[47] Einzig Hinweise bezüglich der *gens Fabia*, die 4000 Klienten gehabt haben sollte (DH 9, 15, 3) bzw. 5000 gegenüber 306 eigentlichen Gentilen.

[48] So De Martino I, 41, auch Wieacker 199; L. Capogrossi Colognesi, Alcuni problemi di storia romana arcaica: *ager publicus, gentes* e *clienti*, in: BIDR 83 (1980) 29 ff., ders., *Ager publicus* e *ager gentilicius* nella riflessione storiografica moderna, in: Studi Sanfilippo, Milano 1982, 73 ff.

liären Einteilung kann zugleich als Ausdruck eines politischen Zusammenschlusses angesehen werden.[49] Dabei ist es unbedeutend, ob diese Gruppierung bereits in damals noch nicht zusammenhängenden und zusammengehörenden Teilen der späteren Stadt (= Staat) Rom existierten, wichtig ist letztlich, daß sie als erste Einteilung des römischen Volkes in die Verfassungsgeschichte eintreten. Es kann freilich nicht der geringste Zweifel daran bestehen, daß parentale Strukturen älteren Ursprungs sind. Die historisch überlieferte Zahl von 30 ist künstlich und beruhte auf einem bewußt organisierenden Akt, die Zugehörigkeit erfolgte kraft der Zugehörigkeit zu einer besonderen *gens*[50], was ursprüngliche, örtliche Einteilung nicht ausschließt.

Volksversammlungen sind vielen indogermanischen Völkern eigen, die Versammlung der römischen Curien ist daher durchaus der frühen Phase römischer Staatlichkeit zuzurechnen, insbesondere auch deshalb, weil sie mit Einführung der Centuriatsordnung einen Großteil der politischen Funktion aufgeben mußte, von der militärischen ganz zu schweigen. Gerade diese muß aber die eigentliche, ursprüngliche Funktion der Curien im Staatsverband gewesen sein.[51] Sie ist, wie bei anderen Völkern, mit der Bestellung bzw. Bestätigung des obersten Heerführers gekoppelt gewesen.[52] Dieser Akt wird später als *lex curiata de imperio* bezeichnet.

Es ist auch die Frage aufgetaucht, ob es ältere Formen der Volksversammlungen gegeben hat,[53] doch ist auch dies völlig unwesentlich,

[49] Mommsen StR III, 89 ff.

[50] Mommsen StR III, 90; De Sanctis 247 n. 46; Gell. 15, 27, 5: *cum ex generibus hominum suffragium feratur curiata comitia esse.* Der Überlieferung nach war Romulus der Gründer: Cic. Rep. 2, 8, 4; Liv. 1, 13, 6. v. Lübtow 154 bezeichnet die *lex* bloß als feierliche Erklärung, daß der König das *imperium* übernommen hatte, in der Königszeit habe es noch keine eigentliche Gesetzgebung gegeben (157); anderer Auffassung Palmer 204 f. Daß freilich *conubium* und *commercium*, also volle Ehefähigkeit und Fähigkeit, miteinander gültige Rechtsgeschäfte abzuschließen, von der Curienzugehörigkeit abhingen (195 f.), ist abzulehnen. Auch De Francisci, Primordia 578 ff. hat sich gegen eine legislatorische Tätigkeit der Curien ausgesprochen. Vgl. Alföldi, Struktur 58 ff.

[51] Völlig zu Recht Wieacker 201 „Wehrverband mehrerer *gentes*".

[52] De Francisci, Primordia 383.

[53] So De Sanctis 251. Zum gemeinsamen italischen Ursprung Mommsen StR III, 96 mit Belegen. Der verschiedene ethnische Ursprung der Curien muß abgelehnt werden; so aber Palmer 175. Ursprung und langsame Entwicklung aus früherer Zeit, De Martino I, 107. Ursprünglicher Zusammenschluß einiger Familien (nicht *gentes*), De Sanctis 247.

staatsrechtlich relevant ist erst die Einteilung in Curien und die Versammlung unter dem Namen der *comitia curiata*. Zu unterstreichen wäre die Teilnahme der gesamten mannbaren Bürgerschaft, sicher als Erbschaft irgendwelcher Stammesversammlungen, sehr im Gegensatz zum Senat, der sich als Ältestenrat aus den Häuptern der *gentes* zusammensetzte.[54] Die Curien sind damit gewiß auch Ausdruck eines „demokratischen Elements" der Verfassung, abgesehen von der Frage nach Teilnahme der Plebs an dieser Einteilung. Die Curiatcomitien sind daher verfassungsmäßig durchaus als Verfeinerung des ursprünglichen Gentilgemeindewesens zu verstehen.

War die Bestätigung des obersten Führers durch die Curien konstitutiv oder lediglich als Treuegelübde des Heeres zu verstehen? Gewiß war sie eine verfassungsmäßige Notwendigkeit, wenngleich die „Wahl" eher von anderer Seite vorgenommen wurde. Der *lex curiata de imperio* selbst etruskischen Ursprung beizumessen, besteht nicht der geringste Grund.[55]

Die Curien müssen als älteste organisierte Einteilung der römischen Bevölkerung angesehen werden. Ausgangspunkt könnten kriegerische Männerbünde gewesen sein, bereits in der Zeit vor dem staatlichen Zusammenschluß (*curia* von *coviria*). Auch die Curien sind in ihrer Systematisierung ein Schritt zum Einheitsstaat.[56] Kompetenzen im Rahmen der Staatsmacht ergaben sich aus ursprünglich indogermanischen Mitspracherechten der gesamten waffentragenden Männer, also nicht nur der Oberhäupter der *gentes*. Dieses Recht wirkt insbesondere in historischer Zeit noch in der *lex curiata de imperio*. Nicht unwahrscheinlich scheint ein langsames Entstehen der Curien in den einzelnen (oder einigen) Siedlungsbezirken. Aushebungsbezirke[57] können sie vor der militärischen Reform der Tribuseinteilung nicht gewesen sein, wohl aber danach. Während demnach die Curien durchaus ihre Wurzeln in der Zeit der Stadtwerdung haben können,[58]

[54] De Martino I, 107, 110.

[55] So aber De Martino I, 111.

[56] v. Lübtow 49.

[57] Auch Taglialatela Scafati, Appunti sull'ordinamento militare di Roma arcaica, in: Ricerche sulla organizzazione gentilizia romana II, ed. G. Franciosi, Napoli 1988, 58; Capogrossi 50; Mommsen StR III, 104.

[58] Gjerstad, Early Rome 147 unter Verweis auf *curiae veteres* als Zentrum des Septimontium, Neuordnung nach lokalen Gesichtspunkten 10 Curien pro *tribus*. Palmer 74–84. C. Ampolo, La nascita della Città, in: Storia di Roma, 175 f. Elastisches Schema der Curien entsprach horizontaler sozialer Mobilität (Wanderungen), De Francisci, Primordia 484.

so erscheinen die Endzahl 30 sowie ihre in historischer Zeit erkennbare Organisation und Kompetenzen das Produkt gezielter staatlicher Tätigkeit gewesen zu sein.[59] Insbesondere die Zahl 30 in Verbindung mit den drei ursprünglichen *tribus* läßt die bewußte Systematisierung erkennen. Die ursprünglich gewachsenen Curien waren somit älter als die *tribus*, ursprünglich erfolgte die definitive Einteilung infolge militärischer Reorganisationen. Die Curien sind aber institutionell keineswegs als Unterabteilungen der *tribus* zu verstehen,[60] es sei denn als Aushebungseinheit von ideal 100 Mann. Die Curien waren teils nach Namen, teils nach *gentes* benannt.[61] Die Bedeutung, die den Curien für den Einheitsstaat zuteil wurde, beweist auch die Bezeichnung von *quirites* für die Römer, also Curiengenossen.[62] Die Curien spielten dabei eine religiöse Rolle, die noch in später Zeit durch zwei überaus altertümliche Feste *(fordicidia, fornacalia)* zum Tragen kam, und eine politische Rolle. Diese politische Rolle tritt uns vor allem in Gestalt der *lex curiata de imperio* entgegen, beschlossen in einer Versammlung aller Curienmitglieder. Dieses „Gesetz" war ursprünglich nichts anderes als die Bestätigung durch Akklamation des Königs. Eine derartige Bestätigung kann durchaus auch als Treueid verstanden werden. Die Wahl des Königs selbst erfolgte jedoch nicht in den Curien, sondern durch die Oberhäupter der *gentes*. Eine Ablehnung durch die Curien wird zwar nicht überliefert, fest steht, daß dem designierten König durch die Zustimmung der Curien die Fülle der Vollmachten zustand.[63] Ob es auch dieser Bestellung bei Unterführern

[59] Als gezielte staatliche Maßnahmen *ab initio* die annalistischen Quellen (Romulus). So auch Schwegler, Römische Geschichte, 610. Niebuhr, Römische Geschichte (o. Fn. 43), 317. Systematische Aufteilung in *decuriae* = 10 *gentes*. Als Zusammenschluß einzelner Familien vor Entstehung der *gentes* als Schutz vor dem Staat, De Sanctis 247ff., staatl. Institutionalisieren durch Comitien, auch Plebejer 251. Vgl. v. Lübtow 49, als Schritt zum Einheitsstaat und von gentilizisch-lokaler Gliederung.

[60] Gjerstad, Early Rome 152–158.

[61] Zusammenfassend Palmer 142, 172ff.

[62] A. Bernardi, La Roma dei re fra storia e leggenda, in: Storia di Roma, 185; aus *co-viria* = Männerbund und nicht von der Sabiner-Stadt *Cures*; Palmer 156ff.

[63] De Francisci, Primordia 383; v. Lübtow 154; Palmer 185ff., verstanden jeweils als Gelübde gegen Separatismus, De Martino I, 110f. Palmer bezeichnet den vorgeschlagenen König als *creatus*, er wurde durch die Mehrheit der Curien zum König gemacht *(factum)*. Erst dann seien Auspizien vorgenommen worden und die *lex curiata* (211).

des Königs bedurfte, ist ungeklärt.[64] Den Curien stand wohl keine wie immer geartete legislatorische Kompetenz zu.[65] Aus dem Bereich des (späteren) Privatrechts sind uns die Adrogation und das *testamentum calatis comitiis* als Aufgabenbereich der versammelten Curien = Curiatcomitien bekannt. Offenbar hatten diese jedoch eminent staatspolitische Funktionen, dienten sie doch dem Überleben einer *gens* und ihrer Kulte. Es sollte dem *pater*, der keinen leiblichen Sohn hatte, ein solcher geschafffen werden, sei es zu Lebzeiten, sei es auf den Todesfall! Daß es sich dabei um die ursprüngliche öffentliche Funktion der Curien gehandelt haben könnte, erscheint sehr plausibel. Das hohe Alter ist auch dadurch belegt, daß in derartigen Fällen der *pontifex maximus* den Vorsitz führte.[66] Als eine Neuordnung einer im wesentlichen gentilizischen Gesellschaft waren nur die Gentilgenossen ursprünglich Mitglieder der Curien.[67]

Tribus

Eine der ältesten Einteilungen des römischen Staates waren die *tribus*, die Dreiteilungen. Ihre Entstehung war künstlich, somit ein Akt des Staatsrechtes.[68] Diese sind namentlich überliefert: Tities, Ramnes, Luceres. Die Einteilung scheint in erster Linie eine militärische gewe-

[64] Vgl. K. Latte, Zwei Exkurse zum römischen Staatsrecht, 1. Lex curiata und coniuratio, in: Nachrichten Gesellschaft Göttingen 1934–1936 (1936), 59 = Kleine Schriften, München 1968, 341.

[65] De Francisci, Primordia 578; dagegen Palmer 204 f.

[66] De Francisci, Primordia 545.

[67] De Martino I, 111; F. De Martino, La costituzione della città-stato, in: Storia di Roma, 351; De Francisci, Primordia 588, wohl aber Klienten. Dagegen S. Tondo, Profilo di storia costituzionale romana, Milano 1981, 86.

[68] Liv. 1, 36, 2–8; 1, 13, 8; Varro Lingua 5, 89; Cic. Rep. 2, 8, 14; Cassius Dio 5, 8. Betonung des militärischen Charakters, Palmer 153, auch M. Taglialatela Scafati, Appunti sull'ordinamento militare di Roma arcaica, in: Ricerche sulla organizzazione gentilizia romana II, ed. G. Franciosi, Napoli 1988, 61 u. 83; v. Lübtow 48; Capogrossi 82; De Francisci, Primordia 436 ff.; C. Ampolo, La nascita della città, in: Storia di Roma, funktional gleich wie in Griechenland (172); De Francisci, Primordia durch König (436), doch dies kann nicht bewiesen werden, da die Einteilung in *tribus* voretruskisch war und daher die königlichen Kompetenzen nicht derart geregelt waren. L. R. Menager, Les collèges sacerdotaux, les tribus et la formation primordiale de Rome, in: MEFR 88 (1976) 455 ff.

sen zu sein, d. h. Ordnung des Aushebungswesens und der Formation im Kriegsfall. Insbesondere weist das Nachleben der Reiterei noch innerhalb der reformierten Centurienordnung auf deren ursprüngliche zentrale Rolle hin. Das einzige, den Quellen mit Sicherheit zu entnehmende Kriterium der Einteilung ist das Territorium,[69] somit der lokale Gesichtspunkt, der sich freilich der Siedlungsstruktur im Raume Roms entsprechend z. T. zumindest mit unterschiedlichen ethnischen Komponenten decken könnte. Daß dabei auch dem gentilizischen Aufbau der Gesellschaft Rechnung getragen werden mußte, ist evident. Dennoch bedeutet die Aufteilung der wehrhaften Bürger in ein Dreiersystem außerhalb und jenseits der *gentes* ein Zeichen einer sich über die *gentes* erhebenden Staatlichkeit. Dies insbesondere durch die Errichtung einer Kommandostruktur, bestehend aus *tribuni* (*militum* für die Infanterie, *celerum* für die Berittenen). Keine direkten Berührungspunkte gab es zu den Curien, die insbesondere als religiöspolitische Vereinigung einer noch früheren Zeit entstammen können. Daß die angepeilte Stärke einer *tribus* 1000 Krieger gewesen war, belegt[70] die griechische Bezeichnung für *tribus*: φυλή[71]. Je 100 Mann Reiterei vervollständigten die Streitkräfte. Sie waren in historischer Zeit als *celeres* die Garde des Königs. Als adelige Elitetruppe sind die Reiter jedoch schon aus der Zeit der Wanderungen bedeutsam. Ihre Einordnung in Tribuscenturien ist gewiß ein Zeichen erhöhter Staatlichkeit, die Degradierung zur königlichen Leibwache ein typisches Merkmal etruskischer Tyrannis.[72] Die Bemühungen um die Verdoppelung dieser Reiterei und die Opposition der Auguren zeigen die Gegensätze zwischen Gentiladel und etruskischem Herrscher sehr

[69] Vorwiegend zur ethnischen Wurzel A. Bernardi, La Roma dei re fra storia e leggenda, in: Storia di Roma, 188. Ramnes von Rumor = Tiber = Flußbewohner, Tities = Sabiner, Luceres von Luci = albanische Latiner. Zusammenschluß lokal näher gelegener *gentes*. 2 *tribus* aus Septimontium, 1 von der *colles* (Preroma binoria): Guarino, Rivoluzione 63. Ursprünglich drei autonome politische Gruppen (Capogrossi 72 f.): Tities Bauern, Ramnes Priester, Luceres Krieger, ethnisch: Fascione 77, albanisch, trojanisch, lokale Bevölkerung.

[70] Die *tribus* als Wehrbezirke vor Curien, De Francisci, Primordia 541 f.; Capogrossi 74–82. Nach organischem Wachsen der Curien bei Erreichung der Zahl 30 Einteilung in *tribus*. Aushebung selbst der Reiter in Curien, Gjerstad, Early Rome 161. Zusammenschluß der Curien führte zu *tribus*, aufgrund lokaler Überlegungen schon vor Gründung. Staat übernahm sie zu militärischen Zwecken, C. Ampolo, La nascita della città, in: Storia di Roma, 169.

[71] v. Lübtow 46; C. Ampolo 172.

[72] v. Lübtow 46; De Francisci 542; Alföldi, Reiteradel 87 u. 195.

deutlich.[73] Das Fortleben der Reitercenturien mit den Namen der *tribus* beweist, daß die Neuordnung des gesamten Heeres nach Hoplitencenturien zwar das gesamte Tribussystem ablöste, daß aber die gentil organisierten Reiter trotz verminderter militärischer Aufgaben nominell ihre Privilegien bewahrten.

§ 5. Der Rex

Als zentrale Figur früher römischer Staatlichkeit muß der *rex*[74] bezeichnet werden, dessen konventionelle Bezeichnung König im Deutschen beizubehalten ist.[75] Dabei muß im Falle der römischen Verfassungsgeschichte gewiß der voretruskische König vom etruskischen unterschieden werden. Historisch im genaueren faßbar werden die im 6. Jh. herrschenden, aus dem etruskischen Tarquinia stammenden Könige. Diese brachten eine bereits weit ausgeprägte Staatlichkeit nach Rom, deren Organisation sie auch in Rom beschleunigten. Der genialste von ihnen, Servius Tullius[76], führte eine territoriale Neueinteilung des Staatswesens in *tribus* durch und brach durch die Reform des Heeres im Sinne des *exercitus centuriatus* langfristig die Macht des latinischen Patriziates. Die Staatssymbole blieben auch nach dem Sturze der etruskischen Könige: *toga praetexta, sella curulis, fasces.* Während man die etruskischen Monarchen mit griechischen bürgernahen Tyrannen vergleichen möchte, war die latinische Wurzel des Königtums eine ganz andere: In den langen Zeiten der Wanderungen mußte ein auf militärischen Fähigkeiten und Charisma begründetes, nicht dynastisches Heereskönigtum entstanden sein. Diese Institu-

[73] Anders De Francisci, Primordia 564, der die Aufnahme der *colles* als Grund zur Verdoppelung der Reitercenturien sieht.

[74] Literatur: Mommsen StR II, 3 ff.; De Francisci, Primordia 491 ff.; Capogrossi 91 ff., Coli 1 ff.

Zu den Quellen muß gesagt werden, daß gerade für die Königszeit Titus Livius und Dionys von Halikarnaß besonders problematisch erscheinen. Nichtsdestotrotz ergeben sich aus ihren oft sagenhaften Erzählungen zahlreiche verwertbare institutionelle Aspekte, vgl. etwa DH 24, 2; vgl. Cic. Rep. II, 25–35; vgl. auch R. Klein, Königtum und Königszeit bei Cicero, Diss. Erlangen 1962; Liv. 1, 18, 6 ff.

[75] Zum Problem, spätere juristische Begriffe auf frühere Zeiten zu übertragen, vgl. De Francisci, Primordia 406.

[76] R. Thomsen, King Servius Tullius, Kopenhagen 1980. Grundlegend Valditara 42 ff. mit vollständiger Literatur und Quellenangaben.

tion, die das Überleben überhaupt der wandernden Völkerschaft im entscheidenden Ausmaße garantiert hatte, war so stark, daß sie die Seßhaftwerdung überdauerte. Religiös-magische Anschauungen von der besonderen Verbindung des Königs zum Überirdischen mögen dazu das Ihrige beigetragen haben.[77] Im wesentlichen haben die grundlegenden, zum Teil auf Max Weber fußenden Forschungen von P. De Francisci[78] Klarheit über die Entwicklung früher Königsherrschaft gebracht. Freilich, die allzu freiwillige Unterwerfung anderer relevanter gesellschaftlicher Faktoren wie Volk und Vorsteher der *gentes*, die *patres*, mag von Zeit zu Zeit verschieden gewesen sein und insbesondere keineswegs so absolut, wie De Francisci dies sehen wollte.[79] Zu Zeiten der Wanderung wird das gesamte Kriegsvolk von großer Bedeutung gewesen sein, zur Zeit der Seßhaftwerdung die *patres*. Die Organisation des gesamten Staatsvolkes in Curien ist wohl als Versuch zu werten, die Gewalten festzuschreiben und zu stabilisieren. Als Relikt der einstigen Bestätigung durch die Heeresversammlung muß die *lex curiata de imperio* angesehen werden, durch welche in republikanischer Zeit durch Zuerkennung des *imperium* die Wahl der Magistrate bestätigt wurde. Die Frage, ob ursprünglich die Curien tatsächlich den Betreffenden zum König wählten oder eine Wahl anderer nur bestätigten,[80] ist insofern nicht korrekt gestellt, als je nach Machtverhältnissen bald die Oberhäupter der *gentes*, bald das Heer ausschlaggebend gewesen sein dürften. Um freilich als König im Vollbesitz der verfassungsmäßigen Gewalt zu sein, bedurfte es allemal der Zustimmung der *patres*, des Heeres (später der Curien) sowie der religiösen Weihe etwa in Form einer *inauguratio*.[81] Gerade der vom Augur vorgenommene Ritus fand unmittelbar vor den Curiatcomitien statt[82] und bedeutete insbesondere eine Befragung der Gottheit, ob der Auserwählte denn genehm sei. Bis zum gewaltsamen Ende des

[77] Manche wie Coli gehen so weit, das Königtum einfach als Priesteramt zu qualifizieren. Dem ist insofern recht zu geben, als eine Komponente der Königsherrschaft in priesterlichen Funktionen lag. Vgl. Capogrossi 93 ff.; zu den magischen Kräften Gjerstad, Early Rome 143 ff.

[78] Primordia 491 ff. Vgl. schon Binder 552.

[79] Primordia 505, wiewohl er 510 von der zeitlichen Beschränkung und Labilität der Königsherrschaft spricht.

[80] Vgl. Mommsen StR. Zur *lex curiata* vgl. auch Serrao, Legge 21 f.

[81] Vgl. Capogrossi 91 ff., 101 f., der insbesondere die *creatio* durch die *patres* in den Vordergrund stellt. Vgl. De Francisci, Primordia: vom *rex ductor* zum *rex inauguratus* 510 ff.

[82] Gell. 15, 27, 1–2. Zur *inauguratio* De Francisci 517 ff.

Königtums kamen, stets in Verbindung mit den übrigen verfassungsmäßigen Gewalten – *patres* – Curien – Priester –, dem König ohne Zweifel wichtige Funktionen in der Lenkung des Staatswesens zu, in der Heeresführung, im Erlaß allgemeiner Normen, in der Gerichtsbarkeit, im Verhältnis zu den Göttern. Insbesondere die dauerhafte Rolle des Gerichtsherren[83] und des unmittelbarsten Vermittlers zur Gottheit war jenseits von den zwar häufigen, aber in der Zeit beschränkten militärischen Aktionen von dauerhafter Bedeutung.

Die etruskischen Könige versuchten vornehmlich die *patres* zurückzudrängen und sich auf andere Schichten zu stützen. Insofern bedeutete es insbesondere das Wahlrecht der *patres* zurückzudrängen: In der Tat, man kann von der Dynastie der Tarquinier sprechen, die nicht mehr von der *creatio* durch irgendwen abhängen wollten. Gewiß, sie haben etruskische Symbole massiv zur Stärkung der Alleinherrschaft nach Rom gebracht, sie haben sich mit einer Aura der Abgehobenheit umgeben, einen Hof geschaffen, sich politisch auf aufstrebende, nicht an *gentes* gebundene Bürger gestützt. Dabei haben sie nur bereits bestehende Gewalten voll ausgeschöpft, ohne sich freilich um jene Beschränkungen zu kümmern, die Gewalten wie *patres* und Curien mit sich brachten. Symptomatisch ist in diesem Zusammenhang die Neuorganisation des Heeres, auf welches Servius Tullius[84] offenbar seine Macht zu stützen gedachte. Der *exercitus centuriatus* war bewußt auch politisch gegen die gentilizisch geformten Curien gerichtet. Freilich, welche konkrete Rolle Servius Tullius den Centurien zugedacht hatte, ist nicht zu ergründen. Allemal mit dem Sturz der Etrusker wurden zumindest vorderhand die Curien in ihren verfassungsmäßigen Rechten bestätigt, der an die Stelle des Königs getretene Oberbeamte wurde erneut von den *patres* bestimmt und von den Curien durch die *lex curiata de imperio* bestätigt. Eng verbunden mit der Reform des Heeres ist auch die Ernennung zweier wichtiger militärischer Kommandanten[85] durch den *rex*, des *ma-*

[83] Varro Lingua 6, 31, *Quando rex comitiavit ... ius dicat ad Comitium.* Dazu B. Santalucia, Dalla vendetta alla pena, in: Storia di Roma, 434 f.

[84] Zum Heer als *populus* grundlegend Valditara 203 ff., 210 ff., 215 ff. Hoplitenphalanx, Guarino 56; 99; 158 Fn. 36; 192; v. Lübtow 35 f.

[85] Freilich muß es diese Funktionen schon vor Servius Tullius gegeben haben, da eben schon Servius *magister* des Tarquinius Priscus gewesen war. Die Reform der Reiterei, die für diesen ersten etruskischen Monarchen belegt ist, macht die Einführung der *magistri* unter seiner Regierung wahrscheinlich. Dazu außerordentlich eingehend Valditara 367 ff. als Elitegruppe mit taktischen Verbindungen zur Hoplitenphalanx als „berittene Hopliten".

gister[86] *populi* und des *magister equitum*. Der *magister populi* sollte das staatsrechtliche Erbe des Königs antreten, der Begriff des Magistraten wird ursprünglich grundsätzlich von dieser Funktion ausgegangen sein. Der *magister equitum* sollte freilich die Vorgehensweise der Kavallerie an der Seite der Hoplitenphalanx koordinieren. Sein Amt steht daher in engem Zusammenhang mit ersterem. Die Kavallerie war sicher die ursprüngliche, patrizische Kampfformation; in Form der *celeres* diente sie offenbar seit Tarquinius Priscus, dem ersten Etruskerkönig, als Leibgarde. Sie war in drei Einheiten aufgeteilt entsprechend den ursprünglichen *tribus*, und jede dieser Einheiten stand unter einem *tribunus*[87] *celerum* und bestand aus 100 Mann.

§ 6. Die Republik – Geschichtlicher Überblick

Über Römisches Staatsrecht der Republik zu schreiben bedeutet, vorweg die Quellenlage kurz darzustellen. Im Gegensatz zum Prinzipat und der späteren Kaiserzeit gibt es für die zu behandelnde Epoche keine eigentlichen juristischen Quellen, sei es in Form authentisch überlieferter Gesetzestexte, sei es in Form juristischer Reflexionen. Daher sind in erster Linie die Schriften der römischen und griechischen Historiker heranzuziehen. Es ist nicht Forschungsgegenstand eines Juristen, diese Quellen *ex professo* zu bewerten, der Hinweis möge genügen, daß die heute im wesentlichen zur Verfügung stehenden Werke größtenteils bereits am Ende oder überhaupt nach der hier zu behandelnden Zeit entstanden sind. Es handelt sich um die Geschichtswerke des Polybios, Dionys von Halikarnaß und Titus Livius. Erster Historiker ist einmal deshalb zu erwähnen, weil sich über die Nennungen in seinem Geschichtswerk die griechische mit der römischen Chronologie verbindet und es uns daher ermöglicht, eine gesicherte absolute Chronologie zu finden. Der von Polybios in die 124. Olympiade (4. Jahr) datierte Italienzug des Königs Pyrrhos von Epirus wird zum definitiv gesicherten Angelpunkt, ab diesem Zeitpunkt muß das chronologische Gerüst der römischen Geschichte als gesichert gelten. Ohne sich auf genaue Jahresdaten festlegen zu wollen, können für das Staatsrecht bedeutsame Ereignisse wesentlich weiter zurückverfolgt werden. Als besonders markanter Einschnitt muß da-

[86] Vgl. DH 4, 3 und vgl. Liv. 1, 60, 3 sogar Amtsanweisungen „Commentarii".

[87] Fasti Praenestini = A. Degrassi Inscriptiones It. 13, 2, 123; DH 2, 13; Mommsen StR III, 108; Hanell 178; De Martino I, 131 f.; Valditara 160 ff.

bei der Übergang von der Monarchie zur Republik bezeichnet werden. Die Historizität dieses Ereignisses muß als gesichert gelten. Zu sehr wirkte noch bis zur Zeit Cäsars die Vertreibung des letzten Königs als einigendes Element der Oberschicht. Die Frage nach dem Wann dagegen beschäftigt die Forschung seit längerem. Dabei ging es wohl fast allen seriösen Forschern[88] gar nicht darum, jedes Detail der Überlieferung zu retten, vielmehr sollte das Grundgerüst überprüft werden. Dieses allen späteren Historikern als Ausgangspunkt dienende Gerüst besteht grundsätzlich aus den Listen der Jahresbeamten: Fasti, welche als *fasti consulares* auch inschriftlich überliefert sind. Wenngleich insbesondere auch die Forschungen von Beloch und Werner[89] zweifelsfrei Interpolationen – insbesondere zugunsten später bedeutender plebejischer Familien – für die Frühzeit (nach Beloch bis 485, nach Werner bis 472) bestätigt haben, haben sie doch den von den Antiken angenommenen Beginn der Republik im ausgehenden 6. Jh. nicht ernstlich in Frage gestellt. Insbesondere A. Alföldi und A. Momigliano[90] ist es zu verdanken, daß ein Datum um 500 durchaus als tatsächlicher Beginn einer neuen verfassungsrechtlichen Realität angesehen werden kann. Nur dies hat den Staatsrechtler zu kümmern. Die Sicherung des frühen Datums beruht vorrangig auf Querverbindungen zur großgriechischen und etruskischen Geschichte, namentlich die Auseinandersetzung zwischen dem etruskischen Potentaten Porsenna und dem Herrn von Cumae, Aristodemos.[91] Hinzu kommen in neuester Zeit wesentliche Erkenntnisse der archäologischen Forschung insbesondere im Zentralbereich der Stadt Rom am Forum und im heiligen Bezirk von Sant'Omobono.[92] So dürfte um 500 die

[88] Zum Fabelcharakter der frühen Republik seit G. B. Niebuhr vgl. grundlegend Hanell 42–47.

[89] K. J. Beloch, Römische Geschichte, Leipzig 1926; R. Werner, Der Beginn der römischen Republik, München 1963.

[90] Porsenna als römischer König von Aristodemos vertrieben, 33. Bei aller Vorsicht ist davon auszugehen, daß der Tyrann Aristodemos von Cuma wesentlichen Anteil an der Vertreibung des Porsenna hatte. Gemeinsam mit den Latinern schlug er im Jahre 505– 504 bei Aricia die Etrusker, die mächtigsten Rivalen der Griechen im Kampf um die wirschaftliche Vorherrschaft in Italien.

[91] Vgl. auch A. Alföldi, Das frühe Rom und die Latiner, Darmstadt 1977, 44 ff.; A. Momigliano, zuletzt in: Roma Aracaica, Firenze 1989, 136; Martin Royauté 277 ff. und 300.

[92] Dazu grundlegend Grandazzi (Fn. 100). Zum politisch wichtigen Comitium, offenbar ursprünglich der Versammlungsort der Curien, F. Coarelli, in: Parola del Passato 36 (1981) 35 ff.

regia, der Sitz des Königs, zerstört und in anderer Funktion als Sitz des Opferkönigs wiederhergestellt worden sein.[93] Diese und andere Funde[94] bestätigen die literarische Überlieferung derart, daß die großen Bauprojekte der etruskischen Könige tatsächlich in den angegebenen Jahren vollführt wurden. Für mich bleiben zudem unverdächtige chronologische Aussagen der antiken Literatur wichtige Eckpfeiler zugunsten der herkömmlichen Deutung des Beginns der republikanischen Ära wie etwa Plin. Nat. 33, 19f.: *Flavius vovit aedem Concordiae, si populo reconciliasset ordines, et, cum ad id pecunia publice non decerneretur, ex multaticia faeneratoribus condemnatis aediculam aeream fecit in Graecostasi, quae tunc supra comitium erat, inciditque in tabella aerea factam eam aedem CCIIII annis post Capitolinam dedicatam. id a. CCCCXXXXVIIII a condita urbe gestum est et primum anulorum vestigium extat;* ... Die Ädilität des Gn. Flavius ist mit allergrößter Wahrscheinlichkeit auf das Jahr 304 v. Chr. zu datieren.[95] Um eine derartige Weiheinschrift setzen zu können, bedurfte es zumindest unter den Zeitgenossen Einstimmigkeit darüber, wann der Kapitolinische Tempel des Jupiter Optimus Maximus geweiht worden war.[96]

[93] Vgl. F. Coarelli, Il Foro Romano I, 60f. und 70, sowie A. Momigliano, zuletzt Storia e Storiografia antica, Bologna 1987, 231ff.; F. Coarelli, Il Foro Boario, Roma 1988, 437; F. E. Brown, New soundings in the Regia: the evidence for the early republic, in: Les origines de la république romaine, Genf 1967, 45ff.

[94] Etwa der berühmte beschriebene Stein von Satricum, einer 40 km südwestlich von Rom gelegenen Latinerstadt. Dort wird der in der Überlieferung als zentrale Figur des Übergangs zur Republik bezeichnete Valerius Poplicola genannt. *[soc] ili steterai Popliosio Valesiosio suodales Mamartei* ist wohl so zu verstehen: Die Freunde des Valerius Poplicola, die Marsbrüder, haben gesetzt. Grundlegend dazu M. Guarducci, in: Atti Accademia dei Lincei (1982) 479ff., derzufolge der Stein eindeutig dem ausgehenden 6. Jh. zuzuschreiben ist (482). Der im Heiligtum der Mater Matuta gefundene Stein wurde in dem Rom am nächsten Heiligtum geweiht, da der römische Tempel *(Forum Boarium)* in den Übergangswirren zerstört worden war.

[95] R. Bauman, Lawyers in Roman Republican Politics. A study of the Roman jurists in their political setting 316–82 BC, München 1983, 28ff. und A. Alföldi, Römische Frühgeschichte, Heidelberg 1976, 97ff.

[96] Vgl. Hanell 123. Eponymie begann mit der Weihe dieses Tempels, demnach im Jahre 509. Diese muß freilich nicht mit Beginn der Republik übereinstimmen. Doch warum sollte König Tarquinius die Eponymie eingeführt haben, der *praetor maximus*, der schon zuvor dem Heere vorgestanden hatte, der eponyme Beamte geworden sein? Selbst wenn man die weitere Existenz eines *rex* über das Datum hinaus annehmen wollte, wäre staatsrechtlich der Wandel zu einem neuen Oberamt bereits vollzogen worden.

Ungemindert große Bedeutung kommt nach wie vor der bei Livius überlieferten *vetusta lex* zu (vgl. S. 58). Gerade auf Grund der eingeschlagenen Nägel konnte Gn. Flavius die Jahre berechnen.[97]

So ist es durchaus wahrscheinlich, daß im ausgehenden 6. Jh. v. Chr. in Rom eine neue Staatsform entstand, deren wichtigste Prämisse die Abkehr von einem auf Lebenszeit ausgerichteten Oberamt bedeutete. Insbesondere war wohl dieser Übergang verbunden mit einer Abrechnung mit dem etruskischen Königtum. Daß dieser Übergang keineswegs derart abrupt stattfand, wie dies die römische Geschichtsschreibung wahrhaben wollte, ist für mich Gewißheit. Zahlreiche verfassungsmäßige Einrichtungen aus der Monarchie wurden vom „neuen" Staat geradezu selbstverständlich übernommen, dazu zählen: Senat, Curiatcomitien, Priestertümer und militärische Organisation des Populus. Der Sturz des Tarquinius Superbus ist wohl nicht der Vergewaltigung der Lucretia zuzuschreiben, sondern einer ganzen Reihe ungünstiger innen- wie außenpolitischer Faktoren. Innenpolitisch hatten die etruskischen Könige offenbar zu radikal mit Althergebrachtem gebrochen. Insbesondere dürften die Heeresreformen des Servius Tullius zu stark in das gentilizische System eingegriffen haben. Die Begünstigung anderer Tätigkeiten als der landwirtschaftlichen – Handel und Gewerbe – muß wohl außer Streit gestellt werden. Insofern waren die Tarquinier echte Tyrannen, Förderer eines aufkeimenden Bürgertums gegenüber alter Aristokratie. Es waren somit gewiß weniger ethnische Animositäten als soziale Auseinandersetzungen, welche die *patres*, die Häupter der *gentes*, zum Gegenschlag anspornten. Außenpolitisch dürfte Tarquinius in Auseinandersetzungen mit anderen etruskischen Herrschern (etwa Porsenna) den kürzeren gezogen haben. Der Abtritt des Tarquinius und seiner Günstlinge bedeutete für Rom wohl vorderhand eher Fremdherrschaft als Selbstbestimmung, und zwar in der Person eines weiteren etruskischen Potentaten (Porsenna). Interessanterweise werden von der Überlieferung jene drei Männer als Gründer der Republik bezeichnet, die zu dieser Zeit staatsrechtliche Funktionen bekleideten: P. Valerius Publicola als *magister populi*, L. Iunius Brutus wohl als *magister equitum* und Spurius Lucretius als *praefectus urbi*.[98]

[97] In diesem Bereiche ist Hanells (139 f.) überkompliziertem Gedankengang nicht zu folgen, der Text der *vetusta lex* ist eindeutig. Richtig ist aber, daß der ursprünglich wohl am Dedikationstag des Kapitolinischen Tempels erfolgte Amtsantritt des/der republikanischen Oberbeamten (15. 9.) auf später verlegt wurde. Vgl. auch L. Aigner-Foresti, Zur Zeremonie der Nagelschlagung in Rom und Etrurien, in: AJAH 4 (1979) 144 ff.

[98] Valditara 314 ff. mit den z. T. unschlüssigen Quellen bei Livius und DH,

Historisch ist zweifellos die gewaltsame Vertreibung des etruskischen Herrschers als Reaktion auf dessen Bestrebungen zu sehen, gegen die Interessen der latinischen Patrizier und ihrer *gentes* einen offeneren Staat aufzubauen. Zugezogene aus anderen Städten und Gegenden zusammen mit Mitgliedern und Hintersassen von Gentilverbänden, die die Unabhängigkeit unter königlichem Schutze festgefahrenen sozialen Ordnungen vorzogen, bildeten in zunehmendem Ausmaße den Rückhalt des etruskischen Herrschers. Wirtschaftliche Expansion und erste territoriale Einverleibungen, die gewiß auch zu Landverteilungen unter den „Neuankömmlingen" und sozialen Aufsteigern führten, stärkten die ökonomische Basis dieser Gruppe. Die unter militärischen Notwendigkeiten erfolgte servianische Heeresreform sicherte außerdem den Hopliten einen nachhaltigen Einfluß im Felde. Der Versuch der alten latinischen *gentes* und ihrer Vorsteher, der *patres*, die Zeiger der Geschichte zurückzudrehen, mußte à la longue fehlschlagen. Freilich ist es wahrscheinlich, daß weitere Kreise am Staatsstreich gegen die Etrusker beteiligt waren, insbesondere daß der nichtpatrizische *exercitus centuriatus* unter dem damaligen *magister populi* dazu gewonnen werden konnte. Die Überlieferung weiß vom hochmütigen Gehabe des letzten Etruskers und seiner Familie[99] zu berichten (Superbus), und es ist durchaus denkbar, daß durch dieses (im negativen Sinne) tyrannische Verhalten nicht nur die alteingesessenen Patrizier vergrämt worden waren. Auch das von der annalistischen Überlieferung angeführte Datum 509 ist im wesentlichen getroffen. Die Archäologie hat hier Grundsätzliches bestätigt.[100] Für die im *exercitus centuriatus* eingereihten nichtpatrizischen Hopliten muß es ein böses Erwachen gewesen sein, als die Patrizier, die *patres* der alten latinischen – möglicherweise auch neuerer etruskischer – *gentes*, die Macht im Staate unter sich aufzuteilen trachteten. Die Opposition gegen dieses Unterfangen ist der berühmte Ständekampf zwischen den Patriziern und der Plebs. Gerade der Ursprung und die Zusammensetzung dieser Plebs hat zu einer Flut von Mutmaßungen und

wobei prinzipiell keine Bedenken dagegen bestehen, daß gerade institutionelle Kräfte die Etrusker verjagt haben könnten.

[99] Vgl. Liv. 1,59 zur berühmten Episode der Vergewaltigung der Lucretia.

[100] Zuletzt eindrucksvoll A. Grandazzi, La fondazione di Roma, Bari 1993, vor allem 176f., 194, 234f.; F. Coarelli, Il Foro Romano, I: periodo arcaico, Roma 1983; anders unter Herabdatierung der römischen Geschichte um etwa 50 Jahre E. Gjerstad, Early Rome; H. Müller-Karpe, Zur Stadtwerdung Roms, Heidelberg 1962.

Hypothesen geführt[101]: Ethnische sowie soziale Komponenten wurden dabei immer wieder unter diversen Aspekten vorgebracht. Tatsache ist, daß die gentilizisch organisierte Gesellschaft, wie sie sich in den Wanderungen und der Seßhaftwerdung herausgebildet hatte, in zunehmendem Ausmaße offener wurde. Dazu zählte einmal der Zuzug von Menschen aus anderen italischen Städten und Gegenden, die, angezogen vom zunehmenden Wohlstand der Stadt, unter Schutz des etruskischen Königs ihre Tätigkeiten wohl in erster Linie im Handel und Handwerk nach Rom verlagerten. Hinzu kamen Auflösungserscheinungen der alten Gentes. Hintersassen, aber womöglich auch nachgeborenen Söhnen gelang es mit Hilfe der etruskischen Herrscher, eigene ökonomische Wurzeln zu schlagen. Staatspolitische Anerkennung fanden diese neuen sozialen Schichten durch die geniale Heeresreform; nicht mehr der patrizische Reiter dominierte das Geschehen auf dem Schlachtfeld, sondern der schwerbewaffnete Fußkämpfer.[102] Die lange andauernde Konfrontation zwischen Patriziern und Plebejern war in erster Linie ein Kampf um politische Gleichberechtigung, ein Kampf, der auf seiten der Plebs insbesondere jene Gruppe besonders interessierte, die auf Grund ihrer ökonomischen Möglichkeiten sich immer weniger von den Patriziern unterschied und die gerade auch deshalb den Löwenanteil der schwerbewaffneten Hopliten stellte. Der Kampf der Plebs gegen die Patrizier war daher kein Klassenkampf, wie dies die marxistische Forschung immer wieder betont hat, sondern eine Auseinandersetzung ökonomisch in zu-

[101] Vgl. dazu zuletzt etwa J.-C. Richard, Les Origines de la Plèbe Romaine, Roma 1978; nach wie vor grundlegend Ed. Meyer, „Plebs", in: Handwörterbuch der Staatswissenschaften, Suppl. 2 (1897) 659–666; De Martino I, 65 ff.; von den älteren Werken nach wie vor J. Binder, Die Plebs, Leipzig 1909; A. Guarino, La rivoluzione della Plebe, Napoli 1975; D. Kienast, Die politische Emanzipation der Plebs und die Entwicklung des Heerwesens im frühen Rom, in: Bonner Jb. 175 (1975) 83 ff.

[102] Vgl. aber die grundlegenden Forschungen von A. Momigliano, Osservazioni sulla distinzione fra patrizi e plebei, in: Les origines de la République Romaine, Entretiens Fondation Hardt XIII, Genf 1967, 199–221 und L'ascesa della plebe nella storia arcaica di Roma, in: Rivista storica Italiana 79 (1967) 297–312; alle beide jetzt in: Roma Arcaica, Firenze 1989, 209 ff. und 225 ff. In diesen Beiträgen gelangt der große Althistoriker zu völlig anderen Ergebnissen. Die Plebejer seien als *infra classem* nicht im *exercitus centuriatus* integriert gewesen. Die Klassen seien dagegen von den Klienten der Patrizier gebildet und damit vom Patriziat beherrscht worden. Erst in den Auseinandersetzungen der Republik hätten sich diese Gruppen mit der Plebs solidarisch erklärt.

nehmendem Ausmaße Gleichgestellter. Wenn schon, so sind die unteren Schichten der Bevölkerung eher noch innerhalb des patrizischen Gentilsystems als Hintersassen oder Klienten zu finden, die allein auf Grund ihrer auch religiösen Bande zu den *patres* auf deren Seite standen. Angesichts der völlig überragenden militärischen Rolle des *exercitus centuriatus*, der Hoplitenphalanx, stand dessen Funktion und Existenz wohl nie ernsthaft zur Debatte. Auch dem verbohrtesten *pater* mußte es alsbald klar sein, daß, wollte man zur ausschließlich patrizischen Reiterkampfweise zurückkehren, das Überleben Roms in Frage gestellt worden wäre. Daher blieb das Heer unangetastet und mit ihm die Notwendigkeit eines vornehmlich plebejischen Bürgerheeres. Diese Einsicht muß man gewiß auch den Patriziern zugute halten. Freilich, den Plebejern war dadurch auf Dauer eine mächtige politische Waffe zur Verfügung gestellt, ein Druckmittel, das anfangs immer sinnvoll zur Mehrung des politischen Einflusses und später zur Erreichung der politischen Gleichberechtigung eingesetzt werden konnte. Der Kampf bis zur vollen Gleichberechtigung dauerte annähernd 150 Jahre. Allein diese relativ lange Periode müßte genügen, um jeden davon zu überzeugen, daß es sich nicht um ein revolutionäres Vorgehen gehandelt haben konnte, im Gegenteil, die Plebejer gaben sich durchaus mit Teilerfolgen immer wieder zufrieden. Teilerfolge, die aber so nachhaltig wirkten, daß sie langsam das patrizische Gentilsystem aushöhlten. Die wichtigsten Etappen auf dem Wege zur politischen Gleichberechtigung waren:

- Die Anerkennung eines politischen Vertreters der Plebs als staatliches Organ: Die Schaffung des Volkstribunen.
- Die Aufzeichnung von Teilen des formellen und materiellen Rechtes in der Gesetzgebung der XII Tafeln.
- Die Möglichkeit, bei Todesurteilen von seiten der Oberbeamten an das Volk, sprich den *exercitus centuriatus*, zu berufen *(provocatio)*.
- Die Möglichkeit, untereinander Ehen einzugehen *(lex Canuleia)*.
- Die Möglichkeit, auch Plebejer im Falle militärischer Notwendigkeit zu Oberbeamten zu wählen, und zwar durch den *exercitus centuriatus*.

Damit war um die Mitte des 5. Jh. die erste Phase der Auseinandersetzungen durch den 1. Ausgleich beendet. Der 2. Ausgleich, über den die Quellen eingehend berichten, wird im Zusammenhang mit den sogenannten licinisch-sextischen Gesetzen gesehen. Dabei wurde endgültig festgelegt, daß das höchste Staatsamt Consulat von zwei Amtsträgern bekleidet werden sollte und daß einer der beiden de iure ein

Plebejer sein konnte.[103] Die Jahre von 366 bis 286 sind dadurch bestimmt, daß die Plebejer zu allen Staatsämtern als völlig gleichberechtigt zugelassen wurden und schließlich (*lex Ogulnia* 300) auch zum wichtigsten Priesteramt, dem Pontifikat, gelangen konnten. Als formaler Schlußstrich unter den Ständekampf wird die *lex Hortensia* angesehen, die die Maßgeblichkeit der Plebiszite – also der Beschlüsse ausschließlich plebejischer Versammlung – für den gesamten Staat festschrieb. Aus dem Ausgleich tritt uns eine ökonomisch wie sozial kompakte neue Oberschicht entgegen, eine Oberschicht, die auf Grund gemeinsamer Interessen über Jahrhunderte den Ton angeben sollte. Sie war zwar nicht derart geschlossen, daß keine neuen Familien aus Rom oder römischen Städten in sie aufsteigen konnten, wobei bei *homines novi* die Bekleidung des Consulats ausschlaggebend war, jedoch war dies eher ein selten vorkommendes Ereignis.[104]

Die Geschichte des römischen Staates ist in erster Linie die Geschichte einer territorialen Expansion, von der Kleinstadt am Tiberunterlauf im 8. Jh. bis zum Großreich gigantischer Ausdehnung am Ende der Republik. Diese Expansion, die ursprünglich nichts anderes war als ein Streit mit benachbarten Orten um Viehweiden und Akkerland, nahm geradezu auf dem Wege eines Domino-Effektes ein selten je in der Weltgeschichte gekanntes Ausmaß an. Daher ist diese Expansion, die auch innenpolitisch und somit staatsrechtlich ständig Auswirkungen zeitigte, als beherrschender Faktor der römisch-republikanischen Geschichte anzusehen. Nur ganz selten wurden dabei der Stadtstaat selbst und sein Staatsgebiet durch diese Eroberungen erweitert, nur einmal im Jahre 338 kam es zu einer minimalen Erweiterung ohnehin nur im Rahmen desjenigen Minivolkes, aus dem die Römer selbst hervorgegangen waren, der im Bereiche der Albanerberge siedelnden Latiner.[105] Diese hatten freilich schon vorher das Recht besessen, falls sie wollten, als römische Bürger nach Rom zu übersiedeln. Im übrigen verbanden Latiner wie Römer außer der Sprache ein wohl identisches Recht *(conubium/commercium)*, identische Bräuche

[103] J. C. Richard, Sur le Plébiscit ut liceret consules ambos plebeios creari (Tite Live VII, 42, 2), in: Historia 28 (1979) 65 ff.

[104] M. Gelzer, Die Nobilität der römischen Republik, Leipzig 1912, nach wie vor grundlegend; K. Holkeskamp, Die Entstehung der Nobilität. Studien zur sozialen und politischen Geschichte der Römischen Republik im 4. Jh. v. Chr., Stuttgart 1987.

[105] Liv. 8, 14, 2–9. Vgl. A. N. Sherwin-White, The Roman Citizenship, in: ANRW I/2 (1972) 25.

und insbesondere ein und dieselben Gottheiten, wie dies durch das Bundesheiligtum am *mons latinus* zum Ausdruck gebracht wurde. Ansonsten erhielten weder Volsker noch Etrusker, weder Umbrer noch Pikener, weder Apuler noch Bruttier, schon gar nicht die Kelten oder störrischen Samniten, ebensowenig wie die in Italien beheimateten Griechen, das Bürgerrecht.[106] Rom gründete eigene Städte *(coloniae)* zur Beherrschung der Unterworfenen. Diese, je nachdem, ob Römer oder Latiner, konnten nur in Rom selbst die politischen Rechte eines Römers ausüben. Die Unterwerfung Italiens und die Expansion im Mittelmeerraum ist durch folgende herausragende Ereignisse geprägt: Beginn 4. Jh.: Niederringung des etruskischen Veji und damit Überschreitung des Tibers – Verjagung der Gallier (Kelten), denen 387 fast die Einnahme Roms geglückt wäre – 338 Auflösung des latinischen Bundes – Die Samnitenkriege 326–304 und 298–291– Kampf gegen die süditalischen Griechen: Der Krieg gegen Pyrrhos von Epirus 282–272– 283–280 wesentliche Erfolge gegen Kelten und Etrusker im Norden – Die Kriege gegen Karthago 264–242/218–201– 237 Sardinien und Korsika römische Provinz – 227 Sizilien römische Provinz (Syrakus erst nach dem 2. Punischen Krieg) – bis 222 Niederwerfung der in der Poebene lebenden Kelten; Gründung zahlreicher Kolonien – 197 Errichtung der Provinzen *Hispania ulterior* und *citerior* – Die Kämpfe in Griechenland 200–197 gegen Philipp V.: 196 Befreiung Griechenlands durch Flamininus – 192–188 Krieg gegen Antiochos in Kleinasien – 3. Makedonischer Krieg und Ende des Makedonischen Staates nach der Schlacht von Pydna 168; 146 Provinz Makedonien – Zerstörung des Achäischen Bundes – 146 Zerstörung Karthagos und Provinz Africa; Übernahme des pergamenischen Erbes und Provinz Asia 133– bis 133 Befriedung ganz Spaniens (Numantia) – 120 Provinz Gallia Narbonensis.

Es ist sehr bezeichnend, daß sich die Krisen des republikanischen Systems in zunehmendem Ausmaße dann bemerkbar machten, als die Expansion durch äußere Zwänge eingebremst wurde, etwa durch die Kimbern- und Teutoneneinfälle (113–101) und durch die Kämpfe gegen Mithridates von Pontus (88–66).

Doch die Expansion führte auch zu gravierenden sozialen Veränderungen. Die Nobilität und andere mehr in ihrem Gefolge gelangten

[106] Zur Organisation der römischen Expansion in Italien M. Humbert, Municipium et civitas sine suffragio, in: Collection de l'école Française de Rome 36 (1978) und Th. Hantos, Das römische Bundesgenossensystem in Italien, Vestigia 34, München 1983.

zu sagenhaftem Vermögen, das auf Grund einer *lex Claudia* zumindest im Falle von Senatoren in Land angelegt werden mußte. Dieses Land wurde aller Regel nach von Sklaven bewirtschaftet, die im Zuge der ständigen Kriege leicht und preiswert zu bekommen waren. Zum anderen hatten gerade die Kriege die römische Bevölkerung, sei es in Rom oder in den Kolonien, von jeder bäuerlichen Aktivität abgebracht. Das Resultat war ein gewaltiger Bevölkerungsanstieg in Rom, und ein Großteil dieser Bevölkerung war entweder auf kriegerische Ereignisse oder sonst auf Zahlungen von seiten des Staates angewiesen, um überleben zu können. Die letzten 100 Jahre republikanischer Geschichte sind entscheidend von diesem sozialen Phänomen geprägt: Seit den Tagen des Tiberius Gracchus bis auf Octavian Augustus galten die Sorge und das Streben führender Politiker einmal der Versorgung dieser Bevölkerungsgruppe, aber ganz besonders ihrer Nutzbarmachung für eigene persönliche, politische Machtinteressen, sei es im Felde, sei es im politischen Geschehen. Abhängigkeiten extremster Art konnten natürlich gerade bei Wahlen und Abstimmungen parteilich nutzbar gemacht werden. Freilich, der politische Kampf blieb innerhalb der Nobilität, die Frage war nur, inwiefern man die bedeutungslosen Massen zu diesem Machtkampf einsetzen wollte. Diejenigen, die dies taten, wurden als Popularen bezeichnet, ihre Widersacher als Optimaten. Gewiß, die Auseinandersetzung entglitt den Kontrahenten, und als Augustus die republikanische Verfassung zu Grabe trug, weinten ihr die wenigsten nach. Als zweiter beherrschender Faktor der letzten hundert Jahre republikanischer Geschichte muß die Umwandlung vom Stadtstaat zum Territorialstaat gesehen werden. Selbst den inzwischen weitgehendst romanisierten und prorömischen italischen Bundesgenossen verweigerte man noch zu Beginn des 1. Jh. das römische Bürgerrecht. Erst ein blutiger Krieg brachte die römische Staatsführung zur Räson: Im Jahre 89 erhielten die meisten italischen Städte als Munizipien römisches Bürgerrecht. Natürlich war damit ein Gebilde entstanden, das aus zahllosen kleineren bis mittleren und einem einzigen großen Stadtstaat bestand. Hätte dieser Staat nur aus Italien vom Rubikon bis zur Stiefelspitze bestanden, so wären die Probleme der Verwaltung, Gerichtsbarkeit, Besteuerung etc. lösbar gewesen. Doch die Administration eines Weltreiches, bestehend aus Provinzen, die von jeweils jährlich wechselnden Promagistraten mit einem geringen Verwaltungsstab militärisch regiert und ausgesogen wurden, konnte auf Dauer nicht funktionieren: Auch hier führte der augusteische Staat zu völlig Neuem.

§ 7. Die Magistratur[107]

Es kann kein Zweifel darüber bestehen, daß Magistratur, Volksversammlung und Senat vom Standpunkt des Staatsrechtes her die eigentlichen Eckpfeiler des Staates bildeten. Dies hatte bereits Polybios in eindrucksvoller Weise erkannt. Mommsens großartige Darstellung des Römischen Staatsrechtes beruht ebenso auf dieser grundlegenden Einsicht. Von ihr sollte auch keineswegs abgegangen werden. Die entwikkelte römische Verfassung ruhte über Jahrhunderte auf diesen Pfeilern, und erst die völlige Neuordnung des römischen Staates unter Augustus begrub sie ein für allemal. Es gilt nun, diese drei Eckpfeiler typologisch darzustellen, ihre Unterteilungen hervorzukehren und die institutionellen Kompetenzen zu schildern. Nach dieser institutionellen Erläuterung muß die Frage nach dem Zusammenwirken von Magistratur – Volksversammlung – Senat, ihren institutionellen Verbindungen sowie ihrer politischen Verflechtung gestellt werden.

Die Römer kannten nur den konkreten Begriff *magistratus*, nicht den im Deutschen gebildeten abstrakten der Magistratur. Der Begriff beinhaltet die Form *magis*, aus der sich auch der *magister* entwickelt hatte.[108] Er bedeutet ein Mehr, eine Höherstellung gegenüber dem Rest der Bürgerschaft. Die Amtsführung wurde als große Ehre *(honos)* empfunden, die Entgeltlichkeit war dadurch selbstverständlich ausgeschlossen. Man unterscheidet zwischen Magistraten mit Vollgewalt *(imperium)*, den Oberbeamten, dem Prätor und dem Dictator, und solchen ohne Vollgewalt. Falls der Begriff *magistratus maiores* verwendet wurde, zählte auch der Censor dazu.[109] Curulische Magistrate sind jene, die auf dem besonderen Stuhl, der *sella curulis,* ihre Amtshandlungen zu erledigen pflegten. Hier gesellte sich zu den Magistraten *cum imperio* auch ein Ädil, nämlich eben der curulische.[110] Alle Magistrate waren vom Volk gewählt, die *magistratus maiores* in den Centuriatcomitien, die *magistratus minores* in den Tributcomitien, der Volkstribun und die plebejischen Ädilen vom Concilium Plebis.

[107] Jetzt grundlegend Kunkel der gesamte erste Teil: Die Magistratur im allgemeinen 3–289; zur Prosopographie: T. R. S. Broughton, The Magistrates of the Roman Republic, Bde. I–II, New York ^{3}1960, Bd. III, New York 1986; M. Gelzer, Die Nobilität der Römischen Republik, Leipzig/Berlin 1912.

[108] Valditara 201 f.

[109] Vgl. Gell. 13, 15, 4 basierend auf dem Werk des Augurs M. Valerius Messalla (cos. 53) De auspiciis.

[110] Cic. Att. 13, 32, 3; Gell. 3, 18, 4; Liv. 6, 35, 10; 6, 37, 8; 9, 34, 5; 23, 23, 5; 25, 41, 11.

Sobald der Wahlleiter mittels Edikt den Wahltermin verkündet hatte – er lag bis 153 vielfach noch im Februar oder März, danach im Spätherbst und sogar im Dezember[111] –, mußte man sich öffentlich bewerben.[112] In einer mit Kreide geweißten Toga *(candida)* trat man nun in der Öffentlichkeit auf, um Wahlwerbung zu betreiben *(candidatus)*. Vor dem Wahlvorgang mußten die Kandidaten in einer *contio* von erhöhter Position aus dem Wahlkörper gegenübertreten.[113] Prinzipiell hatte der Kandidat zugegen zu sein, wenn auch gerade in Zeiten militärischer Notlagen davon abgesehen wurde, Magistrate also auch *in absentia* gewählt werden konnten.[114]

Grundsätzlich entstanden die verschiedenen Magistraturen der entwickelten römischen Verfassung aus dem königlichen Oberamt sowie den verschiedenen Gehilfen. Consul und Prätor sind die unmittelbarsten Nachfolger des alten *rex*, wenngleich auch ihre Kompetenzen bis zum Jahre 367 Entwicklung wie Präzisierung erfuhren. Nur der Consul und der Prätor waren Träger des *imperium*, der uneingeschränkten Herrschaftsgewalt sowohl im Felde *(militiae)* wie auch in zivilen Angelegenheiten, wozu auch die Gerichtsbarkeit zu zählen ist.[115] Zu Recht wird darin die Perpetuierung der königlichen Machtbefugnisse erkannt. Dem steht keinesfalls im Wege, daß bereits zur Königszeit der *rex* Teile seiner Herrschaftsbefugnisse delegieren konnte und daß insbesondere mit der Vertreibung des letzten etruskischen Königs die sakrale Komponente dem Oberbeamten definitiv abhanden kam. Gewiß, die etruskischen Könige werden dem Begriff *imperium* Präzisierungen beigefügt haben; von einem etruskischen Ursprung desselben zu sprechen ist wohl verfehlt.[116] Die wichtigste ursprünglich repu-

[111] Kunkel 86 ff.

[112] *Profiteri, (se petere consulatum)*. Leg. agr. 2, 29; Sall. Catil. 18, 3.

[113] Liv. 26, 18, 7; Val. Max. 4, 5, 3; Polyb. 10, 5, 2.

[114] Sehr eingehend Kunkel 66 ff.

[115] Mommsen StR I, 22 ff. und I, 188 ff.; Cic. Leg. agr. 2, 7, 17; Festus 43 L; Liv. 2, 1, 7; 4, 3, 9; Cic. Leg. 3, 3, 8; 3, 1, 3; Cic. Rep. 2, 32, 56; A. Heuß, Zur Entwicklung des *imperium* der römischen Oberbeamten, in: SZ 64 (1944) 57 ff.; F. Leifer, Die Einheit des Gewaltgedankens im römischen Staatsrecht, Leipzig 1914; A. Magdelain, Recherches sur l'imperium: La loi curiate et les auspices d'investiture, Paris 1968. W. Kunkel, Magistratische Gewalt und Senatsherrschaft, in: ANRW I/2 (1972) 3 ff., der sich insbesondere dagegen verwahrte, „die Gewalten der Obermagistratur als ein unrepublikanisches, absolutistisches Element der republikanischen Ordnung, als Erbgut einer allumfassenden Königsgewalt zu betrachten" (13). Valditara 300 f. für etruskischen Ursprung.

[116] Dazu insbesondere: J. Heurgon, Magistratures Romaines et magistra-

blikanische Einschränkung des *imperium* scheint mir die Annuität. Erst allmählich und wohl als Folge der Ständekämpfe erfuhr das *imperium* zwei weitere wesentliche Einschränkungen, die Provokation und die gleiche Kollegialität. Das Prinzip der Kollegialität sollte sich zu einem der wesentlichsten im Bereich der Magistraturen herauskristallisieren. Dabei galt der Grundsatz, daß jeder Kollege uneingeschränkt die ihm zustehende Gewalt ausüben konnte. Daran konnte er ausschließlich durch die Interzession des Kollegen gehindert werden.[117] Die Interzession mußte mündlich in Gegenwart des Kollegen oder desjenigen Magistraten erfolgen, gegen dessen Akt sie gerichtet war. Prinzipiell richtete sich die Interzession gegen gleichrangige oder rangniedere Magistrate, der Volkstribun konnte grundsätzlich gegen jeden magistratischen Akt[118] intercedieren, Magistrate ohne *imperium* nur gegenüber Kollegen.[119] Im Bereiche der Gerichtsbarkeit konnte somit gegen Dekrete aller Art intercediert werden, und zwar von den Consuln und von den Mitprätoren. Dies betraf das prozeßeinleitende Verfahren *in iure*, die Einleitung der Zwangsvollstreckung und andere prätorische Rechtsbehelfe, wie die Einweisung in den Erbschaftsbesitz. Gegen Urteile im Zivilprozeß, die zwar auf Grund der prätorischen Jurisdiktion überhaupt erst ergehen konnten, die aber von einem Privatmann (oder -männern) gefällt wurden, gab es kein Dazwischentreten. Bereits ergangene Akte, wie die Dekrete, galten als nicht zustande gekommen, noch nicht durchgeführte, aber angeordnete Maßnahmen etwa im Bereich der Coercition galten als untersagt.

tures étrusques, in: Entretiens sur l'antiquité classique 13 (1967) 97 ff.; G. Wesenberg, Zur Frage der Kontinuität zwischen königlicher Gewalt und Beamtengewalt in Rom, in: SZ 70 (1953) 58 ff. und De Martino I, 415 f. Vgl. H. Rudolph, Das Imperium der römischen Magistrate, in: N. Jb. für antike und deutsche Bildung 2 (1930) 145 ff. sowie F. Leifer, Die Einheit des Gewaltgedankens im römischen Staatsrecht, Leipzig 1914. Zu den Insignien der Obermagistrate wie Rutenbündel *(fasces)*, Liktoren, *sella curulis* und *toga praetexta* vgl. A. Rosenberg, Der Staat der alten Italiker, Berlin 1913, 84 ff.; K. H. Vogel, Imperium et fasces, in: SZ 67 (1949) 62 ff.; J. Bleicken, Zum Begriff der römischen Amtsgewalt: *auspicium – potestas – imperium*, in: Nachrichten der Akademie der Wissenschaften in Göttingen, Phil.-Hist. Klasse 1981, 9 und zuletzt Kunkel 21 ff.

[117] Zum berühmten Dazwischentreten Kunkel 207 ff. Es geht dabei sowohl um Verbieten als auch um Annullieren.

[118] Zu Ausnahmen siehe das Kapitel über den Dictator.

[119] Zu den Problemen der Interzession gegen den Censor Gell. 13, 15, 4 und Kunkel 208.

Intercediert werden konnte auch gegen Akte der Magistrate vor den Vollversammlungen oder vor dem Senat.[120] Selbstverständlich gab es praktische Aufteilungen der Staatsgeschäfte, möglicherweise ein festgelegter Turnus von einem Monat.[121] Nachgewiesen ist ein allerdings nicht vorgegebener, sondern auf militärischen Notwendigkeiten beruhender Turnus im Felde.[122] Die *provocatio ad populum* wird von der Überlieferung auf die unmittelbar dem Dezemvirat folgenden *leges Valeriae Horatiae* zurückgeführt.[123] Durch eine Anrufung der Volksversammlung sollte verhindert werden, daß *domi* das *imperium* des Magistraten zu unmittelbaren Hinrichtungen führen konnte. Da der Überlieferung nach freilich zwei weitere Gesetze eben desselben Inhalts beschlossen wurden, eines am Beginn der Republik und ein weiteres im Jahre 300, entbrannte eine heftige Diskussion um die Historizität dieser Bestimmungen.[124] Um es vorwegzunehmen: Der hier vorausgesetzte historische Ablauf der Geschehnisse läßt das erste Gesetz mit Sicherheit als unhistorisch erscheinen[125]: Daß im Verlaufe des ersten wesentlichen Ständeausgleichs, von welchem die XII Tafeln ein beredtes Zeugnis ablegen, die Vollgewalt der nach allen Regeln noch patrizischen Oberbeamten dort eingeschränkt werden sollte, wo am ehesten willkürliche und nicht wiedergutzumachende Übergriffe befürchtet werden mußten: bei der Ausübung der Blutsgerichtsbarkeit, insbesondere der summarischen im Rahmen der *coercitio*, ist durchaus anzunehmen. Auch die XII Tafeln kannten die Bestimmungen, daß

[120] Liv. 27, 6, 2–11; 33, 22, 2, Kunkel 213 ff.

[121] So aber De Martino I, 413.

[122] Liv. 22, 27, 6; 22, 41, 3.

[123] Liv. 3, 55, 4–5 *aliam deinde consularem legem de provocatione, unicum praesidium libertatis ... ne quis ullum magistratum sine provocatione crearet.* Cic. Rep. 2, 31, 54.

[124] Als besonderer Kritiker der drei Gesetze E. Pais, Storia critica di Roma durante i primi cinque secoli, 4 Bde., Roma 1913–1920, II, 465; De Sanctis I, 420, II, 52; G. Pugliese, Appunti sui limiti dell'imperium nella repressione penale, Torino 1939, 8; J. Bleicken, Ursprung und Bedeutung der Provocation, in: SZ 76 (1959) 356 ff.; H. Siber, in: RE XXI, 176; S. E. Staveley, Provocatio during the fifth and fourth centuries B. C., in: Historia 3 (1954/55) 421 ff.; De Martino I, 312 ff.; J. Martin, Die Provokation in der klassischen und späten Republik, in: Hermes 98 (1970) 72 ff.; vgl. auch Mommsen, Strafrecht 632 Fn. 4 und W. Kunkel, Untersuchungen zur Entwicklung des röm. Kriminalverfahrens, München 1962, 28.

[125] Anderer Meinung etwa B. Santalucia, Dalla vendetta alla pena, in: Storia di Roma, 437.

prinzipiell im ordentlichen Verfahren nur die Volksversammlung, der *comitiatus maximus*, Todesurteile aussprechen durfte.[126] Es kann überhaupt keine Frage sein, daß die Centuriatcomitien der einzige Adressat der Provokation waren.[127]

Das bedeutet aber auch, daß seit dem ersten Ständeausgleich die Magistrate *cum imperio* keine selbständige strafrechtliche Kompetenz im Sinne einer Urteilsfällung hatten. Möglicherweise übten sie lediglich ähnlich wie im Zivilprozeß die Jurisdiktion aus. Diese von Kunkel erstmalig vertretene Ansicht ist gewiß erwägenswert[128]. Bei Straftatbeständen aller Art, insbesondere bei den „unpolitischen", sei dies über eine private Strafverfolgung vermittels *legis actio* erfolgt. Der Gerichtsmagistrat habe das Verfahren weitergeleitet an ein Geschworenengericht. Das Urteil des Gerichtshofes habe der Ankläger selbst vollstrecken müssen. Freilich ist auch eine andere Form der Strafgerichtsbarkeit nicht auszuschließen, und zwar die unmittelbare Anklage durch einen Magistraten, insbesondere einen Imperiumträger oder aber durch die Quästoren[129], wobei sich bei letzteren das nicht leicht zu lösende Problem ergibt, daß ihnen wohl das *ius agendi cum populo* fehlte. Klar ist den Quellen immerhin zu entnehmen, daß politische Straftatbestände in zunehmenden Ausmaße von den Volkstribunen vor die Centuriatcomitien gebracht wurden.[130]

Inwiefern gegen die einzige nicht kollegiale Magistratur, den Dictator, vorgegangen werden konnte, sei dahingestellt. Das Problem dürfte gerade in den Jahren nach 450 virulent geworden sein, als sich

[126] IX, 2 auf Cic. Leg. 3, 4, 11. Die Auffassung Kunkels, daß die XII-Tafel-Bestimmung eine Einbindung der Plebs gewesen sei derart, daß sie nicht mehr eigenmächtig diejenigen aburteilen konnte, die gegen ihre Interessen verstoßen hätten, kann nicht geteilt werden. Derartige Prozesse, sollte es sie je gegeben haben, lagen einfach außerhalb des Rechtes der *civitas.* Die von der Überlieferung erwähnten Fälle zeugen von der politischen Auseinandersetzung der Plebs mit einzelnen patrizischen Exponenten. Vgl. dazu B. Santalucia, Dalla vendetta alla pena, in: Storia di Roma, 445.

[127] Auszuschließen ist eine Entwicklung derart, daß zuerst an die Centuriatcomitien provoziert werden hätte können. So aber B. Santalucia, Dalla vendetta alla pena, in: Storia di Roma, 443.

[128] W. Kunkel, s. v. *quaestio,* in: RE 24, 728 (1961) sowie ders., Untersuchungen zur Entwicklung des römischen Kriminalverfahrens in vorsullanischer Zeit, München 1962, 21 ff.

[129] Vgl. Mommsen StR II, 543 f. und zuletzt Garofalo 73 ff. sowie B. Santalucia, Dalla vendetta alla pena, in: Storia di Roma, 434 ff.

[130] Einen hervorragenden Überblick bietet Garofalo 88 ff. bes. Fn. 46.

langsam das Prinzip der Kollegialität durchzusetzen begann.[131] Freilich mußte es im patrizischen Interesse gelegen haben, das immer wieder von neuem aus der Versenkung auftauchende alleinige Oberamt weiterhin als „Vollamt" zu betrachten.[132] Hinsichtlich der 3. *lex Valeria de provocatione* handelt es sich entweder um eine Wiederverlautbarung oder, was ich befürworte, um eine erste Sanktion gegen diejenigen Magistrate, die trotz des Provokationsrechtes Maßnahmen gegen römische Bürger ergriffen.[133] Derartige Sanktionen finden sich später in den *leges Porciae*. Dort wird ausdrücklich die *necatio*, aber auch die *verberatio*, die Züchtigung eines römischen Bürgers, unter Strafe gestellt.[134] Cicero spricht von drei Gesetzen, die wahrscheinlich alle aus den ersten Jahrzehnten des 2. Jh. stammen. Unwahrscheinlich ist dies nicht, galt es doch Übergriffen strahlender Sieger möglichst vorzubauen.[135] Möglicherweise, wenn man Livius Glauben schenkt (aber vgl. dagegen Cicero, der nur von einer neuen *sanctio* spricht)[136], richtete sich zumindest eines der Gesetze besonders gegen die Züchtigung mit Ruten, in der Tat eine entehrende Strafe. Gerade dieses Gesetz wird wohl zu Recht mit dem älteren Cato in Zusammenhang gebracht. Höchstwahrscheinlich stammt das 2. Porcische Gesetz von P. Porcius Laeca, dem Prätor des Jahres 195.[137] Mit diesem Gesetz wurde auch die *provocatio* im Felde zugelassen, wobei freilich Maßnahmen zur Aufrechterhaltung der militärischen Disziplin zugelassen sein mußten.[138] Angesichts der Schwere des magistratischen Verstoßes

[131] Vgl. Festus 216 L. *Postquam vero provocatio ab eo magistratu ad populum data est, quae ante non erat ...*

[132] Etwa Liv. 8, 33–35.

[133] Sehr widersprüchlich Liv. 10, 9, 3–6; dazu De Martino II, 225 ff.

[134] Cic. Rep. 2, 31, 54; Pro. Rab. 3, 8; 4, 12; Verr. II, 5, 62, 162 f.

[135] Pugliese, Appunti sulla „deditio" dell'accusato di illeciti internazionali, in: RISG. 18 (1974) (= Scritti giuridici scelti I, 584 ff.) 24 ff.

[136] Liv. 10, 9, 3.

[137] Broughton (o. Fn. 107) II, 499; vgl. dagegen Kunkel 168, als *triumvir monetalis* um 104.

[138] De Martino II, 425 ff. insbesondere auf Grund einer Münzdarstellung: Einem bewaffneten, von einem Liktor begleiteten steht ein einfacher Togatus gegenüber. Über der Szene liest man *provoco*. Dagegen Mommsen Strafrecht 31, Fn. 3 und StR III, 353, aber wie De Martino schon Pugliese, Appunti 27 ff.; Bleicken, in: SZ 76 (1959) 359; nach Kunkel 168 hätte nicht der Gerüstete das Wort *provoco* gesprochen, sondern der Zivilist. Vgl. auch A. Lintott, Provocatio. From the Struggle of the Orders to the Principate, in: ANRW I/2 (1972) 250.

dürfte als *sanctio* die Todesstrafe angemessen gewesen sein. Hinweise oder Zeugnisse eines derartigen Vorfalles gibt es denkbar wenige, insbesondere läßt sich nicht einmal aus dem Prozeß gegen Verres, der tatsächlich römische Bürger auspeitschen hatte lassen, die mögliche Sanktion entnehmen. Um welche Maßnahmen handelte es sich hierbei, was war der Inhalt des *coercere*, der *coercitio*[139] *(prensio)*? Darunter sind in erster Linie Verhaftung und Verwahrung zu verstehen.[140] Diese konnte für die Dauer eines ordentlichen Verfahrens aufrechterhalten werden[141], in manchen Fällen wurden Personen zum Schutze der öffentlichen Ordnung auf lange Zeit gefangengehalten, besonders schändliches Verhalten sollte dadurch, ohne daß es sich um strafrechtliche Tatbestände gehandelt hätte, geahndet werden.[142] Die Verhängung von Geldstrafen *(multae dictio)* scheint frühen Ursprungs zu sein. Aus dem 5. Jh., also noch vor Durchsetzung der Geldwirtschaft ergingen Gesetze, die die Höchstmulten limitieren sollten. Zwei Schafe und 30 Rinder konnte demnach ein Magistrat pro Tag als Mult verhängen.[143] Livius und Cicero erwähnen für das Jahr 430 eine *lex Iulia Papiria*, die den Wert in Kupfer festgesetzt haben soll.[144] Allgemein wurde auf jeden Fall ein Schaf im Wert von 10 As bemessen, ein Rind im Wert von 100 As. Durch die Geldentwertung sank dieser Betrag um 200 auf etwa 500 Sesterzen, ein Betrag, der für wohlhabende Bürger lächerlich gering war. Höhere Multen unterlagen der Entscheidung des Comitialverfahrens. Zur sofortigen Sicherung der Mult oder aber auch als selbständige Maßnahme diente die *pignoris capio*, eine (provisorische) Pfandnahme.

Bereits im Verlaufe des 3. Jh. hatten sich bestimmte Regeln für die Reihenfolge der Bekleidung der verschiedenen Magistraturen herausgebildet[145], insbesondere der Beginn der Laufbahn mit der Quästur. Zu Beginn des 2. Jh. kam es zu gesetzlichen Regelungen, namentlich

139 Eingehend Kunkel 149 ff. zu Begriff und Inhalt mit zahlreichen Beispielen. Vgl. vor allem Cic. Leg. 3, 6.

140 Vgl. Gell. (nach Varro) 13, 12 und 13, 13, 4. Nicht durch Quästoren und Ädilen.

141 Zur Dauerhaft Kunkel 155 ff.

142 Val. Max. 6, 1, 9 f. im Falle von Homosexualität und Val. Max. 6, 3, 3 bei Selbstverstümmelung, um Aushebung zu entgehen.

143 Zur *lex Tarpeia* (459) und *lex Maenia Sestia* (452). Vgl. Liv. 3, 65, 1 vor allem DH 10, 50, 1; Festus 268/270 L s. v. *peculatus*.

144 Cic. Rep. 2, 60; Liv. 4, 30, 3. Kunkel 158 f. Fn. 219. Vgl. auch allgemein Gell. 11, 1, 3; Festus 398, 7 f.

145 Mommsen StR I, 254 ff.

durch die *lex Villia annalis* aus dem Jahre 180.[146] Mit dem Gesetz wurden vermutlich Mindestalter für die Bekleidung der einzelnen Magistraturen ebenso wie die zwangsläufige Ausübung der Prätur vor dem Consulat bindend. Aus Polybios[147] ist außerdem zu entnehmen, daß jeder Bürger, der die Wahl zum Magistraten anstrebte, zumindest 10 Jahre lang im Heer gedient haben mußte. Welches Mindestalter die *lex Villia* tatsächlich festgelegt hat, ist nicht überliefert, zu Ciceros Zeiten galten 30 Jahre für die Quästur, 40 Jahre für die Prätur und 43 für das Consulat.[148] Zu Recht ist immer darauf hingewiesen worden, daß die Bekleidung der Ädilität nicht Voraussetzung für die Bekleidung der Prätur war.[149] Auf Grund der publikumswirksamen Auftritte wie Ausrichtung der Spiele wird es freilich ein beliebtes Amt gewesen sein, ebenso wie das politisch wichtige Volkstribunat.[150] Ausnahmen waren unter normalen politischen Umständen geradezu ausgeschlossen, nur Scipio Africanus d. Jüngere erhielt im Jahre 147 einen Dispens wohl über Volksbeschluß[151] sowie Pompeius im Jahre 70[152]. Auch die Wiederholung von Ämtern (Iteration) folgte unterschiedlichen Regelungen. Vor allem für das Oberamt fanden immer wieder Bestrebungen statt, die Iteration einzuschränken, insbesondere dürfte vor dem 2. Punischen Krieg ein zeitlicher Rahmen, möglicherweise 10 Jahre, gesetzlich geboten gewesen sein, auch die Consularfasten bezeugen, daß namentlich die Kontinuität, also die unmittelbare Bekleidung des Amtes, nicht vorkam.[153] In der Notzeit des 2. Punischen Krieges wurde selbst die Kontinuität des Amtes durch Gesetz zugelassen[154], um die Mitte des 2. Jh. selbst die Iteration verboten, eine

[146] Vgl. Cic. Phil. 5, 47; Liv. 40, 99, 1; De Martino II, 414 ff.; A. E. Astin, The Lex Annalis before Sulla, Coll. Latomus 32, Bruxelles 1958; G. Rögler, Die Lex Villia Annalis, in: Klio 40 (1962) 76 ff. Zur magistratischen Laufbahn jetzt Kunkel 43 ff.

[147] 6, 19, 5.

[148] Cic. Off. 2, 59.

[149] Cic. Pro Plancio 51.

[150] Mommsen StR I, 973 bezeichnet das Tribunat als wenig attraktiv.

[151] Vgl. Appian Pun. 112; Mommsen StR I, 539 Fn. 1.

[152] Cic. Manil. 62: *ex senatus consulto legibus soluto.*

[153] Zur Problematik insbesondere R. Rilinger, Die Ausbildung von Amtswechsel und Amtsfristen als Problem zwischen Machtbesitz und Machtmißbrauch in der mittleren Republik, in: Chiron 8 (1978) 247 ff. Vgl. Mommsen StR I, 513 ff.; J. Jahn, Zur Iteration der Magistraturen in der römischen Republik, in: Chiron 2 (1971) 171 ff.

[154] Liv. 27, 6, 4–7 für das Jahr 217.

Tatsache, die in Notzeiten (Germaneninvasion unter Marius) wieder beseitigt wurde.[155] Censoren wurden von einer einzigen Ausnahme abgesehen niemals wiedergewählt.[156] Auch bei plebejischen Magistraturen galten wohl Iterationsbeschränkungen, möglicherweise auf Grund eines Plebiszits des Jahres 342 *(lex Genucia)*. Tiberius Gracchus' Versuch, erneut für das Jahr 132 das Tribunat wiederzubekleiden, machte das Problem aber offenbar zum ersten Male virulent.[157]

Aus militärischen Notwendigkeiten konnte das *imperium* über das Amtsjahr hinaus verlängert werden (Prorogation).[158] Dies geschah zum ersten Male 326 bei der Belagerung von Neapel.[159] Die *prorogatio imperii* hatte ursprünglich grundsätzlich durch das Volk zu erfolgen. Letztlich war ihre Gewalt durch die im Volksbeschluß verankerte Kompetenz beschnitten, sie war den ordentlichen Jahresmagistraten untergeordnet. Ihr *imperium* erlosch allemal bei Überschreiten des Pomerium, d. h., die Prorogation betraf nicht das *imperium domi*.[160] In den Notzeiten des Punischen Krieges konnten offenbar auch reine Senatsbeschlüsse zur Prorogation führen. Die Amtsfrist der Censoren, die bekanntlich über kein *imperium* verfügten, konnte ebenfalls prorogiert werden, dies insbesondere im Hinblick auf die oft komplizierten Abnahmeverfahren bei öffentlichen Bauten.[161] Zu diesem Zwecke wurde auch das *imperium* des Stadtprätors Q. Marcius Rex im Jahre 193 prorogiert, und zwar zur Fertigstellung des von ihm begonnenen Aquäduktes.[162]

Während es ursprünglich keinen fixen Termin für den Amtsantritt

155 Liv. Per. 56.

156 Im Jahre 265, vgl. Val. Max. 4, 1, 3.

157 Vgl. App. Bell. Civ. 1, 14 [60].

158 R. Develin, Prorogation of Imperium before the Hannibalic War, in: Latomus 34 (1975) 716 ff.; H. Kloft, Prorogation und außerordentliches Imperium 326– 81 v. Chr. = Beiträge zur klassischen Philologie 84 (1977); W. F. Jashemski, The origins and history of the proconsular and propraetorian imperium to 27 B. C., Chicago 1950; Kunkel 15 ff.; I. Buti, Appunti di prorogatio imperii I. Scansioni temporali delle magistrature, in: INDEX 19 (1991) 245 ff. sowie Appunti di prorogatio imperii II. La casistica delle fonti fino al 218 a. Cr., in: INDEX 20 (1992) 435 ff.

159 Liv. 8, 23, 11–12; 26, 7; 26, 21, 5.

160 Wohl aber als Notstand im Jahre 211, als Hannibal vor den Toren stand. Liv. 26, 10, 9.

161 Das *sarta tecta exigere*, vgl. Liv. 42, 3, 7; 45, 15, 9; vgl. Mommsen StR II, 351 Fn. 2 zur Prorogation der Censur des Appius Claudius im Jahre 312. Wer die Prorogatio bestimmte, ist nicht überliefert.

162 Vgl. Frontin 7.

gab – er hing von den verschiedensten Gegebenheiten, insbesondere offenbar vom Ende der Amtszeit des Vorgängers ab –, galt ab dem 3. Jh. der 15. März, ab 153 der 1. Januar als Beginn des Amtsjahres.[163] Nur die Volkstribunen traten ihr Amt am 10. Dezember an.[164]

Als wichtiger staatsrechtlicher Akt der Magistrate muß die Vornahme der *auspicia* angesehen werden.[165] Der Magistrat befragte durch diesen divinatorischen Vorgang die Gottheiten und versuchte somit zu ergründen, welches Schicksal einem konkreten Unterfangen beschieden sein werde. Waren die Auspizien aus irgendeinem Grunde fehlerhaft gewesen, so bedeutete dies, daß alle Maßnahmen, die gerade infolge dieser Auspizien vorgenommen worden waren, wieder rückgängig gemacht werden mußten. Nicht eingeholte Auspizien hatten eben diese Folge. Für den militärischen Bereich bedeutete dahingegen die Unterlassung der Einholung offenbar nichts Nachteiliges.[166] Die Mittel der Auspikation lagen in der Beobachtung des Vogelfluges[167], in der Beobachtung von Himmelsleuchten, insbesondere von Blitzen, die als außerordentlich günstig galten[168], und der Beobachtung des Hühnerfraßes[169]. Der *pullarius* oder Hühnerwärter führte die Hühner stets im Käfig mit; ließ man sie hungern, so konnte man mit großer Wahrscheinlichkeit davon ausgehen, daß sie beim Fressen etwas von ihrem Brei zu Boden fallen ließen. Dies galt als *tripudium sollistimum*[170]. Nur die Magistrate des Gesamtstaates, nicht aber die rein plebejischen konnten staatsrechtlich relevante Auspizien einholen. Insbesondere wurden dabei die *concilia plebis* ohne Auspizien durchgeführt.[171] Hingegen Versammlungen der gesamten Bürgerschaft sowie des Senates bedurften der Auspizien.[172]

[163] Kunkel 86 ff. für 1. Januar Liv. Per. 49. Erwähnt in Fasti Praenestini CIL I^2 p. 231.

[164] Fasti Praenestini CIL I^2 p. 237; Liv. 39, 52, 4; DH 6, 89, 2.

[165] Dazu Mommsen StR I, 76 ff., das *auspicium* habe den Magistraten die Kompetenz verliehen, mit den Göttern in Verkehr zu treten. Kunkel 28 ff.

[166] (Freilich wurden vor jeder Schlacht die Auspizien eingeholt.) Cic. Div. 2, 76; Nat. deor. 2, 9, Mommsen StR I, 101, Kunkel 30 Fn. 79.

[167] DH 2, 6, 2; Cic. Nat. deor. 2, 11.

[168] Cic. Div. 2, 73 als *augurium oblativum.*

[169] Für den privaten Bereich Varro Rust. 3, 3, 5.

[170] Cic. Div. 1, 15; 2, 72; Festus 498 L, 276 f. L.

[171] Liv. 4, 6, 2; 10, 8, 9. Der Satz, daß die Plebejer selbige nicht durchführen durften, mag für die Frühzeit tatsächlich zutreffend gewesen sein, da das Kommunizieren auf sakral und staatsrechtlich relevanter Ebene den *patres* vorbehalten gewesen sein könnte.

Klarerweise konnten die Amtsträger nicht ohne einen mehr oder minder großen Stab von Mitarbeitern und Hilfskräften auskommen *(apparitores)*. Magistraten *cum imperio* standen als Ausdruck ihrer Befehlsgewalt Liktoren zu,[173] welche mit einem in Ruten und Stöcken eingebundenen Beil *(fasces)* ausgerüstet waren. Beide Instrumente müssen geradezu als Ausdruck der Coercitionsgewalt angesehen werden. Im Regelfalle durfte freilich das Beil nur außerhalb des *pomerium* aufgesteckt werden. Dem Dictator standen 24 Liktoren zu[174], dem Consul 12[175], dem *magister equitum* sowie dem Prätor jeweils 6[176]. In Ausübung seiner Ziviljurisdiktion wurde der *praetor urbanus* auf Grund einer *lex Plaetoria* unbestimmten Datums nur von zwei Liktoren begleitet.[177] Liktoren standen in entsprechender Anzahl auch den Promagistraten zu. Ebengenannten Magistraten und Promagistraten stand auch ein *accensus* zu[178], der auf Grund seiner besonderen Vertrauensstellung vom betreffenden Amtsträger ausgewählt wurde. Schreiber *(scribae)*, Viatoren (Boten), Herolde *(praecones)* sowie Gehilfen bei den Auspizien wie *pullarii* vervollständigten den Stab. Sämtliche Funktionsträger waren in Decurien organisiert, alle drei Jahre wurden die Decurien ergänzt. Zumindest in der ausgehenden Republik bedeutete die Aufnahme in eine dieser Decurien eine lebenslange Besoldung von seiten des Staates, unabhängig davon, ob die Decurie zum Dienst herangezogen wurde oder nicht.[179] Mitglieder konnten offenbar auch Ersatzkräfte, *vicarii,* stellen, wenn sie etwas

[172] Sehr geglückt die Formulierung Kunkels (35), daß man es mit einem Beispiel der Dogmatisierung primitiver Riten und Vorstellungen zu tun hat, „die uns in der römischen Staatsreligion allenthalben entgegentritt und dieser Religion das befremdliche Gepräge einer Mischung von Primitivität und juristischer Raffinesse verleiht".

[173] DH 5, 21, 1; Plaut. Epid. 27 aus Ulmenholz; Plut. Quest. Rom. 82. Zur Verwendung in den Provinzen Cic. Verr. 2, 5, 142. Vgl. Mommsen StR I, 376 und Fn. 1; Kunkel 119ff.

[174] Polyb. 3, 87, 7–8; Plut. Fab. Max. 4, 3. Dazu Kunkel 120 Fn. 66. Meines Erachtens bedeutet die Zahl 24 im Falle des Dictators einfach die Zusammenlegung der Liktoren der beiden Hauptmagistrate. Vgl. Mommsen StR I, 383.

[175] Polyb. 3, 87, 7–8.

[176] Cass. Dio 42, 27, 2.

[177] Kunkel 121 Fn. 67, vgl. Val. Max. 1, 1, 9 sowie Censorinus 24, 3.

[178] Cic. Ad. Quint. 1, 1, 13; Kunkel 126f.

[179] Dazu Gesetz der XX *quaestores* aus der Zeit Sullas in: FIRA I Nr. 10 sowie Plut. Cato min. 16, 8. Zur Organisation des Apparitorenwesens sehr eingehend Kunkel 112ff.

Besseres zu tun hatten. Dies führte tatsächlich zu Postenschacher und Pfründenwirtschaft, da häufig zu geringerem Entgelt Unfähige angeheuert wurden, einer der vielen Gründe, weshalb sich in der römischen Republik keine Beamtenschaft im modernen Sinne entwickeln konnte.[180] Auch *servi publici* standen den Magistraten für niedere Dienste zur Verfügung. Insbesondere jene *magistratus minores,* die in verstärktem Ausmaße die eigentliche Verwaltung der Stadt organisierten und überwachten, werden ohne die öffentlichen Sklaven gar nicht ausgekommen sein[181], offenbar wurden sie auch zur Brandbekämpfung eingesetzt.[182] Zur Belohnung und Auszeichnung konnten sie nach einer der herkömmlichen Arten freigelassen werden.[183]

§ 8. Die Promagistrate

Die Römer zogen in den Provinzen keineswegs ein eigenes, neues Verwaltungssystem auf. Wo nur möglich übernahmen sie bereits vorhandene Strukturen, wo nicht, überzogen sie das Gebiet mit einem Netz eigener Ansiedlungen mit weitgehender Selbstverwaltung. Im bereits dicht besiedelten Ostteil des Mittelmeeres, in Griechenland und den hellenistischen Nachfolgestaaten Alexanders des Großen bedeutete der Beginn der römischen Herrschaft regelmäßig ein Wiederaufleben städtischer Freiheiten, autonomer Verwaltung und eigener Rechtsprechung. Nur die Abgaben waren den neuen Herren zu entrichten, und zwar eben nach der neuen = alten politischen Poliseinteilung, es sei denn man erfreute sich als Polis des besonderen Status einer römischen Verbundenheit[184]. In dieser Beziehung standen einander abgabenfreie Gemeinden *(civitates immunes)* und steuerpflichtige *(tributariae)* gegenüber. Politisch freilich bedeutete der Status einer föderierten Stadt geradezu die Anerkennung als völkerrechtliches Subjekt, während die *civitates liberae* zwar der Provinz angehörten, aber über weitgehende Autonomien verfügten.

[180] Cic. Verr. 2, 3, 184. Zur Besoldung gibt es Nachrichten aus der Provinz Baetica *Lex Ursonensis* c. 62, Schreiber erhielten demnach 1200–800 Sesterzen, ein *accensus* 700, die Liktoren 600 und Herolde 300 Sesterzen. Vgl. Kunkel 114f. mit harscher Kritik am Apparitorenunwesen als „mit irreparablen Mängeln behaftet".

[181] Dazu Kunkel 131ff.

[182] Paul. D. 1,51,1.

[183] Liv. 26, 27, 4; 32, 26, 14. Mommsen StR I, 332 und Kunkel 135.

[184] Eindrucksvoll D. Nörr, Imperium und Polis, München 1966.

Provincia bedeutete ursprünglich nichts anderes als Tätigkeitsbereich der Magistrate, ein Begriff, der durchaus noch in der ausgehenden Republik geläufig war. Aus diesem kompetenzbezogenen Terminus entwickelte sich die geographische Bezeichnung eines Territoriums. Nach Ende des 1. Punischen Krieges wurden die drei großen Italien vorgelagerten Inseln Sizilien, Sardinien und Korsika in zunehmenden Ausmaße der römischen Herrschaft unterstellt. Ursprünglich begnügte man sich mit einem Magistraten niedrigeren Rangs, der in jenem Teil Siziliens, der ursprünglich von den Karthagern kontrolliert worden war, die Präsenz Roms zu unterstreichen hatte: der in Lilybaeum amtierende Quästor[185], während man, je nach militärischen Erfordernissen, zumeist consularische Heere auf die Inseln entsandte. Ab 227 wurden auf Dauer Prätoren allen drei Inseln zugeordnet, wobei zweifelsfrei in dieser ursprünglichen Phase der militärische Aspekt eindeutig im Vordergrund stand. Zur militärischen Sicherung des neuen Machtbereiches gesellte sich von allem Anfang die Durchsetzung der Entrichtung von Abgaben.[186] Gewiß, die Anwesenheit eines Jurisdiktionsmagistraten mußte ganz selbstverständlich die Möglichkeit für römische Bürger beinhaltet haben, sich in Fragen der Rechtsprechung an diesen zu wenden. Diese Abgaben, die sich einmal grundsätzlich nach dem Boden richteten, wurden in den Sprengeln, die Städten zugeordnet waren, eingehoben. Nicht selten bestand die Abgabe in Naturalleistung von 5 % *(vicensuma)* oder 10 % *(decima)*. Für die Provinz Sizilien sind wir dank Ciceros Reden gegen Verres besonders eingehend über Art und Weise der Einteilung unterrichtet[187], die sich offenbar nach einem vom syrakusanischen Herrscher Hieron II. geschaffenen System (der *lex Hieronica*) richtete[188] und im wesentlichen auf dem Prinzip der Steuerpacht beruhte; freilich – und das war die Besonderheit Siziliens, die sich aus der eminenten Bedeutung der Insel für die Getreideversorgung in Rom ergab – unter strikter Kontrolle des Statthalters. Dieser hatte eben auch die einzelnen Eintreibungssprengel auf dem Wege der Versteigerung an *decumani* zu vergeben. Was der *decumanus* geboten hatte, mußte er dem Staate abfüh-

[185] Vgl. dagegen D. Kienast, SZ 85 (1968) bes. 358.

[186] So Kunkel 339, anders Mommsen als Ausdehnung römischer Jurisdiktionsgewalt StR II, 219, I, 191.

[187] Vgl. zum *vectigal artum, quod stipendiarium dicitur* Cic. Verr. 2, 3, 12. Der Vectigal am *ager publicus,* falls in einer Provinz eingerichtet, wurde von den Zensoren in der Regel an *publicani* verpachtet, vgl. *lex agraria* des Jahres 111 Z. 73 ff. Zu den Tributen in Makedonien Liv. 45, 26, 14.

[188] Dazu J. Carcopino, La loi de Hiéron et les Romains, Diss. Paris 1914.

ren, Bußansprüche der Abgabepflichtigen gegen die Steuerpächter sollten die Provinzialen schützen. Dieses ausgeklügelte System wurde freilich nicht auf andere Provinzen übertragen, in der Regel vergaben die Censoren in Rom die Eintreibung an die aus Versteigerungen siegreich hervorgegangenen Steuerpächter *(publicani)*. Als paradigmatisch kann in diesem Zusammenhang der Fall der neuen Provinz Asia bezeichnet werden, die 133 von Attalos III. auf testamentarischem Wege den Römern zugefallen war. Durch eine *lex Sempronia* des C. Gracchus wurde eine *decuma* festgesetzt, deren Einhebung durch censorische Vergabe geregelt wurde.[189] In der Praxis bemühten sich die *publicani*, mit den vorgegebenen Verwaltungssprengeln Absprachen zu treffen, um auf diese Weise Pauschalbeträge zu erhalten.[190] In der Kompetenz des Statthalters verblieb ausschließlich die Entscheidung über Differenzen zwischen den Steuerpflichtigen und den Steuereintreibern. Freilich konnte beobachtet werden, daß das System der Steuerpacht nicht in allen Provinzen zur Anwendung gebracht wurde, insbesondere dürften in den westlichen Provinzen die Steuerpächter auf die Eintreibung von Hafenzöllen *(portoria)* und Gewinne aus dem Staatsland *(ager publicus)* beschränkt gewesen sein.[191] Das würde bedeuten, daß andere Abgaben, insbesondere jene, die mit Grund und Boden verbunden waren, in die Kompetenz des Statthalters fielen. Im Notfall, namentlich im Falle militärischer Erfordernisse, stand es dem Statthalter frei, weitere Leistungen aufzuerlegen[192].

Die Jurisdiktion der Statthalter

Auch in diesem Bereich sind die Informationen, die wir über Ciceros Reden gegen Verres besitzen, einmalig. Wenn auch die Organisation der Provinz Sizilien dadurch bis in die Einzelheiten bekannt ist, können wir durchaus davon ausgehen, daß die wesentlichen Grundsätze auch in anderen Provinzen galten. Nach der auf Senats-

[189] Cic. Manil. 15; Flacc. 19; Verr. 2, 3, 12. Zur Steuerpacht eingehend M. R. Cimma, Ricerche sulle società di publicani, Milano 1981.

[190] Cic. ad Q. 1, 1, 35, Epist. 13, 65, 1. Gelangen diese *pactiones* nicht, so schritten die *publicani* zur unmittelbaren Eintreibung, gedeckt wohl durch die gesamte Kraft des römischen Staatsapparates.

[191] Kunkel 350. Vgl. nach wie vor M. Rostovtzeff, Geschichte der Staatspacht, Leipzig 1902.

[192] Zu den umfangreichen Geldmitteln der Statthalter aus der römischen Staatskasse, insbesondere für die Truppe, Kunkel 351 f.

beschluß erlassenen Neuorganisierung des Jahres 132 seitens des Consuls P. Rupilius[193] fielen in die Kompetenz des Statthalters selbstredend die Rechtsstreitigkeiten unter römischen Bürgern, zwischen Römern und Nichtrömern (Peregrinen), zwischen Peregrinen verschiedener Städte sowie die Streitigkeiten zwischen Gemeinden und Privatleuten. Das Verfahren war wie das stadtrömische zweigeteilt, d. h., vor dem Statthalter *(in iure)* wurde prinzipiell über die Zulässigkeit des Klagebegehrens entschieden, der Richter bestimmt sowie die entsprechende Prozeßformel vorbereitet. Der Statthalter erließ zu Beginn seines Amtsjahres ein Edikt, welches sämtliche Rechtsbehelfe anführte und zweifellos demjenigen der stadtrömischen Prätoren vielfach entsprach.[194] Das heißt, daß zumindest bei der Beteiligung eines Römers am Prozeß römisches Recht zur Anwendung gebracht werden mußte. Wenn auch jeder Statthalter als Träger des römischen *imperium* autonome Jurisdiktion der Gemeinden unterbinden konnte, so wird er dies alleine aus Arbeitsüberlastung schwerlich getan haben, insbesondere wird es keine Eingriffe in die Rechtsprechung verbündeter Städte gegeben haben, es sei denn die Parteien wünschten den Prozeß nach römischem Recht zu führen.[195] Bei der Strafrechtspflege wird der Eingriff des römischen Statthalters in die Belange der Provinzialen insofern derselbe gewesen sein, als es galt, römische Herrschaftsansprüche zu verteidigen. Standgerichte gegen aufrührerische Provinzialen sind selbstverständlich anzunehmen. Römische Bürger unterstanden der ausschließlichen Kompetenz des Statthalters.[196] Der Sicherung römischer Herrscher diente der Ausbau militärischer Anlagen, insbesondere der sehr wichtigen Fernverbindungen, die z. T. neu angelegt wurden wie die *Via Egnatia*, z. T. erweitert, immerhin aber regelmäßig erhalten werden mußten. Je länger die römische Herrschaft andauerte, um so deutlicher mußte die Einflußnahme auf das Innenleben der Gemeinden werden: Statthalter kontrollierten die

[193] Wohl fälschlicherweise als *lex Rupilia* bezeichnet. Vgl. Cic. Verr. 2, 2, 32. Nach Kunkel 354 Fn. 185 „vom Senat veranlaßte und bestätigte Provinzialordnung", vgl. J. Partsch, Die Schriftformel im römischen Provinzialprozeß, 1905.

[194] Zum Provinzialedikt Wieacker 485 f., De Martino IV/2, 820 f.; A. Guarino, La formazione dell'editto perpetuo, in: ANRW II/13 (1980) 62 ff.

[195] Zum Provinzialedikt des großen Juristen Q. Mucius Scaevola, der wahrscheinlich im Jahre 94 als *proconsul Asiae* amtierte, Cic. ad Att. 6, 1, 15 und Val. Max. 8, 15, 6. Darin soll die Maxime gestanden haben *„ut Graeci inter se disceptent suis legibus"*.

[196] Vgl. Kunkel, Kleine Schriften 173 ff.

politische Ordnung wie das Finanzwesen[197]. Die Gerichtsbarkeit sowie die wichtigste administrative Tätigkeit erfolgte vom Hauptort der Provinz aus. Von Bedeutung ist aber auch die Reisetätigkeit des Statthalters innerhalb seiner Provinz und die damit verbundene Abhaltung von Amtstagen *(conventus)* an wichtigen Orten der Provinz[198], wobei der Magistrat öffentlich und mündlich die Jurisdiktion im Sinne eines stadtrömischen *tribunal* ausübte. Als weiteres Organ römischer Provinzialverwaltung amtierten Quästoren[199], die teils dem Promagistraten zur Seite standen, teils in eigener Verantwortung die Verwaltung der Staatsgelder führten. Die Zuteilung je eines Quästors (2 für Sizilien) erfolgte durch das Los.[200] Als Hauptberater im Stab *(consilium)* sowohl in militärischen wie auch zivilen Belangen fungierten beigeordnete Legate unterschiedlicher Anzahl, die auch für spezielle Aufgabenbereiche eingesetzt werden konnten.[201] Diese Legate wurden vom Senat ernannt[202], wohl aber auf Wunsch des Statthalters selbst als dessen Vertraute.

§ 9. Die Hauptmagistratur

Im Gegensatz zur traditionellen, auf der Annalistik fußenden Vorstellung vom unmittelbaren Übergang von der Monarchie zur Republik auf dem Wege der Einrichtung einer obersten Doppelmagistratur, dem Consulat[203], ist davon auszugehen, daß in der Zeit vom Sturze des letzten etruskischen Königs bis zum definitiven Verfassungskom-

[197] Polyb. 3, 9, 5, 2 bezüglich der achäischen Städte und Cic. ad Att. 6, 1, 15, bezüglich Bestimmungen im Edikt *de rationibus civitatum*.

[198] Zu den *conventus* vgl. E. Kornemann, in: RE IV, 1173 ff.

[199] Mommsen StR II, 564 Fn. 1, Kunkel 368 ff., Cic. Div. in Caec. 32.

[200] Vgl. über die Probleme zwischen Statthalter und Quästor das Verhältnis zwischen Cicero und L. Mescinius Rufus Cic. ad Att. 6, 3, 1– 6, 4, 1.

[201] Eingehend Kunkel 370 ff.

[202] Cic. Vat. 35.

[203] So aber Mommsen StR I, 8 ff. und II, 74 ff. und unter den Neueren: P. Fraccaro, Ancora sull'età dell'ordinamento centuriato, in: Athenaeum 12 (1934) 58 ff.; De Francisci, Primordia 743 ff.; Coli 185; A. Momigliano, Le origini della repubblica romana, in: Rivista storica italiana 81 (1969) 5 ff., zuletzt in: A. Momigliano, Roma Arcaica, Firenze 1989, 131ff. und zusammenfassend 150; A. Magdelain, Praetor Maximus et Comitiatus Maximus, in: IURA 20 (1969) 276 ff.; F. Cueña, La primera magistratura republicana, in: BIDR 88 (1985) 313 ff.; Ernst Meyer, Römischer Staat und Staatsgedanke, Zürich und München [4]1975, 37ff.; Ranouil 16 ff.; A. Mastrocinque, Lucio Giunio Bruto, Trento 1988, 179 ff.

promiß eine ganze Reihe von verschiedenen „Experimenten“ das höchste Staatsamt betreffend durchgeführt werden mußten. Seit Mommsen haben zahlreiche Forscher beträchtliche Mühe aufgewendet, um den sogenannten Übergang von der Monarchie zur Republik zu erhellen. Hervorgehoben werden sollen in diesem Zusammenhang in chronologischer Reihenfolge die Untersuchungen von Hanell[204], Mazzarino[205] und Valditara[206]. Nach der durchaus spärlichen Überlieferung wird man wohl davon auszugehen haben, daß sich das Prinzip der Kollegialität nur sehr zögerlich durchsetzte. Ausgehend von der eminent militärischen Bedeutung des höchsten Staatsamtes ist die Bezeichnung *praetor* durchaus glaubhaft.[207] Valditara hat zu Recht hervorgehoben, daß diese militärische Funktion bereits in der Königszeit entstanden war mit der Benennung *magister populi*, Anführer des von Servius Tullius reformierten Fußvolkes. Große Bedeutung kommt in diesem Zusammenhang der Rolle des Königs Servius Tullius zu. Hierzu gibt es erstaunliche Mehrfachüberlieferungen, die den Schatten historischer Ungewißheit etwas zu lichten vermögen. In seiner berühmten Rede vor dem Senat, mit dem Ziele, auch führende Vertreter der gallischen Oberschicht in den Senat zu berufen, bezog sich Kaiser Claudius auf seinen vor etwa 600 Jahren verstorbenen Vorgänger, wobei er darauf hinwies, daß dieser von Etruskern als Macstarna bezeichnet wurde.[208] Claudius war ein bekannter Etruskologe, um so schwerer wiegt sein Zeugnis. Dazu kommt, daß der Name Macstarna ebenso wie derjenige der Tarquinier auf einem berühmten Fresko aus etruskischer Zeit aufscheint. Dieses Fresko, aus dem sogenannten François-Grab aus Vulci stammend, befindet sich heute in der Villa Albani in Rom.[209] Wie immer man die Überlieferung versteht, so deutet erstens vieles darauf hin, daß die Bezeichnung „Macstarna“ das lateinische „Magi-

[204] K. Hanell, Das altrömische eponyme Amt, Lund 1946.

[205] S. Mazzarino, Dalla monarchia allo stato repubblicano, Catania 1945.

[206] G. Valditara, Studi sul magister populi, Milano 1989, als wichtigste Arbeit zum Problem Monarchie/Republik. Dazu Rezension von J. M. Rainer in: SZ 108 (1991) 379 ff.

[207] Von *praeire* Hanell 158; Valditara 338 f.

[208] Dazu grundlegend Valditara 73 ff., vgl. CIL 13, 1668, 1, 1 ff. = FIRA I. Nr. 43, Tac. Ann. 11, 23–25, zum Problem Macstarna – Magister 116 ff.

[209] Dazu der Ausstellungskatalog La Tomba François di Vulci, Roma 1987, bes. auch der Beitrag von I. Di Stefano Manzella 236 ff. Valditara zusammenfassend 106 ff. deutet das Fresko derart, daß Servius Tullius, der anläßlich eines Staatsstreiches gegen Tarquinius Priscus nach Vulci fliehen mußte, siegreich nach Rom zurückkehrt. Bereits damals hätten die latinisch-sabinischen *gentes* den Aufstand gegen die Etrusker geprobt (113).

ster" wiedergibt und daß wohl Servius Tullius selbst dieser *magister* gewesen sein mußte, Oberbefehlshaber an der Seite des Königs des reformierten Fußvolkes.[210] Diese Entwicklung vom Königtum zu anderen, wohl temporären Formen der Staatsführung konnte überdies auch in anderen latinischen Gemeinden nachgewiesen werden.[211] Die Reform des Heeres im Sinne einer bestbewaffneten Hoplitenphalanx kann nicht oft genug unterstrichen werden. Sie war das Produkt der etruskischen „Sozialpolitik", einer Öffnung des Staates über die überkommene Gentilordnung hinaus, einer Beteiligung nicht mehr ausschließlich der Oberhäupter der *gentes* und ihrer Hintersassen am Gemeinwesen. In diesen Jahren verfestigten sich jene Gruppenbildungen, die in der Überlieferung als Patrizier und Plebejer bezeichnet werden. Freilich scheint die Führung dieses Heeres strittig gewesen zu sein[212], immerhin konnte Valerius Publicola[213], *pater* einer alten latinischen *gens*, als *magister populi* eine Phase patrizischer Restauration einleiten.

Als wichtigste Quelle für das frühe republikanische Oberamt ist die *lex vetusta* zu nennen: Livius 7, 3, 5–6: *Lex vetusta est, priscis litteris verbisque scripta, ut, qui praetor maximus sit, idibus Septembribus clavum pangat; fixa fuit dextro lateri aedis Iovis Optimi Maximi, ex qua parte Minervae templum est. Eum clavum, quia rarae per ea tempora littera erant, notam numeri annorum fuisse ferunt eoque Minervae templo dicatam legem, quia numerus Minervae inventum sit.*

[210] Vgl. differenziert Mazzarino 184 ff. und 193 ff., der in Macstarna bereits das Staatsoberhaupt anstelle des Königs erblickte. Als Chef des latinischen Bundesheeres trug er die Bezeichnung *dictator* (152 ff.). In jeder Weise treffend und trefflich Valditara 137 ff. als Oberbefehlshaber des *populus.* Vgl. die interessante, von Mazzarino 189 gezogene Parallele zwischen Amt und Namen, Hagen als Khan der Alanen. Vgl. Momigliano 34: Macstarna zwar römischer *magister* in Etrurien, aber nicht Servius Tullius.

[211] Vgl. Mazzarino 152 ff. und 166 ff. zur Person des Egerius Baebius. Meines Erachtens ist die sogenannte etruskisch-latinische Komponente bei Mazzarino überbewertet, vgl. 85 und 176. Wieweit das „Amt" des *magister* als Heerführer neben dem König in Etrurien und Latium existierte, sei dahingestellt. Allgemeine militärische Überlegungen wie die zunehmende Bedeutung des Fußvolkes machen dies denkbar. Freilich könnte es sich auch um eine geniale Erfindung des Servius Tullius handeln, die dann notgedrungen von den anderen kopiert wurde.

[212] Oberbefehlshaber blieb nach Valditara der *rex*, freilich war der *magister* ständiger Chef der Hoplitenphalanx und dies aus militärischen Notwendigkeiten (265 und zusammenfassend 282 f.).

[213] Liv. 2, 8, 6; Valditara 202 und 286 f. sowie Mastrocinque, Il cognomen Publicola, in: Parola del Passato 39 (1984) 217 ff.

Diese Quelle spricht freilich dafür, daß eine ungleiche Kollegialität im Oberamt anzunehmen ist. Neben dem als *maximus* bezeichneten Prätor muß es mehrere *minores* gegeben haben.[214] Dem Bild der patrizischen Adelsschicht entsprechend werden ursprünglich die *patres*, also der Rat der Oberhäupter der *gentes*, bestimmt haben, wer das temporäre Oberamt ausüben sollte. Die Teilnahme der Curien ist wahrscheinlich.[215] Die Annuität ist eher anzunehmen als auszuschließen.[216] Bei aller Ungewißheit muß festgehalten werden, daß die endgültige Einordnung der höchsten Staatsämter erst 367 erfolgte.[217] Aus der Fülle an widersprüchlicher Überlieferung läßt sich folgende Grundentwicklungstendenz aufzeichnen: Von einem ausschließlichen Oberamt über eine ungleiche Kollegialität[218], hin zu einer mehrfachen (gleichen wie ungleichen) Kollegialität[219], hin zum gleichen Doppelamt. Wenn auch sowohl der Bezeichnung wie den tatsächlichen Kompetenzen nach ein *Consules* genanntes Doppelstaatsoberhaupt vor 367 sporadisch nicht ausgeschlossen werden kann, so sollte man erst ab diesem Zeitpunkt vom Consulat sprechen.[220] Vor dem Dezemvirat schließe ich jede gleiche Kollegialität, die systematisch und auf Dauer

[214] Hanell 178 als Anführer der drei *tribus*. Vgl. De Sanctis 405 als königlicher Beamter jeweils aus militärischen Notwendigkeiten bestimmt, daher die spätere Annuität. Es gab drei ursprünglich gleichrangige Chefs der *tribus*.

[215] Vgl. Mazzarino 218 allgemein indogermanisch; Hanell 198.

[216] Vgl. v. Lübtow 177 ff.: Beim Übergang hätten sämtliche *patres* als *interreges* fungiert. Der letzte habe den neuen Oberamtsträger bestimmt, der *praetor maximus* habe seinerseits jeweils den Nachfolger bestimmt.

[217] In diesem Sinne auch Mazzarino 203; Hanell 143 ff.; Valditara 312.

[218] Für ungleiche Kollegialität vom Beginn der Republik an Valditara 319, auf Grund der Tatsache, daß die Anführer des Staatsstreiches gegen Tarquinius Superbus amtierende Funktionäre *magister populi, magister equitum, praefectus urbi* gewesen seien. Diese Funktionen seien autonome Magistraturen unterschiedlicher Bedeutung geworden. Daher aber der Begriff des *praetor maximus*. Vgl. 321 mit interessantem Hinweis auf den Turnus unter den dreien als Maßnahme gegen monarchische Gelüste. Valditara meint, der *magister populi* hätte als *praetor maximus* auch dem *magister equitum* gegenüber ein erhöhtes *imperium* gehabt. Wie er sich den Turnus aber vorstellt, darauf wird nicht eingegangen. Meines Erachtens reichte die Annuität aus. Vgl. Cic. Rep. 2, 31, 55; DH 5, 2, 1 und Liv. 2, 1, 18.

[219] Zur Entwicklung der Kollegialität außerhalb Roms vgl. Mazzarino 85 ff. und 171 auf Latium und Etrurien bezogen. *Praetor* sei im latinischen Bereich zum gebräuchlichen Begriff einer kollegialen Magistratur geworden.

[220] Dagegen Mazzarino, die Bezeichnung Consul begann sich ab etwa 500 durchzusetzen im Sinne gleicher Kollegialität: „Wer mit einem Kollegen ist“ (200).

bewußt eingeführt worden wäre, endgültig aus. Damit schließe ich mich auch all jenen an, die den *Fasti* kritisch gegenüberstanden.[221] Mazzarinos wichtigstes Argument für das Bestehen einer frühen Kollegialität und gegen die längere verfassungsmäßige historische Periode eines *praetor maximus* ist der Hinweis, daß bereits im Jahre 500 T. Larcius als außerordentlicher Dictator erwähnt wurde, wohl um den Nagelschlag vorzunehmen. Davon kann aber auf Grund der Quellenlage keine Rede sein. Für die Entwicklung einer vollen Kollegialität ist insbesondere von Fraccaro[222] darauf hingewiesen worden, daß im Zuge des Wachstums des römischen Staates eine Teilung des Fußvolkes in zwei Legionen erfolgte. Diese ursprünglich militärische Notwendigkeit (Mehrfrontenkrieg) mußte letztlich zu einer Verdoppelung des Oberamtes führen. Auch in diesem Falle muß von einer genauen chronologischen Einordnung Abstand genommen werden. Gerade die militärischen Ungewißheiten, Erfolge und Mißerfolge prägten eine lange Phase der römischen Geschichte. Es ist dies die Zeit des Überganges vom einzigen Oberamt zur Consulatsverfassung.

In dieser historischen Entwicklung kommt gewiß den ersten überlieferten systematischen Erneuerungsversuchen des Staates eine ganz besondere Bedeutung zu: Die Überlieferung verweist das sogenannte Dezemvirat in die Mitte des 5. Jh. Offenbar war der Protest derjenigen, die durch die Machtergreifung der latinischen *gentes* ins Abseits geraten waren, immer virulenter geworden. *Plebs*[223] nannte sich die

[221] Hanell 169, erster Eponym M. Horatius als Dedikator des Jupitertempels, man brauche keinen zweiten Eponym. Dagegen Mazzarino 200, der den Beginn der Kollegialität um 500 nach einer Phase der ungleichen Kollegialität ansetzt: Beweis 1. Relief von Velletri, 2. *augurium solutis* (168).

[222] P. Fraccaro, La storia dell'antichissimo esercito romano e l'età dell'ordinamento centuriato, in: Opuscula II, 287– 292; vgl. Valditara 324 f.

[223] Zur *plebs* B. G. Niebuhr, Römische Geschichte I, Berlin ³1828, 329 ff.; W. Ihne, Forschungen auf dem Gebiete der römischen Verfassungsgeschichte, Frankfurt a. M. 1847, 61 ff.; H. S. Jones/H. M. Last, The making of a united state, in: Cambridge Ancient History VII (1954) 519 ff.; F. Altheim, Patriziat und Plebs, in: Die Welt als Geschichte VII (1941) 217 ff.; A. Bernardi, Patrizi e plebei nella costituzione della primitiva repubblica romana, in: RIL 79 (1956) 15 ff.; A. Momigliano, L'ascesa della plebe nella storia arcaica di Roma, in: RSI 79 (1967) 297 ff.; V. Giuffrè, Plebei gentes non habent, in: Labeo 16 (1970) 329 ff.; A. Guarino, La rivoluzione della plebe, Napoli 1975; J. C. Richard, Les origines de la plèbe romaine. Essai sur la formation du dualisme patricio-plébéien, Paris 1978; L. Capogrossi Colognesi, Storia delle istituzioni romane arcaiche, Roma 1978, 167 ff.

große Masse dieser politisch Entrechteten, ein sozial äußerst heterogenes Gebilde, das in erster Linie negativ als Gegenüberstellung zu den Patriziern definiert werden kann. Der vorläufige Erfolg der *Plebs* lag zum ersten in der Aufzeichnung zahlreicher Rechtsbestimmungen in den XII Tafeln.[224] Insbesondere ein geordnetes Prozeßwesen sollte den Bürger schlechthin vor der Willkür einer jeden Obrigkeit schützen. Zwar war die Exekution gegenüber verurteilten Schuldnern – Verkauf in die Sklaverei – hart, aber vorhersehbar. Vorhersehbarkeit bedeutete Rechtssicherheit auch für den politisch Schwachen. Eine Reihe von verwaltungsrechtlichen Bestimmungen, die gegenüber jedermann galten, untermauerten die Rechtssicherheit. Die eigentliche staatsrechtliche Neuerung um 450 v. Chr. lag darin, daß überhaupt die Führung des Staates nicht mehr einem einzigen übertragen wurde, sondern einer Gruppe[225], so daß 10 Männer, alle mit uneingeschränktem *imperium* ausgestattet, offenbar strittige Punkte der staatlichen Ordnung regeln sollten. Wie sehr dabei die Tatsache der Gesetzgebung im Vordergrund stehen sollte, beweist die offizielle Bezeichnung der Gruppe: *decemviri legibus scribundis.*[226]

Auch in der anschließenden historischen Epoche trat keine eindeutige Beruhigung der politischen Auseinandersetzung ein, ein Oberbeamter aus der *Plebs* ist möglicherweise für das Jahr 400 v. Chr. überliefert. In diese Zeit fällt mit Sicherheit auch das Aufkommen der Bezeichnung *consul* für den Oberbeamten[227], wobei nachdrücklich darauf hingewiesen werden muß, daß sich diese endgültige Benennung erst 367 durchsetzte. Häufig begegnen uns für die Jahre bis zum Verfassungsausgleich *tribuni (militum) consulari potestate*. Allein aus der überlieferten Bezeichnung ergibt sich der Kontext zu militäri-

[224] Zu den XII Tafeln Serrao 31 ff.; Wieacker 287 ff.

[225] Mit dem Ende der Monarchie hat das Dezemvirat nichts zu tun, anderer Meinung Hanell 191. Für die Echtheit des Dezemvirates Beloch 326, freilich herabdatiert auf 443 von Werner, Der Beginn der römischen Republik, München 1963 (der ebenso wie Hanell an einem Fortdauern der Monarchie bis zur Jahrhundertmitte festhält [250]). Der *praetor maximus* wird auch für die 1. Hälfte des 5. Jh. als königlicher etruskischer Beamter dargestellt, dem *praetores minores* zur Seite standen.

[226] De Martino I, 299 ff.; G. Poma, Tra legislatori e tiranni, Problemi storici e storiografici nell'età delle 12 Tavole, Bologna 1985. Zu den Quellen DH 10, 1–60, Liv. 3, 31–3, 34, 6; 3, 37, 4; Pomponius D. 1, 2, 2, 3 ff.; Cic. Rep. 2, 36, 61; Cic. Leg. 2, 23; Diodor. 12, 23– 25.

[227] Nach K. J. Beloch, Römische Geschichte 236 erstmalig im Jahre 444; vgl. Liv. 4, 7, 10; vgl. Zonaras 7, 19.

schen Notwendigkeiten.[228] Dieses stärkere Hervortreten militärischer Notwendigkeiten könnte eine größere Beteiligung der wehrfähigen Bürgerschaft bei der Bestimmung der Oberbeamten zur Folge gehabt haben. Eine Volkswahl durch Centurien bereits ab 449 anzunehmen[229] muß ausgeschlossen werden, da der *exercitus centuriatus* seit jeher überwiegend von Plebejern gestellt war. Gerade daß der Überlieferung nach der erste nicht patrizische Oberbeamte erst im Jahre 400 bestimmt worden war, beweist, daß nach wie vor wohl der patrizische Rat das Sagen hatte.[230] Die überlieferten Tribune, ab 426 vier, ab 405 sechs, sind zu schematisch, Tatsache bleibt, daß je nach militärischen Erfordernissen mehrere gleichrangige[231] Oberbeamte bestimmt wurden und daß noch vor 367 Plebejer dieses Amt bekleiden konnten[232]. Ob durch die neue Bezeichnung die ältere *praetor* unmittelbar aufgegeben wurde, ist zwar nicht definitiv feststellbar, die Tatsache, daß mit dem Erlaß der XII Tafeln die unabhängige Rechtspflege an Bedeutung gewann, könnte dafür sprechen, daß ein eigenständiges Amt Prätor geschaffen worden war, dessen Kompetenzen ausschließlich auf die Rechtspflege beschränkt waren.[233] Der Prätor wäre somit aus der unmittelbaren politischen Auseinandersetzung herausgehoben und zum Garanten eines Ausgleichs zwischen Patriziern und Plebejern geworden. So würde man in der römischen Geschichte zum zweiten Male der politischen Aushöhlung eines Amtes beiwohnen, ähnlich wie beim *rex*, wiewohl die dem Prätor verbliebenen Positionen nach wie vor von gesellschaftlich großer Relevanz blieben.

§ 10. Der Consul

Der Überlieferung klar zu entnehmen ist die Tatsache, daß der politische Ausgleich von 367 eine endgültige und dauerhafte Bestim-

[228] Mommsen StR I, 182.

[229] So aber Hanell 199.

[230] Die ersten plebejischen Tribune erscheinen im Jahre 400 v. Chr., Liv. 5, 12, 9–11. Vgl. die Fasten und v. Lübtow 217ff.; A. Drummond, Consular tribunes in Livy and Diodorus, in: Athenaeum N. S. 58 (1980) 57ff.

[231] So zu Recht Hanell 199.

[232] Vgl. J. Pinsent, Military Tribunes and Plebeian Consuls. The Fasti from 444 to 342, in: Historia Einzelschriften, Wiesbaden 1975 sowie D. Musti, Lotte sociali e storia della magistratura, in: Storia di Roma, 374ff.; zuletzt D. Solberg, Militärtribunen und verwandte Probleme, in: Historia 40 (1991) 257ff.

[233] So Hanell 208.

mung der höchsten Magistratur mit sich brachte.[234] Dabei wurde auch die zwar schon gebräuchliche, aber nicht eindeutige Bezeichnung Consul gewählt und die gleiche Kollegialität abgesegnet. Hinter dieser völlig gleichen Kollegialität vermute ich ausschließlich politische Motive. Das höchste Staatsamt behielt zwar weiterhin die militärischen Kommandogewalten bei, war aber als grundlegend politisches, staatstragendes Amt konzipiert. Gewiß blieb Rom eine militärische Größe ersten Ranges, doch ist die Mitte des 4. Jh. wohl auch historisch als militärische Verschnaufpause zu verstehen. Die Galliergefahr war im wesentlichen gebannt, die unmittelbaren Nachbarn größtenteils niedergerungen und in Bündnissysteme eingebunden. Der Blick auf das Ganze begann sich offenbar in der führenden Schicht zu öffnen. Der Name selbst weist auf zivile Ursprünge hin, auf die beratende, nicht kommandierende Funktion.[235] Offenbar war diese zivile Tätigkeit ursprünglich auf das engste mit der richterlichen Funktion verbunden[236], wovon die Bezeichnung *iudex* ein beredtes Zeugnis ablegt. Gerade die Tatsache, daß diesen unmilitärischen, rein zivilen, politischen, richterlichen Beamten nun das oberste Staatsamt zuerkannt wurde, spricht Bände. Es sollte zumindest in der Bezeichnung der Primat der Politik[237] zum Ausdruck gebracht werden. Dadurch wollte man die verfassungsmäßige Möglichkeit schaffen, auch Nicht-Patriziern den Zugang zu diesem Amt freizumachen. Freilich, die Na-

[234] Zur Entwicklung hin zum Consulat Valditara 343 ff., der sich im wesentlichen der militärischen Theorie von Fraccaro anschließt und die Entwicklung der gleichen Kollegialität mit der Verdoppelung der Legion in Zusammenhang bringt.

[235] Literatur: Mommsen StR II, 79 ff.; De Martino I, 406 ff.; Kunkel 293 ff.; A. Lippold, Consules. Untersuchungen zur Geschichte des römischen Konsulats von 269–201 v. Chr., Bonn 1963; R. Rilinger, Der Einfluß des Wahlleiters bei den römischen Konsulwahlen von 366 bis 50 v. Chr., Vestigia 24, München 1976.

So schon zu Recht die antiken Autoren Cic. Leg. 3, 3, 8: *regio imperio duo sunto iique praeeundo iudicando consulendo praetores, iudices, consules appellamino.* Varro, De vita populi Romani libro secundo (Nonius s. v. *consulum*, ed. Lindsay 35): … *quod idem dicebantur consules … quod consulerent senatui consules.* Florus 1, 3 (9, 2): *Consulesque appellavit pro regibus ut consulere civibus suis debere meminissent.* Quint., Inst. 1, 6, 32: *sit consul a consulendo.* Vgl. aber Mommsen StR I, 77 Fn. 3, *consul* wie *praesul* von *salius* = Mittänzer = Kollege.

[236] Cic. Leg. 3, 3, 8, Quint. Inst. 1, 6, 32: *sit enim consul a consulendo vel a iudicando, nam et hoc consulere veteres vocaverunt unde adhuc remanet illud: rogo boni consulas, id est bonum iudices.* Vgl. auch Mommsen StR I, 77 f.

[237] Grundsätzlich für militärischen Primat Kunkel 295.

mensbezeichnung hatte wie so oft in der Antike auch zum Ziel, beinharte Fakten durch den Zauber der Worte zu beschönigen. Der Primat der Politik war durchaus ernst gemeint, doch ein Oberbeamter ohne militärische Gewalt, ohne das *imperium*, wäre nicht nur undenkbar gewesen, sondern auch sinnlos, wenn nicht gar für die Existenz des Staates gefährlich. So gelangte das *imperium* vom *rex* auf den *praetor* und von diesem auf den *consul*. Bezeichnenderweise verlor der *praetor* zwar nicht sein angestammtes *imperium*, es war freilich gegenüber demjenigen der neuen kollegialen Oberbeamten einfach sekundär. Andererseits erhielt er im wesentlichen ausschließlich Kompetenzen in der Rechtsprechung. Während die Consuln ab dem 3. Jh. am 15. März ihr Amt antraten, wurde im Jahre 153 der Antritt auf den 1. Januar gelegt. In den ersten Tagen der Amtsführung wurde als Bestätigung der Vollgewalt des *imperium* die *lex curiata de imperio* eingeholt.[238]

Die Reform des Jahres 367 sollte sich als dauerhaft erweisen. Der Titel *consul* blieb bis auf Augustus die Bezeichnung für das politische und militärische Staatsoberhaupt. Die jeweiligen Consuln waren Eponyme, sie gaben dem Jahr ihren Namen und dies bis weit in die Spätantike. Kaum ein Römer würde je die Chronologie *ab urbe condita* verwenden. So eindrucksvoll mußte das consularische Regiment auch den Regierenden der Kaiserzeit erscheinen, daß es bis auf Justinian als Ehre galt, auch für den tatsächlich Herrschenden, den Kaiser, dieses Amt zu bekleiden. Die Nachwelt identifiziert mit dem Consulat bis auf unsere Tage die römische Republik schlechthin.

Die Consuln als gemeinsame Träger des *imperium* waren einander völlig gleichgestellt, d. h., ihre Kompetenzen waren zumindest *de iure* identisch. Sie umfaßten

– uneingeschränkten Oberbefehl über das Heer *(imperium militiae)*, also über die *coercitio* bis zur Verhängung von Todesurteilen[239], die Auswahl der Offiziere, die tatsächliche Kommandogewalt, die Auswahl der strategischen und taktischen Mittel, den konkreten Einsatz der Truppe, insbesondere aber auch die Aushebung *(dilectus)*.[240] Als Unterkommando und Berater dienten vom Consul selbst auserwählte Legaten. Gewiß, eine politische Planung und

[238] Zur *lex curiata* H. Siber, Die ältesten römischen Volksversammlungen, in: SZ 57 (1937) 233 ff. und U. von Lübtow, Die lex curiata de imperio, in: SZ 69 (1952) 154 ff.

[239] Polyb. 6, 12, 7; Cic. Leg. 3, 6 und zustimmend Kunkel 168.

[240] Kunkel 330 ff.

Kontrolle des Senates stand durchaus fest, sie trat aber in unmittelbaren militärischen Aktionen in den Hintergrund.[241] Freilich, gerade die Tatsache, daß der Senat über den Triumph zu befinden hatte, bedeutete ein nicht zu übersehendes Druckmittel unmittelbarer Art;[242]

- uneingeschränkte Polizeigewalt *(imperium domi)*; diese uneingeschränkte Gewalt war aber insoweit begrenzt, als der Consul keinen römischen Bürger zum Tode verurteilen durfte. Auch gegen Züchtigungen und andere Maßnahmen der Coercition gab es die *provocatio ad populum*;
- das Recht, die Volksversammlungen, insbesondere die Centuriatcomitien, einzuberufen und dort Anträge zu stellen, sei es ein Gesetz betreffend, sei es in Form von Wahlvorschlägen *(agere cum populo)*, und diese Versammlungen zu leiten[243];
- das Recht, den Senat einzuberufen und dort vorstellig zu werden *(agere cum patribus)*, Berichte vorzutragen, Gesandte vorzustellen *(referre ad senatum)* und einen Senatsbeschluß zu erwirken[244];
- falls erforderlich die Ausübung der Gerichtsbarkeit.[245]

Die Aufteilung der Amtsführung in einem bestimmten Turnus war dann vonnöten, wenn beide Consuln gleichzeitig in Rom weilten. In diesem Fall erfolgte der Wechsel jeden Monat, der Turnus wurde wohl von demjenigen eröffnet, dessen Wahl zuerst kundgetan worden war.[246] Dem jeweils die Amtsgeschäfte führenden schritten seine 12 Liktoren mit den Rutenbündeln voraus *(penesquem fasces sunt)*. Gegen sämtliche staatsrechtlich relevante Akte der Amtsführung konnte indessen der Kollege sein Interzessionsrecht geltend machen. In der Praxis traten die Consuln sehr häufig gemeinsam auf, unterstrichen somit das gemeinsame Vorgehen, wenn auch der konkrete Akt nur vom Amtsführenden gesetzt wurde.[247] Im Felde stellte sich das Problem nur dann, wenn aus militärischen Notwendigkeiten die beiden Consuln gemeinsam auftreten mußten. Durch Los wurden dann Operationsbereiche vergeben, nur im Falle des unmittelbaren taktischen Zusammenwirkens gelangte man bei Uneinigkeit über den Oberbe-

[241] Zu stark betont Kunkel die Rolle des Senats, bes. 305 ff.

[242] Vgl. Polybios 6, 15, 8.

[243] Kunkel 319 ff.

[244] Dazu sehr eingehend Kunkel 311 ff.

[245] Kunkel 323 ff., vgl. Val. Max. 7, 7, 6.

[246] Kunkel 191.

[247] Dazu Kunkel 193 f., der sehr richtig von kollegialer Kooperation spricht; vgl. auch Mommsen StR I, 43 f.

fehl zur wenig glücklichen Lösung des täglich wechselnden Kommandos. Die katastrophale Niederlage gegen Hannibal in Cannae 216 geht wohl zumindest zum Teil auf dieses Prinzip zurück.[248]

§ 11. Die Prätoren

Im Rahmen des Ausgleiches von 367 v. Chr. wurde eine neue Magistratur ins Leben gerufen, neu nicht dem Namen nach, aber wohl aufgrund ihrer Funktion.[249] Ihre Bezeichnung Prätor belegt außerdem die Kontinuität als rein patrizisches Amt und die Schaffung aus dem

[248] Polyb. 3, 110, 4; Liv. 22, 41, 2 f.

[249] Ausgliederung eines selbständigen Zuständigkeitsbereiches und Zuweisung der Gerichtsherrschaft an *collega minor* durch licinischen Ausgleich: So schon Herzog 740 f.; v. Lübtow 230 unter Betonung der patrizischen Exklusivität. Anders Mommsen StR II, 204. Auch als Zuständigkeitsvorbehalt bezeichnet (Wieacker 430). Dagegen bes. De Martino I, 427, der ein Prätorenkollegium mit besonderer Kompetenzzuweisung schon vor der Periode der Consulartribunen annimmt, der Licinisch-Sextische Kompromiß führte in diesem Bereich zu einer Restauration.

Quellen:

Zur Entstehung: Liv. 7, 1, 6 erster pleb. Prätor: Liv. 8, 15, 9.

Zur Wahl: Gell. 13, 15, 4 (Cic. ad Att. 9, 9, 3; 9, 15, 2).

Zur Entstehung des Peregrinenprätors: Liv. (Per.) 19.

Zur Errichtung weiterer Prätoren: Pomp. D. 1, 2, 2, 28.

Allgemein zur Jurisdiktion: Festus 161 L; Cens. De die natali 24, 3; Cic. ad Att. 5, 21, 6; Flacc. 29, 71; Verr. 2, 2, 48; Sest. 46, 98; Leg. 3, 3, 8.

Zum *ius agendi cum populo*: App. B. c. 1, 28; Cic. Balb. 24; Liv. 27, 5; 27, 23; Gell. 13, 15, 4.

Zum *ius agendi cum senatu*: App. B. c. 1, 88; Liv. 22, 7; 33, 21; 42, 8; Cic. Phil. 14, 4.

Zur Aushebung von Soldaten: Liv. 25, 22, 4; 29, 20, 4; 42, 35, 4; 43, 15, 1.

Allgemein zur Peregrinenprätur: Liv. 22, 35, 5 (Liv. 33, 21, 9; 35, 41, 6; 39, 8, 2; 42, 1, 5; 45, 21, 1. Zu weiteren Stellen, insbesondere der Terminologie *iurisdictio inter peregrinos*, *iurisdictio peregrina*, *provincia peregrina* siehe De Martino II, 231, Fn. 43); *lex Aquilia Rep.* 12; *tabula Heracleensis* 8, 11; *lex de Gallia Cisalpina* c. 20, 24 und 34.

Zum militärischen Kommando: Liv. 7, 23, 2–5; 10, 31; 23, 32; 27, 22; 27, 7; 29, 13.

Zur *sortitio*: 23, 10, 18; Liv. 32, 28, 2; 35, 41, 6; 37, 50, 8; 38, 42, 5; 42, 28, 7; 43, 11, 8; 44, 17, 9; 45, 44, 2.

Zur *compilatio*: Gell. 10, 24, 3.

Zu den Spielen: Festus 238 L.

ursprünglichen Oberamt. Der Prätor, in der früheren Epoche prinzipiell der Heerführer, war selbstredend Träger des *imperium*, und nicht dieses, sondern die sich daraus ergebenden Funktionen waren notwendigerweise beschränkt worden, da wir ansonsten auch noch nach 367 mit drei gleichrangigen Beamten rechnen müßten. Doch gerade dies sollte ja vermieden werden, so daß wir davon ausgehen können, daß durch Gesetz die Funktion definiert werden mußte. Eine andere Möglichkeit, etwa durch *mos* (keine Zeit) oder Senatsbeschluß (von *plebs* abgelehnt), ist ausgeschlossen. Die Zuweisung der Funktion brachte es mit sich, daß in der Stadt Rom, wo der Prätor primär seine Aufgabe zu erfüllen hatte (bei Anwesenheit einer der beiden Consuln), sämtliche weitere sich aus dem *imperium* ergebenden Funktionen ruhten. Andererseits war aber den Consuln diese spezifische Funktion entzogen. Es handelt sich um die Jurisdiktion, die Rechtspflege in Zivilsachen. Das *ius civile* sollte als ein von den patrizischen *pontifices* streng geheimgehaltenes Wissen dem Patriziat vorbehalten bleiben. Die Prätoren wurden in den Centuriatcomitien gewählt. Bereits für das Jahr 337 ist der erste plebejische Prätor Q. Publilius Philo erwähnt, ein Beweis, wie schnell Patrizier und Plebejer zu einer homogenen Adelsschicht verschmolzen. Für das Jahr 242 ist die Errichtung einer 2. Prätur überliefert. Die Kompetenz dieses Prätors war noch spezieller als diejenige seines Kollegen: Er hatte die Jurisdiktion in Rechtsstreitigkeiten zwischen Bürgern und Peregrinen auszuüben. Mit der Gewinnung der ersten Provinzen erteilte man weiteren Prätoren die Aufgabe, in diesen Provinzen für das römische Volk zu regieren.[250] Um 227 wurde je ein Prätor für Sizilien und Sardinien eingesetzt, 198 zwei weitere für das neu eroberte Spanien. Die Funktion dieser vier Prätoren unterschied sich natürlich insofern grund-

[250] Zur Anzahl der Prätoren und dem Problem der *lex Baebia*: Liv. 32, 27, 6 nennt bereits für das Jahr 198 sechs Prätoren, aufgrund der *lex Baebia*. Liv. 40, 44, 2 sollten bald vier, bald sechs gewählt werden. Vgl. Festus 356 L. Dazu De Martino II, 232, zuvor Mommsen StR II, 198 Fn. 4.

Zur *sortitio* De Martino II, 233, insbes. die Frage nach einem Dekret des Senats zum Modus der *sortitio* (Liv. 35, 41, 6) und dem Problem des Ausschlusses einer *provincia* bei der Losung, z. B. durch *prorogatio imperii*, also Verlängerung der ausgeübten Funktion auf ein weiteres Jahr maximal. Vgl. Mommsen StR II, 211. Zu *quaestiones perpetuae*, zum Büro des Prätors *(apparitores)* Wieacker 464 Fn. 13.

E. Betti, La creazione del diritto nella „iurisdictio" del pretore romano, in: Studi di diritto processuale in onore di Giuseppe Chiovenda, Padova 1927, 17.

legend von jener der Jurisdiktionsprätoren, als sie mit der vollen Machtfülle ihres *imperium* insbesondere in militärischen Angelegenheiten über die ihnen zugefallenen Gebiete „herrschten". Während die urbane Prätur stets demjenigen verblieb, dem sie nach der Wahl zugelost worden war *(sortitio)*, konnte der Senat offenbar durch Beschlüsse die Zuordnung sowie die übrigen Kompetenzen bestimmen (unter Berücksichtigung der Besetzung der territorialen Provinzen, also ursprünglich Sardinien, Sizilien, Spanien) oder sich sogar die Bestimmung einer derartigen Kompetenz bis auf weiteres vorbehalten. Die Prätoren wurden von den Centuriatcomitien in einer von Consuln geleiteten Wahlversammlung gewählt.

Die als Sonderzuständigkeit dem Prätor ausschließlich zustehende Jurisdiktion[251] bedeutete die Einleitung eines privatrechtlichen Verfahrens. Die Einleitung schloß eine Urteilsfindung durch den Magi-

[251] Zur Jurisdiktion: Mommsen als Spezialkompetenz StR I, 207, eindrucksvoll Wieacker § 22; Mommsen StR I 186; De Martino I, 432; A. Steinwenter, in: RE 10 (1917) 1155 ff. s. v. *iurisdictio*; Betti, in: St. Chiovenda, Padova 1927, 14; C. Gioffredi, Ius, lex, praetor, in: SDHI 13–14 (1947–1948) 30; M. Kaser, Das römische Zivilprozeßrecht, München 1966, 28, 132; J. M. Kelly, The Growth Pattern of the Praetor's Edict, in: The Irish Jurist 1, 1966, 341 ff.; F. Leifer, Die Einheit des Gewaltgedankens, München 1914, 86, 206. Gegen die Verbindung von *iurisdictio* und *imperium*: J. Bleicken, Amtsgewalt 293; A. H. M. Jones, Imperial and Senatorial Jurisdiction in the Early Principate, in: Historia 3 (1954/1955) 468; P. Pinna Parpaglia, La Lex Iulia de Pecuniis mutuis, in: Labeo 22 (1976), 30 ff. Über den Prozeß soll in diesem Rahmen nicht weiter gesprochen werden, statt aller Kaser (s. o.); Wieacker § 24. Von der älteren Literatur insbesondere Wlassak, Die Römischen Prozeßgesetze, 2 Bde., Leipzig 1888/89; vgl. auch O. Behrends, Die Causae coniectio der Zwölftafeln und die Tatbestandsdisposition der Gerichtsrhetorik, in: SZ 92 (1975) 297 ff., und zuletzt Selb, Zur Frage der Zweiteilung des Verfahrens *in iure* und *apud iudicem* als Entlastungsfunktion, in: Gedächtnisschrift Kunkel; Wieacker 433, als Sicherung der Bürgerfreiheit: Ihering, Geist II/1, 78 f.; Mommsen StR I, 228; Wenger 56. Für Wieacker spricht in der Tat, daß die Richterlisten bis zur Gracchenzeit ausschließlich Senatoren vorbehalten waren. Zur magistratischen Urteilsfindung noch zur Zeit der XII Tafeln: Tafel 1, 8: *post meridiem praesenti litem addicito* als Versäumnisurteil. Zur Fremdenprätur: Wieacker § 23; De Martino II, 230; A. Watson, Law making in the later Roman Republic, Oxford 1974, 64–82. Grundlegend F. Serrao, La „iurisdictio" del pretore peregrino, Milano 1954; L. Di Lella, Formulae ficticiae, Napoli 1984, 130 ff.; D. Arriat, Le préteur pérégrin, Paris 1955; D. Daube, The Peregrine Praetor, in: JRS 41 (1951) 66 ff. Ungewißheit herrscht darüber, ob der Peregrinenprätor ursprünglich nur für Verfahren unter Peregrinen (Daube bis

straten aus. Seine Funktion bestand vielmehr darin, aufgrund des Parteienbegehrens der Einsetzung eines Prozesses zuzustimmen *(iudicium dare)* oder aber abzulehnen *(denegare)*. Die Prüfung der Zulässigkeit war formeller Natur und beschränkte sich auf die Bejahung eines Rechtsanspruches. Diese Bejahung beruhte auf der Rechtsordnung, anfangs also auf dem sich aus *lex* und *mos* zusammensetzenden *ius*. Die wichtigste Rechtsgrundlage waren dabei mit Sicherheit die XII Tafeln sowie die wenigen postdezemviralen Volksgesetze. Sie führte zur Gewährung einer im Wortlaut unabänderlichen Spruchformel, *legis actio* genannt. Damit konnte ursprünglich ein Recht *(meum esse)* oder eine persönliche Verpflichtung *(oportere)* eingeklagt werden. Aus letzterem Legisactionentypus entwickelten sich konkrete Klagebegehren unter Nennung des zivilrechtlichen Schuldgrundes (z. B. *furti, de modo agri, depensi*). Die Einleitung des Verfahrens und der Ablauf desselben hatten unter Beachtung der in den XII Tafeln festgelegten Grundsätze zu erfolgen. Damit war das *imperium* des Prätors auch in dieser *provincia* eingeschränkt. Wichtigste Aufgabe des Prätors war es, nach Feststellung der Zulässigkeit des Klagebegehrens die Entscheidungsfindung einem Geschworenen (*iudex* oder *arbiter*) zu übertragen, und zwar durch einen förmlichen Akt (Dekret).

Die ständig ansteigenden Erfordernisse des Rechtsverkehrs zum einen, die Weiterentwicklung und Laisierung der Jurisprudenz zum anderen führten zum Erfordernis der Schaffung von neuem Recht und neuen prozeßrechtlichen Vorgehensweisen. Die Verbindung beider Elemente stellte die Grundlage der prätorischen Rechtsentwicklung

zur *lex Calpurnia* 148 v. Chr.; Serrao überhaupt bis zur *lex Iulia;* De Martino II, 231) oder aber, was ich befürworte, von allem Anfang zwischen Bürgern und Nichtbürgern (Arriat 14; Wieacker 439) tätig war. Diese Annahme kann sich z. B. auf Liv. 22, 35, 5 stützen, wo dem im Jahre 217 v. Chr. gewählten Prätor M. Pomponius Matho die Jurisdiktion *inter cives Romanos et peregrinos* zugelost wurde. Die Stelle ist im übrigen chronologisch die älteste, an welcher Livius die Unterscheidung zwischen urbanem und peregrinem Prätoren anführt.

Zum Edikt nach wie vor grundlegend O. Lenel, Das edictum perpetuum, Leipzig [3]1927; M. Wlassak, Edict und Klageform, Jena 1882; Wenger 57 f.; M. Kaser, Zum Ediktsstil, in: FS Schulz II, Weimar 1951, 21 ff.; Watson, Lawmaking 31; E. Weiß, Vorjulianische Ediktsredaktionen, in: SZ 50 (1930) 247 ff.; A. Watson, The Development of the Praetor's Edict, in: JRS 60 (1970) 105; W. Selb, Gewaltteilung im republikanischen Rom, in: FS H. Niederländer (1991) 117 ff.

und Rechtserzeugung dar, die als die größte Leistung dieser Magistratur bezeichnet werden muß.

Seinen Ausgang nahm der neue Prozeß in der Jurisdiktion des Fremdenprätors, da die Legisactionen des detaillierten Prozeßprogrammes nicht mehr auf der Grundlage der archaischen *verba solemnia* prinzipiell nur römischen Bürgern vorbehalten waren, oder noch vor Ausgliederung des *praetor peregrinus* im Verfahren unter Peregrinen vor römischen Magistraten. Es bestand in der Erstellung eines mehr oder minder strengen Prozeßprogrammes auf Grund einer konkreten Sachverhaltsdarstellung der Parteien, verbunden mit einem Urteilsbefehl an den bestimmten Richter, *iudex (formula)*. Der Urteilsbefehl an den Geschworenen war stets bedingt formuliert, wobei sich die Bedingung ursprünglich an die im Gesetz bestimmte Rechtslage richtete *(formula in ius concepta)*, später jedoch diese Grundlage verließ und damit auf dem Wege der Ergänzung, Erweiterung oder Beschränkung zum konkreten Ausdruck der magistratischen Rechtsschöpfung wurde. Während bei vom Fremdenprätor instruierten Prozessen die Neuerung keiner besonderen gesetzlichen Abstützung bedurfte, erscheint der Ersatz der Legisactionen durch die Formeln bei Rechtsstreiten unter Bürgern unter Abänderung der gesetzlichen Voraussetzungen ohne gesetzliche Grundlage nicht möglich gewesen zu sein. Höchstwahrscheinlich bot die nicht mit Sicherheit datierbare *lex Aebutia* die gesetzliche Grundlage der Anwendung der Schriftformeln durch den Prätor. Gleichzeitig mit der Möglichkeit der Änderung des materiellen Rechts durch die nicht mehr auf dem Gesetz basierende Bedingung des Urteils ergab sich die Notwendigkeit, diese neuen Normen den Bürgern bekanntzumachen. Die Bekanntmachung erfolgte auf dem Wege einer offiziellen Verlautbarung, dem Edikt, das zu Beginn des Amtsjahres auf weiß gefärbten Holztafeln *(album)* aufgezeichnet und öffentlich ausgestellt wurde. Das Edikt wurde zum Jahresprogramm der Jurisdiktion des Prätors. Es enthielt neben den Musterformeln der Klagen *(actiones)* auch alle weiteren im Laufe der Zeit entwickelten Rechtsbehelfe: Interdikte vor allem zum Schutz des Besitzes, aber auch für denjenigen Bereich, den man heute als öffentliche Verwaltung bezeichnen würde, Kautionen, Besitzeinweisungen (*missiones* bei Vollstreckung, Gläubigersicherung, Erbfall). Wenngleich ein jeder Prätor die Freiheit gehabt hätte, sein eigenes Jahresedikt nach eigenem Gutdünken zu gestalten, ja selbst das des Vorgängers völlig zu ignorieren, ist in der Praxis in aller Regel dies nicht geschehen. Im Gegenteil, die Prätoren übernahmen Jahr für Jahr gewiß auch aus rein arbeitstechnischen Motiven das Edikt des Vorgängers und ergänzten es, falls notwendig. Gerade die Tätigkeit der Jurisdiktionsmagistrate erforderte die Mitwirkung eines eigentlichen Stabes. Dieser setzte sich zum einen aus Fachjuristen und zum andern aus ausführendem Hilfspersonal zusammen. Während die Magistrate dem jährlichen Wechsel unterworfen waren, muß sowohl bei den juristischen Beratern *(consilium)*[252] wie auch bei den übrigen Mitarbeitern mit einer weitaus größeren Kontinuität gerechnet werden, die *de facto* die Möglichkeiten der einzelnen Prätoren gehemmt haben muß. Des weiteren muß auch darauf hingewiesen werden, daß der Prätor eben jener Schicht entsprang, der auch sein *consilium* angehörte, und daß er in aller Regel in einer juristischen Denkweise erzogen war, die ihn zu einem vielfach anonymen Repräsentanten einer Honoratiorenjurisprudenz machte.[253]

Außer der wichtigen und ausschließlichen Jurisdiktionsfunktion stand dem Prätor in Abwesenheit der Consuln die vollkommene Amtsgewalt zu. Er durfte allerdings keine Comitien zur Wahl irgendwelcher Magistrate *cum imperio* abhalten, noch war ihm die Ernennung eines Dictators gestattet. Dies bedeutete Führung der Amtsgeschäfte in Rom, insbesondere höchste Instanz zur Aufrechterhaltung der öffentlichen Ordnung. Mit der Entstehung ständiger Gerichtshöfe *(quaestiones perpetuae)* ab dem Jahre 149 *(lex Calpurnia de repetundis)* zur Bekämpfung bestimmter strafrechtlicher Tatbestände erhielten die Prätoren deren Vorsitz, den sie freilich an eigens ernannte *quaesitores* delegieren konnten.[254]. Außerdem führte der Prätor den Vorsitz bei gewissen Festen (z. B. *compitalia*) und Spielen.

§ 12. Der Dictator[255]

Fehleinschätzungen in der Entwicklung des höchsten Staatsamtes haben nachhaltig falsche Interpretationen dieses Amtes hervorgeru-

[252] Zur Bedeutung des *consilium* insbesondere Kunkel 135 ff.

[253] Dazu nach wie vor beeindruckend F. Schulz, Geschichte der Römischen Rechtswissenschaft, Weimar 1961, 70 ff.

[254] W. Kunkel s. v. „quaestio“, in: RE 24, 735 f.

[255] Quellen: Zur vermeintlichen Begründung der Diktatur Liv. 2, 18, 4–5; Festus p. 216 s. v. *optima lex*, dabei als erster Dictator T. Larcius Flavus, der von den Annalisten auch als Consul der Jahre 498 und 501 geführt wird. Vgl. auch Cic. Rep. 2, 32, 56; DH 5, 70, 1–73, 1. Vor allem Cic. Rep. 1, 40, 63: *Nam dictator quidem ab eo appellatur quia dicitur, sed in nostris libris vides eum Laeli magistrum populi appellari.* Varro Lingua 5, 82; 6, 61.

fen. Bis zum 1. Ständeausgleich ist die Existenz eines außerordentlichen Oberamtes gänzlich auszuschließen. Ein Patrizier führte jährlich mit vollstem *imperium* ausgestattet die Staatsgeschäfte und befehligte das Heer. Seine Bezeichnung *magister populi*, *praetor maximus* und *dictator* hing von seiner jeweiligen Funktion ab. Die von De Martino[256] vorgeschlagene Entwicklung ist in den Grundaussagen zu unterstützen. Das außerordentliche Amt, das das vollste *imperium* umfaßte, konnte nur dann einen Sinn haben, wenn das ordentliche Amt bereits Beschränkungen ausgesetzt war. Diese Beschränkungen lagen zum einen in der Kollegialität, zum anderen in der Provokation und tribunizischen Interzession. Die Zeit nach 450 und vor 366 ist jene Zeitspanne, in welcher das außerordentliche Amt sicher auch im politischen Kampf eingesetzt werden konnte. Die Dictatur wurde somit immer dann eingesetzt, wenn entweder objektive militärische Notwendigkeiten einen uneingeschränkten Befehlshaber erforderten[257] oder wenn das Pendel der politischen Auseinandersetzung in Richtung Traditionalisten und Antiplebejer ausschlug[258], wie im Fall des Capitolinus, der von den Fasten auch als *dictator seditionis sedandae causa* bezeichnet wird,[259] im Jahre 368. Möglicherweise war derjenige Dictator, der den endgültigen Ausgleich zwischen den Ständen im Jahre 287 herbeiführte, *seditionis sedandae causa*, also um Unruhe und Aufruhr hintanzuhalten, ernannt.[260] Letzteres wird freilich angesichts der gesetzlichen Absicherung des 1. Ausgleichs wohl nur sehr selten vorgekommen sein, die allgemeine Entwicklung bis 366 geht eindeutig in Richtung größerer Mitbestimmung der Plebejer. Als Gebot po-

Literatur: Mommsen StR II, 121 ff.; Kunkel/Wittmann 665 ff.; F. Bandel, Die römischen Diktaturen, Breslau 1910; W. Soltau, Ursprung der Diktatur, in: Hermes 49 (1914) 352 ff.; G. I. Luzzatto, Appunti sulle dittature imminuto iure, in: Studi in onore di P. De Francisci, III, Milano 1956, 443; D. Cohen, The Origin of Roman Dictatorship, in: Mnemosyne, 10 (1957) 300 ff.; L. Labruna, Adversus plebem dictator, in: Adminicula, Napoli 1988, 19 ff.; G. Meloni (ed.), Dittatura degli antichi e dittatura dei moderni, Roma 1983; U. Wilcken, Zur Entwicklung der römischen Diktatur, in: Abh. Preuß. Akad. d. Wiss., phil.-hist. Kl., 1, 1940, 3 ff.

[256] I, 243: freilich irrt De Martino, wenn er im weiteren grundsätzlich von einer ungleichen Kollegialität nach 450 ausgeht, richtig ist dagegen die Annahme vom Wechsel der Magistraturen (296).

[257] Liv. 4, 31, 4–5.

[258] Liv. 6, 38, 3–10; 6, 15, 7–8.

[259] Kunkel/Wittmann 685 ff.

[260] Liv. Per. 19; Plin. Nat. 16, 37; Gell. 15, 27, 4.

litischer Klugheit mochte es auch angesehen werden, den außerordentlichen Beamten nicht mit dem traditionellen und politisch-historisch belasteten Namen *magister populi* oder *praetor maximus* zu bezeichnen, sondern mit dem im wesentlichen neutralen des *dictator*. Dieser in latinischen Städten häufig gebrauchte Titel war offenbar wenig kompromittierend, für den militärischen Bereich durchaus treffend, da[261] Dictatoren auch als Befehlshaber latinischer Bundesarmeen auftraten.[262] Streng von diesem außerordentlichen Staatsamt sind jene Dictatoren zu trennen, die zur Verrichtung einer bestimmten, genau begrenzten Tätigkeit ernannt wurden. Dies betraf insbesondere den *dictator clavi pangendi causa*.[263] Von alters her wurde alljährlich am Tempel des Jupiter Capitolinus ein Nagel eingeschlagen, sei es zu religiös-apotropäischen Zwecken wie der Abwehr von Unheil und Seuchen, sei es einfach, um eine primitive Jahreszählung aufrechtzuerhalten. Die Bestimmung, die bereits vor dem Sturz der Etrusker galt, wurde dann auf den höchsten Beamten übertragen. Livius[264] spricht sogar von einer *vetusta lex*, was insofern zutreffend sein kann, als eine Reihe von Kompetenzen nach Erlöschen des Königsamtes neu zu verteilen war und dabei neben dem Senat durchaus auch die Curiat-

[261] Zu den grundlegenden Unterschieden Valditara 183f. sowie Guarino, Origini 65. Der Hinweis bei Cic. Rep. 1, 40, 63 besagt nichts anderes, als daß man später Dictator und *magister populi* verwechselt hat. Vgl. Sen. Ep. 108, 31. Die Zeugnisse über den *magister populi* und seine uneingeschränkten Herrschaftsbefugnisse mußten den Vergleich nahelegen. *Nam dictator quidem ab eo appellatur, quia dicitur, sed in nostris libris vides eum. magistrum populi appellari.* Die *nostri libri* Ciceros sind die Auguralbücher. Vgl. Valditara 190.

[262] Vgl. A. Momigliano, Ricerche sulle magistrature romane, in: Bull. Comm. Arch. 58 (1931) 29ff. Vgl. Kunkel/Wittmann 676ff., wo auf Priscian verwiesen wird (Gramm. 3, 111, 11), der *dictator* von *dictare* ableitet! Der Dictator habe den Fahneneid vorgesprochen. Diese Funktion wird als die des Einschwörers bezeichnet, von den Soldaten sei dann der Fahneneid nachgesprochen worden. Valditara 197ff. und 354ff. Im Gefolge der ersten Auseinandersetzung zwischen Römern und Latinern sei das Foedus Cassianum abgeschlossen worden, das Rom eine führende Position im Latinerbund einräumte. Vgl. Mommsen StR III, 608ff.; De Francisci, Primordia 715; E. Ferenczy, Zum Problem des foedus Cassianum, in: RIDA 22 (1975) 233ff. C. Ampolo, Roma arcaica ed i Latini nel V secolo, in: Collection de l'école Française de Rome 137, 117ff.

[263] Kunkel/Wittmann 695ff., überliefert werden jene der Jahre 363, 331 und 263 in den *Fasti capitolini*. Liv. 7, 3, 4 und Liv. 8, 18, 12–13. Vgl. dazu K. Latte, in: Römische Religionsgeschichte 154.

[264] 7, 3, 4–5.

comitien eine Rolle gespielt haben mögen. Unsicherheit darüber, wer nun den Nagelschlag vorzunehmen hatte, mußte nach 450 auftauchen, als es Zeiten gab, in welchen es keinen festen Oberbeamten mehr gab und man obendrein dazu überging, dem Oberbeamten nicht nur eine veränderte institutionelle Rolle zuzuerkennen, sondern auch eine neue Bezeichnung. So behalf man sich mit einer Notlösung, die den religiösen Charakter der Zeremonie durchaus bestätigt: Man ernannte eigens zum Zweck des Nagelschlags einen *Praetor maximus*, der in späterer Zeit, als die Prätur ganz anders festgelegt war, die Bezeichnung des tatsächlich absolutesten Beamten, des *dictator*, trug. Bei Festigung der consularischen Verfassung stand der jährliche Nagelschlag wohl allgemein in der Kompetenz der Jahresoberbeamten, am 1. September offenbar desjenigen, dem die *fasces* zustanden. Nur bei Notwendigkeit besonderer Unheilabwehr ernannte man zum außerordentlichen Nagelschlag einen Dictator. Sehr häufig erfolgte dies auf Bitte des Senats.[265]

Nur den Oberbeamten stand die Befugnis zu, einen Dictator zu ernennen, der dann je nach Kompetenz ein alle anderen Magistrate ausschließendes *imperium* ausübte. Diese allgemeine Form der Dictatur nannte man *rei gerendae causa*. Ob dabei die übrigen Beamten, insbesondere die Oberbeamten ihr *imperium* verloren, wie dies von Polybios behauptet wird, muß dahingestellt bleiben. Es gibt zumindest Zeugnisse, die davon berichten, daß Consuln trotz Ernennung eines Dictators weiterhin kriegerische Kampagnen leiteten.[266] Als Träger des uneingeschränkten *imperium* kam dem Dictator selbstredend die Jurisdiktionsgewalt zu, die er ebenso wie die Consuln in Anbetracht der Präsenz eines Prätors nicht ausgeübt haben wird. Freilich, ein Senatsbeschluß aus dem Jahre 177 belegt, daß Freilassungen vermittels Auflegen eines Stabes *(vindicta)* sehr wohl auch von einem Dictator vorgenommen werden konnten. Die *manumissio vindicta* ist tatsächlich nichts anderes als ein die Freiheit betreffender Scheinprozeß.[267]

[265] Die Rolle des Senats als Anweisenden sowohl bei der Ernennung des Dictators wie auch bei dessen Amtsführung wird von Kunkel/Wittmann zu sehr betont, 699ff.

[266] Liv. 7, 11, 5–8; 7, 15, 9. In diesem Sinne Kunkel/Wittmann 678, dagegen Polyb. 3, 37, 8 und Mommsen StR II, 156. Klar erscheint, daß selbst ein Verbleib im Amte die Consuln nicht berechtigt hätte, gegen einen Befehl oder irgendeinen staatsrechtlich relevanten Akt der Dictatoren vorzugehen. Sein *imperium* war keiner Interzession ausgesetzt.

[267] Liv. 41, 9, 11 pr. Zur *manumissio vindicta* allgemein Kaser, Römisches Privatrecht I^2, München 1974, 294.

Als erste Amtshandlung hatte die Ernennung eines *magister equitum* zu erfolgen, was nicht zuletzt den militärischen Charakter des Amtes unterstreicht. In der Ernennung des Reiterführers liegt gewiß ein wesentlicher Hinweis auf die ursprüngliche Wurzel des Dictators im *magister populi.* Aus dieser ursprünglichen Zeit muß auch das noch in historischer Zeit belegte Verbot für den Dictator zurückzuführen sein, ein Pferd zu besteigen.[268] Dies war wohl ursprünglich so zu verstehen, daß der gewiß patrizische Kommandant des servianischen Volksheeres nicht auch noch die patrizische Kavallerie befehligen sollte, im Gegenteil, er sollte eben wegen der Bedeutung der geschlossenen Hoplitenphalanx ebenfalls zu Fuße kämpfen. Selbst bei rein sachbezogenen Dictaturen wie jene *clavi pangendi causa* mußte ein *magister equitum* bestellt werden. Der Vorgang der Ernennung des Dictators hieß *creare*[269] oder einfach *dicere* ...[270]. *Optimo iure (lege)* bedeutete, daß der Dictator ausschließlich das höchste Staatsamt bekleidete. Eine Bestätigung durch das Volk war wohl nicht erforderlich, ist aber für das Jahr 310 anläßlich der Diktatur des L. Papirius Lusus überliefert.[271] Der Dictator blieb längstens 6 Monate im Amt und schied aus ihm spätestens mit Ende der Dienstzeit desjenigen Magistraten, der ihn kreiert hatte. Nach Ablauf der Höchstfrist von 6 Monaten erlosch das *imperium* des Dictators, und an seine Stelle traten die gewählten Oberbeamten. 24 Liktoren begleiteten den Dictator, die Beile in den Rutenbündeln mußten auch in der Stadt nicht mit der Schneide der Äxte in den Ruten getragen werden.[272] Interzession und Provokation gegen dictatorische Maßnahmen[273] sind erst das Ergebnis der Jahrzehnte nach dem 2. Ständeausgleich[274], zu einer Zeit also, als dem Amt zunehmend die politische Bedeutung abhanden kam und es tatsächlich nur mehr in Zeiten absoluter militärischer Notwendigkeiten zur Anwendung gebracht wurde. Das berühmteste Beispiel ist gewiß die Nominierung des Q. Fabius Maximus, die nach der Niederlage am

[268] Plut. Fabius M. 41; Liv. 23, 14, 2. Vgl. A. Alföldi, Frührömischer Reiteradel, 18 Fn. 1.

[269] Liv. 2, 18, 8–9.

[270] Liv. 4, 13, 14; 4, 21, 10; 4, 31, 5; 6, 38, 4; 9, 38, 9; 9, 26, 6; 7, 17, 6.

[271] Liv. 9, 38, 15.

[272] Valditara 325.

[273] Labruna, Adversus plebem 44.

[274] Wobei es geradezu in der Logik der Ereignisse lag, daß auch Plebejer zu Dictatoren ernannt wurden; vgl. Liv. 8, 12, 12–13. Q. Publilius Philo war im Jahre 339 der erste plebejische Dictator. Zu Publilius Philo vgl. F. Càssola, I gruppi politici romani nel III secolo a. c., Trieste 1962, 121 ff.

Trasimenischen See von einem Prätor durchgeführt wurde und durch die Centuriatcomitien bestätigt wurde.[275] Nach der verheerenden Niederlage von Cannae schritt man neuerlich zur Ernennung eines Dictators, M. Iunius Pera.[276] Ebenso im Jahre 216 wurde M. Fabius Buteo zum *dictator senatus legendi causa* ernannt, da der Senat dringend aufgefüllt werden mußte.[277] In Verhinderung der Consuln wurden in den letzten Jahren des 3. Jh. mehrfach Dictatoren *comitiorum habendorum causa* ernannt. Diese spezifische Art der Diktatur ist seit 351 nachweisbar. Sie dürfte ursprünglich ihren Sinn darin gehabt haben, den patrizisch-plebejischen Ausgleich sinnvoll zu überwachen gerade als Alternative zum patrizisch bestimmten *interregnum*.[278] Seit dem Jahre 202 kam es zu keiner Dictatorenernennung mehr.[279]

§ 13. Der Interrex[280]

Wie stark freilich die Mitwirkung der *patres* bei der Bestimmung des Königs sein mußte, beweist die Einrichtung des republikanischen Interregnums. Die Furcht vor dem Abbruch der Beziehungen zu den Göttern, aber auch die Überzeugung, daß die militärische Kommandofunktion stets aufrecht bleiben müsse, dürften der Grund dafür gewesen sein, weshalb unmittelbar nach dem Tode des *rex* die *patres* ein vorläufiges Oberhaupt bestimmten;[281] in monarchischen Zeiten, bei einem auf Lebenszeit ausgerichteten Königsamt, mag diese Vorgehensweise nicht allzu häufig gewesen sein,[282] jedoch als die *patres*

[275] Liv. 22, 8–31.

[276] Liv. 22, 57, 9.

[277] Liv. 23, 23, 7.

[278] Vgl. Liv. 7, 23, 10–7; 9, 7, 12; 27, 29, 5–6. Vgl. Kunkel/Wittmann 690 ff.

[279] Der letzte Dictator war C. Servilius Geminus, Liv. 30, 39, 4. Vgl. U. Scamuzzi, La dittatura in Roma nel periodo delle guerre puniche, in: Riv. St. Cl. 6 (1958) 16 ff.

[280] Literatur: Mommsen StR I, 656 ff.; De Martino I, 42 und 267 ff.; Kunkel 267 ff.; E. S. Staveley, The Conduct of Elections during an Interregnum, in: Historia 3 (1954/55) 193 ff.; E. Friezer, Interregnum und patrum auctoritas, in: Mnemosyne 12 (1959) 301 ff.; I. Jahn, Interregnum und Wahldiktatur, Kallmünz 1970.

[281] Erstmalig, so die Überlieferung, nach dem Tode des Romulus, Liv. 1, 17, 5; DH 2, 57, 2.

[282] Überhaupt erst republikanischen Ursprungs, v. Lübtow 180 ff. Vgl. die interessante, auf religionshistorischen Erkenntnissen fußende Deutung von

nach dem Sturze des letzten Tarquiniers um 500 die ganze Macht an sich rissen und aus dem lebenslänglichen Königtum eine auf ein Jahr begrenzte Obermagistratur schufen, mußte sich gerade aus dem häufigen Wechsel in erhöhtem Ausmaße das Problem der unmittelbaren Amtskontinuität stellen. Freilich stellte dieses Institut noch keinen Fremdkörper im staatsrechtlichen System der frühen Republik dar, waren es doch ebenso wie in der vorangegangenen Phase hauptsächlich die *patres*, die sich das Staatsoberhaupt auserkoren. Zum staatsrechtlichen Relikt wurde das *interregnum* aber in dem Moment, in welchem die Centuriatcomitien den Oberbeamten wählten. Natürlich stand auch im entwickelten republikanischen Staat offenbar die Sorge nach einer unmittelbaren Amtskontinuität im Vordergrund. Der *interrex* war bis zum Ausgang der Republik eine Domäne der patrizischen Senatoren,[283] offenbar, da die Funktion streng limitiert war, keine grundsätzliche Ausnahme vom patrizisch-plebejischen Ständeausgleich. Warum man an dieser patrizischen Vorrangstellung festhielt, mag damit zusammenhängen, daß man sich einen Plebejer rein formal nicht als *rex*, wenn auch nur als *interrex*, vorstellen konnte. Daß nur Patrizier die Auspizien ausüben konnten und daher religiöse Motive Plebejer ausgeschlossen hätten, ist spätestens seit dem Zutritt der Plebejer zu den höchsten Staatsämtern völlig irrelevant. Der überlieferte Satz *auspicia ad patres redeunt*[284] besagt somit lediglich, daß die dem Oberamt innewohnende religiöse Funktion einmal prinzipiell an die *patres* fiel, die zu ihrer konkreten Ausübung *interreges* bestimmten. In entwickelter, republikanischer Zeit waren zu diesem Behufe die patrizischen Senatoren in Decurien (je 10) – nach Dionys von Halikarnaß durch Los – eingeteilt, innerhalb einer Decurie übte jeder Senator für 10 Tage das *interregnum* aus.[285] Diesem kamen das volle

A. Magdelain, in: REL 40 (1962) 201 ff., demzufolge der *interrex* geschaffen worden sei, weil der eigentliche *rex* die letzten 5 Tage des Jahres, die für unselig erachtet wurden, die Stadt verließ *(regifugium)*.

283 Cic. Dom. 38; Liv. 6, 41, 6.

284 Cic. Leg. 3, 3, 9; Ad Brut. 1, 5, 4.

285 Daß gerade 10 Senatoren turnusmäßig agierten, könnte eine Parallele zum sogenannten Dezemvirat darstellen. De Martino I, 269 Fn. 15 hat sich diese Frage gestellt, ohne sie aber zu beantworten. Gewiß, das Dezemvirat wie die Consulartribune waren Ergebnisse eines langen Experimentierprozesses, die endgültige Regelung des Interregnums nach 367 mag diese kurze Zwischenlösung miteinbezogen haben. Im Unterschied zum *interregnum* berichten die Quellen allerdings davon, daß die Dezemvirn die Macht kollegial ausgeübt hätten. Kunkel stellt das Losverfahren in den Vordergrund, der divina-

imperium zu sowie die äußeren Zeichen der Macht, die Liktoren,[286] wie viele wissen wir nicht. Wichtigste Aufgabe neben der allgemeinen Wahrung der Staatsgeschäfte war die Durchführung der Wahl neuer Oberbeamter. Im streng technischen Sinne wurde das *interregnum* nur dann angewandt, wenn beide Oberbeamte nicht mehr in der Lage waren, ihr Amt auszuüben. Zumindest in der letzten Phase der Republik mußten in einem derartigen Falle alle anderen gesamtstaatlichen Magistrate zurücktreten.[287] Während der erste *interrex* noch nicht zur Vornahme des Wahlvorganges befugt war, konnten/sollten dies ab dem zweiten alle weiteren tun.[288] Das *interregnum* war von unterschiedlich langer Dauer, nach Livius[289] brachte im Jahre 326 erst der vierzehnte *interrex* die Wahl eines Consuls zustande. Der *interrex* berief die *comitia* ein, leitete sie und brachte somit die entsprechenden Wahlvorschläge ein, selbstredend kam ihm ein *ius agendi cum populo* zu, ebenso das Recht, den Senat zu aktivieren. Als Träger des *imperium* oblag dem *interrex* außerdem die Ausübung der Gerichtsbarkeit.[290]

§ 14. Der Censor[291]

Auf Grund der Ungereimtheiten der annalistischen Geschichtsschreibung herrscht beträchtliche Unklarheit bezüglich der Einfüh-

torische Charakter passe sehr gut zur religiösen Funktion, im übrigen habe man das Wort *creare* tunlichst vermieden und vielmehr von *prodere* gesprochen (*creare* nur bei Liv. 5, 31, 8), *prodere interregem* bedeute einen *interrex* „offenbaren“, bekanntgeben, ein Ausdruck, der sich auch bei Priesterbestellungen nachweisen lasse, S. 279 und Fn. 23. Nach A. Magdelain, Auspicia ad patres redeunt, in: Hommage à Jean Bayet (1964) 427 ff. seien die Auspizien nur auf ehemalige Imperiumsträger übergegangen.

[286] Der Bericht des Livius 1, 17, 5 bezüglich des Interregnums nach dem Tode des Romulus kann als gutes Beispiel dafür herangezogen werden, wie trotz des legendären Umfeldes Institutionengeschichtliches für das Funktionieren des Interregnums in der entwickelten Republik von großem Wert sein kann. Livius erklärt ein ihm bekanntes Phänomen eben anhand desjenigen Falles, der seiner Meinung nach der erste gewesen sein soll.

[287] Cic. Brut. 1, 5, 4.

[288] Ascon. Mil. p. 43 Cl.

[289] Liv. 8, 23, 17.

[290] Vgl. Cic. Epist. ad fam. 7, 11, 1 an den Juristen Trebatius und Liv. 41, 9, 11 hinsichtlich eines Senatsbeschlusses aus dem Jahre 177, in dem der *interrex* als einer jener Beamten aufscheint, welcher Freilassungen durchführen konnte.

[291] Literatur: Mommsen StR II, 334 ff.; O. Lenze, Zur Geschichte der römi-

rung dieser Magistratur. Die möglichen Daten reichen von 459[292] über 443[293] bis 367[294]. In der Tat handelte es sich um eine Neuerfindung, um die Abspaltung und Neudefinierung[295] von Funktionen vom Oberamt, Censor von *censere* somit derjenige, dem die Schätzung der Bürgerschaft oblag. Gewiß, die servianische Heeresreform setzte, was die Ausrüstung anbelangte, bereits gewisse timokratische Kriterien voraus. Diese zwingende, da siegreiche Heeresordnung unter Führung des *magister populi* ist sicher auch von der patrizischen Führung niemals ernsthaft in Zweifel gezogen worden. Solange freilich das Heer keine politische Funktion erfüllte, ist das Problem einer genaueren Einteilung auf Grund des Vermögens zweitrangig; militärische Erfordernisse führten zur Aufstellung des Heeres, und jeder, der es sich leisten konnte, war gut beraten, die möglichst beste Ausrüstung mitzubringen. Dies mußte sich natürlich dann ändern, wenn eine genauere Vermögensschätzung zwecks genauer Einordnung in eine zwar auf dem Heere fußende, aber doch in erster Linie politische Heeresversammlung erforderlich wurde. Diese Umstrukturierung des *excercitus centuriatus* in die *comitia centuriata* war die Folge des 1. Ständeausgleichs um 450. In diesem Zusammenhang ist gewiß auch die Entwicklung der Geldwirtschaft von Bedeutung.[296] Die endgültige Struktur der Comitien mit 193 Centurien aufgeteilt nach Vermögen und ihre staatsrechtliche Funktion standen freilich erst 367 fest. In dieses Bild paßt jetzt wohl die Schaffung einer eigenen Magistratur schon bald nach dem 1. Ständeausgleich, da offenbar das politische

schen Censur, Halle a. d. S. 1912; G. Pieri, L'histoire du cens jusqu'à la fin de la république romaine, Paris 1968; J. Suolahti, The Roman Censors. A study on social structure, Annales Acad. Scient. Fenicae B 117, Helsinki 1973; F. Cancelli, Studi sui censores e sull'arbitratus della lex contractus, Milano 1957, Kunkel 391 ff.

[292] DH 11, 63, 2.

[293] Liv. 4, 8, 2 ff.

[294] K. J. Beloch, Römische Geschichte 77 ff.; Siber, Plebejische Magistraturen, 58 f., 101.

[295] Gegen die Annahme der Entwicklung aus dem Oberamt De Martino I, 32 f. Die Meinung von De Martino, daß die Censur religiösen Ursprungs sei, basiert lediglich auf dem Begriff *lustrum* und darauf, daß eine in religiösen Dingen ausgewiesene *gens*, die Patrizier, zu Beginn viele Censoren gestellt hätte. Für eine gemeinitalische Magistratur Rosenberg, Der Staat der alten Italiker, Berlin 1913, 31 ff. Vgl. dazu Liv. 4, 8, 4, der den Census als *„res operosa ac minime consularis"* bezeichnet.

[296] Kunkel 391 f.

Postulat der Plebejer nach einer politischen Heeresversammlung außerordentlich vehement vertreten werden mußte. In diesen Zusammenhang fügt sich durchaus eine *lex Aemilia de censura minuenda*, der Überlieferung nach aus dem Jahre 434,[297] die offenbar Kompetenzen und Dauer der Censur auf 18 Monate fixiert hat. Den Censoren, ihrer zwei nach dem Prinzip der Kollegialität,[298] oblag ursprünglich offenbar lediglich die Aufgabe, das Vermögen der Bürger zu schätzen und insbesondere alle 5 Jahre etwaige Veränderungen festzustellen.[299] Nach 367 wurden sie von den Centuriatcomitien gewählt und blieben 18 Monate im Amt. Nur alle 5 Jahre erfolgten die Wahlen zur Censur, so daß dreieinhalb Jahre kein Censor im Amt war.[300] Die Bestätigung ihrer Kompetenzen erfolgte durch eine *lex centuriata de potestate censoria*.[301] Anhand dieser *potestas*, nicht aber *imperium*, das ihnen nie zustand, konnten sie die Schätzung auf der Grundlage eines Programmes (Edikt) vornehmen, in welchem Datum und Kriterien genau angeführt waren. Auf Grund der ihnen zugegangenen Information nahmen sie diese vor und teilten zumindest nach 367 die Bevölkerung in die einzelnen Klassen und Centurien der Centuriatsversammlung ein.[302] Desgleichen teilten sie die Bürger in die einzelnen Territorialtribus auf. Die Einschreibung in eine *tribus* war nicht nur der evidenteste Ausdruck der Zugehörigkeit zur römischen Bürgerschaft, sondern sie bedeutete auch die Verpflichtung zur Steuerleistung, das *tributum*[303]. Gewiß, der Wohnsitz war dabei ausschlaggebend, doch

[297] Liv. 4, 25, 5; Rotondi 211; Mommsen StR II, 339 für das Jahr 367; ebenso Beloch, Römische Geschichte 77 ff., dagegen De Martino I, 327 f.

[298] H. Siber, Zur Kollegialität der römischen Censoren, in: FS F. Schulz I, Weimar 1951, 466. Der Census durfte nur kollegial vorgenommen werden, vgl. Liv. 6, 27, 9 und 9, 34, 17–25. Bei den Wahlen mußten beide Kandidaten zugleich gewählt werden.

[299] Ursprünglich sind unregelmäßige Zeitabschnitte bei der Bekleidung der Censur zu beobachten.

[300] Vgl. Cic. Leg. 3, 3, 7.

[301] Cic. Leg. agr. 2, 11, 26.

[302] Varro Lingua 5, 81; Mommsen StR II, 331. In der Regel am Marsfeld stattfindende Versammlungen, an denen auch Prätoren und Volkstribunen beratend teilnahmen.

[303] Zu den *tributa* vgl. zuletzt F. Milazzo, La realizzazione delle opere pubbliche in Roma arcaica e repubblicana, Napoli 1993, der freilich insbesondere die *munera* und die *ultro tributa* behandelt. Ab dem Jahre 167 wurde kein *tributum* mehr eingehoben, nachdem Aemilius Paulus den makedonischen Königsschatz dem Ärar einverleibt hatte. Vgl. Cic. Off. 2, 76. und vor allem

stand es den Censoren offenbar frei, Verschiebungen vorzunehmen und insbesondere die Neubürger in bestimmte *tribus* aufzunehmen. Umstritten war, ob sie auch Bürger überhaupt aus den *tribus* verstoßen und ihnen somit das Bürgerrecht nehmen durften.[304] Immerhin, die Einschreibung in eine *tribus* galt als Zeichen des römischen Bürgerrechts. Zeitweise dürfte immerhin die Möglichkeit bestanden haben, über die Eintragung in die sogenannten *tabulae Caeritum* Bürgern zeitweilig die Ausübung des Stimmrechtes zu entziehen.[305] Wer seinen Sklaven freilassen wollte, der konnte ihn zum Censor mitbringen und in die *tribus* eintragen lassen.[306] Der eigentliche Vorgang der Schätzung und Einschreibung in *tribus* und Centurien war naturgemäß komplex und zeitaufwendig und erforderte die Hinzuziehung einer nicht unbeträchtlichen Zahl von Hilfspersonal.[307] Unter ihnen kommt den *iuratores* eine hervorragende Rolle zu, sie vereidigten die erschienenen Bürger und nahmen ihre Angaben entgegen.[308] Ursprünglich wurden alle Bürger zu Beginn des Vorganges zu einer Ver-

C. Nicolet, Tributum. Recherche sur la fiscalité directe à l'époque républicaine, Antiquitas 24, Bonn 1976.

[304] Vgl. die Diskussion bezüglich der Freigelassenen, C. Masi-Doria, Civitas 33 ff. Bezüglich der *liberti* sind mehrere Maßnahmen genannt. Nach Liv. Per. 20 (zwischen 230 und 220, nach Masi-Doria [30 f.] auf das Jahr 230 der Zensur des Q. Fabius Rullianus) sollten sie in die vier städtischen *tribus* eingeschrieben werden. Diese Maßnahme wurde zumindest für jene, die einen mindestens 5jährigen Sohn hatten und ein Landgut im Werte von mindestens 30000 Sesterzen, eingeführt (Liv. 45, 14, 1–2). Aus Liv. 45, 15, 3–7 läßt sich bezüglich der Censur des Tiberius Sempronius Gracchus und des C. Claudius Pulcher im Jahre 169 ein Streit unter den Censoren rekonstruieren. Sempronius Gracchus wollte offenbar die Freigelassenen in keine *tribus* aufnehmen, sein Kollege sprach sich dagegen aus. Der Censor, so Claudius Pulcher, dürfe zwar einen Bürger *tribus emovere*, aber eben nicht aus allen, das hieße ja *civitatem libertatemque eripere*. Man einigte sich schließlich darauf, die *liberti* in eine der städtischen *tribus*, die durch Los bestimmt wurde, einzuschreiben.

[305] Vgl. Strabo 5, 2, 3; Gell. 16, 13, 7, K. J. Beloch, Römische Geschichte 363, Kunkel 409 und Fn. 54. Wahrscheinlich ist die etruskische Stadt Caere um 270 in den Zustand der Halbbürgerschaft zurückgestuft worden.

[306] Dazu Kunkel 425 f., wobei in der Tat nur der Wille des Freilassers als konstitutiv gelten muß.

[307] Eingehend Kunkel 419 ff.

[308] Liv. 39, 44, 2. Bedauerlicherweise ist nichts über Anzahl und Bestellung der Juratoren bekannt; Kunkel 421 meint, daß sie aus den angesehensten Bürgern der einzelnen *tribus* bestimmt wurden.

sammlung außerhalb der Stadt geladen.[309] Diese Formalität ist zwar im weiteren eingehalten worden, ist aber wohl als Relikt zu bezeichnen. Erst durch die *lex censui censendo* wurde von den Censoren programmatisch festgelegt, nach welchen Kriterien sie den Census vorzunehmen gedachten, insbesondere wer wo zu erscheinen hatte und was im Zuge der Schätzung anzugeben war. Möglicherweise wurde auch bereits der Termin angeführt und die Reihenfolge, nach welcher die einzelnen *tribus* zu erscheinen hatten.[310] Die Bürger hatten zuerst den vollen Namen zu nennen, falls Freigelassene, jenen des Patrons, das Alter, Namen der Ehefrau, Namen und Alter der Kinder. Es folgte die Vermögenserklärung, die nicht nur den Grundbesitz, sondern auch die beweglichen Vermögenswerte umfaßte und selbstverständlich bares Geld.[311] Alle Vermögenswerte wurden einer Schätzung in Geld unterzogen. Auf Grund des Gesamtvermögens erfolgte die Einschreibung in eine Centurie. Über den Census, die Zugehörigkeit zu *tribus* und Centurien wurden Listen geführt.[312]

Am Ende des Census, der Schätzung, stand ein bedeutender religiöser Akt, das *lustrum,* mit welchem innerhalb der 18monatigen Amtszeit die Censur beendet wurde.[313] Die gesamten Centuriatcomitien versammelten sich am Marsfeld. Die Opfertiere, nämlich Stiere, Widder und Eber, wurden dreimal um die Versammlung geführt und dann dem Mars geopfert *(suovetaurilium).* Daß gerade dem Mars geopfert wurde, spricht für das hohe Alter des *exercitus centuriatus.* Der Censor und in dieser Funktion wohl Nachfolger des Obermagistraten führte den *exercitus* unter einer Fahne bis zur Stadt und entließ ihn dort. Bereits Dionys von Halikarnaß hatte im *lustrum* ein Reinigungsritual gesehen,[314] viele – bis auf Kunkel[315] – sind ihm gefolgt. Richtig ist, wenn Kunkel davon ausgeht, daß es sich dabei ursprünglich um einen magischen Charakter gehandelt habe, der insbesondere zur Abwehr von Unheil dienen sollte. Konnte aus irgendeinem Grunde das *lustrum* nicht stattfinden, etwa weil der Censor verstorben war, oder war es selbst mit Mängeln behaftet,[316] so galt der gesamte Census für ungültig, nur die *lectio senatus* blieb

[309] Varro Lingua 6, 86, dazu Liv. 43, 14, 5.
[310] Dazu L. Ross Taylor, Voting Districts 69 ff.
[311] Liv. 39, 44, 2 f.; Cic. Flacc. 80.
[312] Kunkel 430.
[313] DH 4, 22, 1 ff.; Varro Lingua 6, 86; Kunkel 466 ff.
[314] DH 4, 22, 2, ebenso Cassius Dio. 54, 28, 4.
[315] Kunkel 467.
[316] Cassius Dio 54, 28, 4. Der Censor hatte einen Toten gesehen.

aufrecht.[317] Immerhin steht fest, daß die Censoren infolge eines Sittengerichts Bürger vom aktiven und passiven Wahlrecht ausschließen konnten[318] und sie insbesondere bei den Centuriatcomitien unter die *aerarii*, die allerletzten Centurien, reihen konnten.[319]

Im Zusammenhang mit der *lectio senatus* bedeutete die *cura morum* bisweilen die Entfernung aus dem Senat. Die *nota censoria* war dabei nichts anderes als die Begründung eines administrativen Aktes.[320] Gewiß stand dem Befehlenden vor Feststellung des *probrium*, der moralischen Verkommenheit, die Möglichkeit der Gegendarstellung zu. Die *nota censoria* war nur für die laufende Lustralperiode in Geltung. Es gab der Überlieferung nach zahlreiche Möglichkeiten der Beanstandung des Lebenswandels.[321] Sie betrafen vor allem das Privatleben, wie Erziehung der Kinder, Behandlung der Frau, Grausamkeiten Sklaven gegenüber, Ausschweifungen, vor allem auch Trunksucht und Freßgelage, allgemeinen Luxus sowie Vernachlässigung der Familienkulte.[322] So wurde beispielsweise im Jahre 307 L. Annius aus dem Senat entfernt, weil er seine Frau ohne Hinzuziehung des *consilium domesticum* verstoßen hatte.[323] Vernachlässigung der landwirtschaftlichen Betriebe konnte ebenso zur *nota* führen.[324] Die *nota censoria* konnte somit mit durchaus gravierender Folge jedermann treffen, dies um so mehr, als gegen den Censor und die *nota censoria* mit all ihren Folgen keine Interzession wirksam war,[325] weder eines Tribuns noch eines anderen Magistraten.

Die Censoren konnten weder Senat noch Volk zusammenrufen,[326] für alle möglichen Hilfsdienste etwa im Falle eines *incensus* waren sie

317 Mommsen StR II, 419 Fn. 3, Kunkel 469 Fn. 267. Zur Juristendiskussion zum *lustrum* Cic. Orat. 1, 183, bezüglich *manumissio censu* Frag. Dositheanum 17. Vgl. M. Lemosse, L'affranchissement par le cens, in: RH 26 (1949) 161 ff.

318 E. Schmähling, Die Sittenaufsicht der Censoren, Stuttgart 1938; Bleicken, Lex Publica 378.

319 Val. Max. 2, 9, 1. Die Censoren des Jahres 403, M. Furius Camillus und M. Postumius, sollen die unverheirateten Alten dorthin relegiert haben.

320 So Kunkel 406, also nicht ein eigentliches Gerichtsverfahren, etwa in Anlehnung an einen Strafprozeß. Vgl. Liv. 39, 42, 6.

321 Zu den Rügegründen vgl. Mommsen StR II, 377 ff.

322 DH 20, 13, 3; Gell. 4, 8; Plin. Nat. 8, 209.

323 Val. Max. 2, 9, 2.

324 Gell. 4, 12, 1.

325 Vgl. Mommsen StR II, 356 f.

326 Argumentum e silentio aus Cic. Leg. 3, 3, 7.

auf die Coercitionsgewalt anderer Magistrate angewiesen.[327] Besonders genau genommen wurde beim Amt der Censur der 2. Ständeausgleich. Ab 335 gab es stets einen patrizischen und einen plebejischen Censor.[328] So schien es durchaus angebracht, diesem in der Praxis hochangesehenen Amt, das aller Regel nach nur mit gewesenen Consuln besetzt wurde,[329] auch die Auswahl der Senatoren zu überlassen. Dies erfolgte durch die *lex Ovinia* im Jahre 312.[330] Ab diesem Zeitpunkt oblag den Censoren die *lectio senatus*, die sowohl zur Aufnahme neuer Senatoren führen konnte wie zum Ausschluß bereits etablierter. Bei Übergehung von „Anspruchsberechtigten" zum Senat oder bei Ausschluß von Senatoren wird man regelmäßig gemeinsam vorgegangen sein, wie auch ansonsten das kollegische Vorgehen von besonderer Bedeutung gewesen ist, freilich dürfte ein allein durchgeführter staatsrechtlicher Akt eines Censors ohne weiteres Gültigkeit erlangt haben, sofern er nicht vom Kollegen beeinsprucht wurde.

Von großer Bedeutung war die Funktion der Censoren bei der Verwaltung und Vergabe des *ager publicus* sowie von Zöllen und Einkünften aus Bergwerken[331] auf dem Pachtwege und bei der Vergabe von staatlichen Aufträgen, welche Dienst- und Werkleistungen betreffen konnten. Auch diese wurden in Form von Pachtverträgen *(locationes)* an den Meistbietenden versteigert.[332] Inhalt, Leistung und Ge-

[327] Tab. Bantina 220f.

[328] Erster plebejischer Censor C. Marcius Rutilus, Liv. 7, 22, 6–10; Broughton I, 127.

[329] Bedeutendste Ausnahme Appius Claudius im Jahre 312, Mommsen StR II, 549 Fn. 2.

[330] Zur *lex Ovinia* siehe Festus 290 L s. v. *praeteriti senatores „ut censores ex omni ordine opimum quemque in senatum legerent"*, Siber 135f. für die Zeit zwischen 293 oder 286 und 275 (Liv. Per. XIV). Zuletzt Wieacker (355) für die traditionelle Datierung 312, Mommsen StR II, 418ff., Kunkel 437.

[331] Zuletzt F. Milazzo, La realizzazione delle opere pubbliche in Roma arcaica e repubblicana, Napoli 1993, 28ff., vgl. auch Dietrich, Beiträge zur Kenntnis des römischen Staatspächtersystems, Diss. Leipzig 1877; L. Clerici, Economia e finanza dei Romani, Bologna 1943 sowie O. Karlowa, Römische Rechtsgeschichte II, 19ff.

[332] Vergabe öffentlicher Aufträge. Dazu sehr ausführlich und anhand zahlloser Quellenbeispiele Milazzo, La realizzazione 67ff. und M. Pennitz, Der Enteignungsfall im Römischen Recht, Wien/Köln/Weimar 1991, 70 sowie 202ff. und Fn. 818 und 819. Neben *locare* begegnet auch auf seiten des Staates *vendere*, vgl. Festus 516 L und *lex agraria* des Jahres 111 Zeile 85 und 87 sowie Cato Agr. 144, 3–145, 3. Auf seiten des Unternehmers wird von *conducere* und *redimere* gesprochen. Dazu Festus 332 L s. v. *redemptores*, vgl. auch A. Bis-

genleistung ergaben sich aus den *leges censoriae.*[333] Häufig mußten die Bestbietenden Garanten *(praedes)* stellen[334] oder etwa eine *cautio damni infecti* dem Nachbarn versprechen.[335] Die römischen Heerstraßen, Wasserleitungen und insbesondere auch die die Stadt zierenden Prunkbauten wie Tempel, Säulenhallen und Basiliken wurden auf diese rechtliche Weise errichtet.[336] Ebenso wurde deren Erhaltung auf diese Weise gewährleistet. Aber auch der purpurne Anstrich der Jupiterstatue aus Terracotta im Haupttempel am Kapitol sowie die Versorgung der kapitolinischen Gänse wurden damit verdingt.[337] Am Beginn der großen Bautätigkeit steht der Name Appius Claudius, der als Censor die berühmte Heeresstraße nach Süden anlegen ließ[338] sowie die Aqua Appia nach Rom leitete.

cardi, Sul regime delle locazioni amministrative in diritto romano, in: St. Amorth I, Mailand 1982, 99 und H. Kaufmann, Die altrömische Miete, Köln/Graz 1964, 258 ff. und zuletzt eingehend mit Quellenbelegen Milazzo, La realizzazione 95 ff. Aus der älteren Literatur vgl. Hahn, *De censorum locationibus*, Diss. Leipzig 1879, M. Voigt, Über die privatrechtlichen Rechtsgeschäfte des älteren römischen „ius publicum", in: Berichte der sächs. Gesellschaft der Wissenschaften 55 (1903).

333 So war es Cato, dem Censor des Jahres 184, gelungen, bei den *vectigalia* besonders hohen Pachtzins festzusetzen, für andere Verrichtungen ein besonders niedriges Entgelt, vgl. Livius 39, 44, 7. Zu Cato D. Kienast, Cato der Censor, seine Persönlichkeit und seine Zeit, Heidelberg 1954, U. von Lübtow, Catos leges venditioni et locationi dictae, in: Eos 48 (1956) (= Symb. Taubenschlag) 232 ff.

334 Varro Lingua 6, 74.

335 Cic. Verr. 2, 1, 146. Kunkel 465 Fn. 249 hat völlig Recht, wenn er davon ausgeht, daß die daraus entstehenden privatrechtlichen Ansprüche Gegenstand der ordentlichen prätorischen Jurisdiktion gewesen seien, dagegen Mommsen StR II, 465 Fn. 2.

336 Dazu vgl. mit weiteren Quellenangaben O. F. Robinson, Ancient Rome, London/New York 1994, 48 ff., 95 ff., 59 ff. sowie das Buch von G. Bodei-Giglioni, Lavori pubblici e occupazione nell'antichità classica, Bologna 1974, 66 ff.; De Ruggiero, Lo stato e le opere pubbliche in Roma antica, Torino 1925 sowie Gast, Die zensorischen Bauberichte bei Livius, Diss. Göttingen 1965.

337 Plut. Quest. Rom 98; Plin. Nat. 10, 51.

338 Liv. 9, 29, 6. Zu Appius Claudius P. Lejay, Appius Claudius Caecus, in: Revue de Philol. 44 (1920) 92 ff., A. Garzetti, Appio Claudio Cieco nella storia politica del suo tempo, in: Athenaeum 25 (1947) 175 ff., E. Staveley, The political aims of Appius Claudius Caecus, in: Historia 8 (1959) 410 ff., F. Cassola, I gruppi politici romani nel III sec. a. C., Trieste 1962, 128 ff., E. Ferenczy, From the Patrician State to the Patrician-Plebeian State, Budapest 1976, 165 ff.,

Die Errichtung der öffentlichen Bauten erfolgte auch in den Bürgerkolonien.[339]

Die Censoren mußten auch die Einhaltung der von den Vorgängern abgeschlossenen Verträge überprüfen oder, sofern dies zeitlich möglich war, die Einhaltung derjenigen, die sie selbst abgeschlossen hatten: *sarta tecta exigere*[340]. Es ging dabei um die Abnahme *(probatio)*, wobei die Censoren mit der geleisteten Tätigkeit einverstanden sein konnten, aber auch Nachbesserungen einfordern konnten. Des weiteren kümmerten sich die Censoren um die Freihaltung öffentlicher Plätze von Bauten oder Denkmälern privater Bürger.[341]

§ 15. Die Quästoren

Die Quästur entstand so wie die Censur in den Jahren nach dem 1. großen Ständeausgleich, der Überlieferung nach im Jahre 446.[342] Die Funktion der zwei gewählten Quästoren war am Anfang weniger diejenige allgemeiner Gehilfen der Consuln, die es ja damals noch gar nicht gegeben hatte,[343] sondern sie übernahmen von vornherein die Verwaltung des Staatsschatzes *(quaestores aerarii)*.[344] In der Tat, die

R. Bauman, Lawyers in Roman Republic Politics, München 1983, 21 ff. F. D'Ippolito, Giuristi e sapienti in Roma arcaica, Bari 1986, 27 ff. L. Loreto, La censura di Appio Claudio, l'edilità di Gneo Flavio e la realizzazione delle strutture interne dello stato Romano, in: Atene e Roma 36 (1991) 181 ff.

339 Liv. 41, 27, 10 ff.

340 Liv. 42, 3, 7; 45, 15, 9; Cic. Verr. II, 1, 130, Mommsen StR, II 351 Fn. 2 und StR II, 465 Fn. 2 sowie Kunkel 462 mit Hinweis auf die Rolle des Consilium.

341 Kunkel 463 mit Hinweis auf Kompetenzüberschreitungen zu den Ädilen. Die Erklärung Kunkels, daß die Ädilen, die häufig am Beginn einer politischen Laufbahn gestanden hätten, einfach nicht den Mut aufgebracht hätten, gegen die Mächtigen Maßnahmen zu setzen, und daß daher der Censor einschreiten hätte müssen, erscheint plausibel. Vgl. Liv. 39, 44, 4; 43, 16, 4; Plin. Nat. 34, 30, zur Kompetenz der Ädilen in dieser Hinsicht vgl. Tab. Heracl. 2, 68 ff., Mommsen StR II, 461 Fn. 3.

Literatur: Mommsen StR II, 525 ff.; F. Sobeck, Die Quästoren der römischen Republik, Diss. Breslau 1909; G. Wesener, in: RE 24 (1963) 801 ff. s. v.: Quaestor; K. Latte, The Origin of the Roman Quaestorship, in: TAPhA 67 (1936) 24 ff.; De Martino I, 285 ff.

342 Vgl. Tac. Ann. 11, 22, 4; dagegen Plutarch, Poplicola 12, 3 am Beginn der Republik.

343 So aber Mommsen StR II, 509 ff.

344 Ganz anderer Auffassung insbesondere De Martino, der die ursprüng-

2. Hälfte des 5. Jh. bringt auch in Rom die Umstellung auf die Geldwirtschaft, die damit verbundene Problematik der Schatzung und die Zahlung eines Militärsoldes. Gerade im Felde sollten die Quästoren tatsächlich zu unterstützenden Beamten der Oberbefehlshaber werden, verwalteten sie doch die Kriegskasse und den Nachschub und überwachten die Veräußerung der Beute zugunsten des Aerars.[345] Die Anzahl wurde sukzessive angehoben, die Quellen berichten von einer ersten Erhöhung auf 4 im Jahre 421 und von einer weiteren im Jahre 267.[346] Mommsen[347] hatte zwar weitere Erhöhungen aus verwaltungstechnischen Gründen angenommen, die Überlieferung schweigt allerdings. Die Wahl der Quästoren erfolgte durch die Tributcomitien.[348]

Durch Senatsbeschluß wurden Tätigkeitsbereiche festgelegt *(provinciae)*, wobei den zwei *quaestores urbani* die Verwaltung der Staatskasse verblieb. Die Bereiche wurden durch Los vergeben.[349] Die Tätigkeit der urbanen Quästoren erfolgte kollegial, eine temporäre Leitung der Geschäfte ist nicht auszuschließen. Die Quästoren überwachten die Ein- und Abgänge der Staatskasse, konnten gewiß laufende Zahlungen selbst bestreiten. In anderen Fällen waren sie auf Senatsbeschluß oder Anweisung eines Magistraten angewiesen.[350] Forderungen des Staates gegen Private wurden von ihnen eingetrieben.[351] Als Leiter des

liche Funktion der Quästoren im Bereiche der Strafgerichtsbarkeit sieht (I, 286). *Quaere* und *quaestio* seien Begriffe strafrechtlicher Untersuchung und Verfolgung gewesen. Insbesondere verweist er auf die offenbar in den XII Tafeln genannten *quaestores parricidii*. Vgl. Festus 310 L „*quaestores*" und 247 „*parricidii quaestores*". Sie seien teils an Hochverratsprozessen, teils an Mordprozessen beteiligt gewesen. Andererseits ist gerade in Hochverratsprozessen auch der *duovir perduellionis* überliefert (Liv. 1, 26, 5); Mommsen StR II, 615. Vgl. gegen die Auffassung De Martinos W. Kunkel, Untersuchungen zur Entwicklung des römischen Kriminalverfahrens in vorsullanischer Zeit, München 1962, 44 ff., 113 u. 132. Als Gehilfen der Consulartribunen R. E. A. Palmer, The archaic community of the Romans, Cambridge 1970, 242. Vgl. aber K. Latte, The origin of Roman Quaestorship und B. Santalucia, Dalla vendetta alla pena, in: Storia di Roma 437 u. 439 f. als königliche Hilfsbeamte, die mit der Untersuchung von Kriminalfällen betraut waren. Daraus hätte sich in der Republik eine eigene Kompetenz entwickelt.

345 Liv. 4, 43, 4; 26, 47, 5 ff.

346 Tac. Ann. 11, 22, 5; Mommsen StR II, 570 auf 8.

347 StR II, 527.

348 Gell. 13, 15, 4; Cic. Ep. ad fam. 7, 30, 1.

349 Cic. Ad Q. fratrem 1, 1, 11.

350 Cic. Phil. 9, 16; Liv. 39, 7, 5.

351 Vgl. etwa Liv. 38, 60, 8.

im Tabularium untergebrachten Staatsarchives verwahrten die Quästoren Gesetze, Senatsbeschlüsse, Abstimmungsprotokolle und Richterlisten. Die Quästoren mußten sich zudem um das Wohl von Gesandtschaften und Staatsgästen kümmern.[352] In den Provinzen stand der Provinzialquästor dem verantwortlichen Promagistraten zur Seite insbesondere in der Führung der Verwaltung und Administration des vom Aerar ausgeschütteten Betrages zugunsten des Promagistraten, seines Stabes und der Truppen. Einnahmen wurden offenbar nur in Sonderfällen eingeschoben, sofern sie nicht ohnehin an Steuerpächter vergeben worden waren. Nach Gai. 1, 6 kam dem Quästor in den Provinzen jene jurisdiktionelle Funktion zu, die in Rom der curulische Ädil ausübte, d. h., er übte die sogenannte Marktgerichtsbarkeit aus, zu welchem Zwecke er wohl ein eigenes Edikt publizieren mußte, das demjenigen der Ädilen entsprach und Sklaven- wie Viehkäufe ausschließlich betraf.

§ 16. Die Ädilen[353]

Der Überlieferung nach[354] wurden die plebejischen Ädilen zusammen mit den Volkstribunen geschaffen. Seit dem licinisch-sextischen Ausgleich finden sich zwei weitere ursprünglich patrizische Ädilen (curulische Ädilen). Ab dem Amtsjahre 304/303 was das curulische Ädilenpaar abwechselnd patrizischer bzw. plebejischer Abstammung. Inwiefern die früheren plebejischen Ädilen als „Hilfsbeamte" der Tri-

[352] Mommsen StR II, 554 u. Fn. 1, 3 u. 4; vgl. etwa Liv. 45, 14, 6.

[353] Literatur: W. Soltau, Die ursprüngliche Bedeutung und Competenz der aediles plebis, in: Historische Untersuchungen A. Schaefer gewidmet, Bonn 1882, 128 ff.; Pineau, Histoire de l'édilité romaine, Bordeaux 1893; Mommsen StR II, 470–522; G. De Sanctis, La origine dell'edilità plebea, in: Rivista italiana di filologia classica n. s. 10 (1932) 433 ff. (= Scritti minori, Bd. V, Roma 1983, 147 ff.); H. Siber, Die plebejischen Magistraturen bis zur lex Hortensia, Leipzig 1936; D. Sabbatucci, L'edilità romana: magistratura e sacerdozio, in: Atti della Accademia Nazionale dei Lincei. Memorie, Classe di Scienze morali, storiche et filologiche, ser. VIII, vol. VI 3, Roma 1954, 255 ff.; M. Q. Lupinetti, Liv. 3, 6, 9; Dion. Hal., 6, 95, 3–4 e le origini dell'edilità plebea, in: RISG ser. III vol. XIII (1969) 285 ff.; J.-C. Richard, Édilité plébéienne et édilité curule: à propos de Denys d'Halicarnasse, Antiquités romaines VI. 95.4, in: Athenaeum, n. s. 55 (1977) 428 ff.; De Martino I, 345 ff.; L. Garofalo, Il processo edilizio, Padova 1989; Kunkel 472 ff.

[354] DH 6, 90, 2–3; 6, 94, 4; Gell. 17, 21, 11; Festus 259/422 L; Liv. 3, 55, 6–10 f. 13; 3, 31, 3–6; Zonaras 7, 15, 10.

bunen bezeichnet werden können, sei dahingestellt[355], im Gegensatz zur politischen Funktion der Tribunen dürfte die administrative Tätigkeit der Ädilen im Vordergrund gestanden haben. Diese durchaus ursprünglich auf die Plebs[356] bezogene Tätigkeit erfuhr spätestens durch die curulischen Ädilen eine Ausdehnung auf den Gesamtstaat. Die sogleich darzustellende Aufgabenverteilung des Ädilenamtes nach 367 läßt gewiß in mancher Hinsicht an die griechischen Αγορανόμοι erinnern; diese Ähnlichkeiten sind wohl rein typologischer Art, eine bewußte Nachbildung ist auszuschließen.[357] Zu Recht wurde von verschiedenen Seiten[358] und auch gerade wieder jüngst[359] auf die Tatsache hingewiesen, daß sich die Ädilität auch in anderen italischen Städten nachweisen läßt. Schon früh mußte den Ädilen zur Durchsetzung ihrer Funktionen die Möglichkeit eingeräumt worden sein, Bußen in Form von pekuniären Strafen zu verhängen. Der Überlieferung nach erfolgte dies durch eine *lex Aternia Tarpeia* [454][360], eine *lex Menenia Sestia*, zwei Jahre später ergangen, habe Höchstgrenzen für Multen festgelegt.[361] Bei aller Vorsicht gegenüber diesen Maßnahmen ist es doch augenscheinlich, daß im entwickelten System die Ädilen Multen verhängen konnten und daß bei Überschreitung gewisser Höchstgrenzen die Entscheidung den Tributcomitien vorbehalten blieb für den Fall, daß der curulische Ädil den Fall behandelt hatte, den *concilia plebis* bei Behandlung durch den plebejischen Ädil.[362] Das

355 Dagegen insbesondere Siber 9; De Martino I, 345 f.; vgl. aber Mommsen StR II, 473 f. und zuletzt Garofalo 32 f.

356 Siber 8 als „Aufseher heiliger Orte und Verwalter des im Zerestempel verwahrten plebejischen Archives“. Gegen einen frühen Zusammenhang zwischen Ädilen und Cereskult M. Ernst, Die Entstehung des Ädilenamtes, Diss. Paderborn 1990, 28.

357 Anders Mommsen StR II, 497.

358 A. Rosenberg, Der Staat der alten Italiker, Berlin 1913, 1–15; E. Kornemann, Zur altitalischen Verfassungsgeschichte, in: Klio 14 (1915) 192–196 als Beamte einer vorstädtischen und nichtstädtischen Pagus-Verwaltungsorganisation.

359 M. Ernst, Die Entstehung des Ädilenamtes, bes. 89 ff. als typische Einrichtung von Tusculum. DH 10, 50, 1; Cic. Rep. 2, 35, 60.

360 Festus 368, 270 L; Gell. 11, 1, 2–3.

361 A. D. Manfredini, Tre leggi nel quadro della crisi del V secolo, in: Labeo 22 (1976) 198 ff.

362 Liv. 10, 23, 13 (a. 296); 33, 42, 20 (a. 196); 38, 35, 6 (a. 189) sowie 7, 28, 9 (a. 344) und 10, 13, 14 (a. 298). Dazu Garofalo 36 ff., 68, 87 zumeist ursprüngliches Vorgehen nur kraft Delegation durch Tribunen.

bedeutet, daß den Ädilen die Kompetenz zustehen mußte, die jeweiligen Versammlungen auch einzuberufen.

Wo nicht ausdrücklich den curulischen Ädilen Sonderkompetenzen vorbehalten sind, ist davon auszugehen, daß allen Ädilen die Verwaltung gemeinsam oblag[363], wobei administrative Kompetenzzuteilungen wahrscheinlich sind, da ansonsten wohl die ohnehin nicht hoch anzusetzende Effektivität gelitten hätte. Aus den Quellen ergibt sich ein großes Betätigungsfeld und ein häufiges Einschreiten der Ädilen. Dieses weite Kompetenzfeld und die Möglichkeit, zu Multprozessen die *concilia* oder *comitia tributa* zusammenzurufen, belegen tatsächlich ihre verfassungsrechtliche Zwischenstellung als Magistrate *cum iurisdictione*, aber *sine imperio*.[364] Die Aufzählung erfolgt nicht nach irgendeiner vermeintlichen Bedeutungsskala:

1. Kornwucher (Liv. 38, 35, 6).
2. Zinswucher (Liv. 7, 28, 9; 10, 23, 11; 35, 41, 9–10; Plin. Nat. 33, 6, 19; 33, 1, 14 und D. 1, 2, 2, 7).
3. Fruchtzauber (Plin. Nat. 18, 8, 41–43).
4. Maßnahmen gegen *pecuarii* (Vorgehen gegen diejenigen, die *scriptura*, Abgabe für *ager publicus*, nicht zahlten: Liv. 10, 23, 13; 33, 42, 10; 10, 47, 4; 35, 10, 11–12).
5. Sittlichkeitsdelikt *(stuprum)* Liv. 8, 22, 2; Liv. 25, 2, 9; Val. Max. 8, 1, 7; 6, 1, 7.
6. Marktaufsicht, darunter fällt insbesondere das berühmte curulische Edikt (D. 21, 1, 40– 42).
   Anhand dessen haben die Ädilen[365] das noch heute in vielen Rechtsordnungen gültige System der Sachmängelhaftung beim Kauf erfunden. Im Rahmen von Marktkäufen bestimmter Tiere und Sklaven konnten bei Vorliegen von Mängeln bzw. bei Nichtvorhandensein ausdrücklich zugesicherter Eigenschaften vom Käufer zwei Klagen in Anspruch genommen werden: die Wandelungs- und die Minderungsklage (a° redhibitoria/a° quanti minoris) (vgl. heute etwa BGB §§ 459 ff.).

[363] Mommsen StR II, 487.

[364] Differenzierter Mommsen StR II, 483 f. Vgl. auch Cic. Verr. I, 13, 37, die Bemerkung, daß ein Ädil *„paulo amplius quam privatus"* ist, ist stark rhetorisch gefärbt, vgl. eben Cic. Verr. I, 12, 36; Cic. Verr. II, 5, 67, 173 (!) Stellen, aus denen sich eindeutig ergibt, daß Cicero als Ädil *agere cum populo* kannte. Ablehnend Garofalo 113.

[365] Vgl. zuletzt die umfassende Arbeit von E. Jakab, Stipulationes aediliciae, Szeged 1993. Vgl. nach wie vor grundlegend G. B. Impallomeni, L'editto degli edili curuli, Milano 1955.

7. Allgemeine Polizeikompetenz *(cura)*[366]
Maße/Gewichte (CIL X 8067, 1)
Badeanstalten (Sen. Epist. 86, 10)
Bordelle (Tac. Ann. 2, 85)
Gräber/Begräbnisse (Cic. Phil. 9, 7, 17).

Aus der *tabula Heracleensis* ergibt sich, daß die *lex Iulia Municipalis* den Ädilen zahlreiche Kompetenzen im Rahmen der Stadterhaltung übertragen hatte.[367] Darunter fiel wohl auch eine Oberaufsicht über öffentliche Bauten und Anlagen.[368] Viele dieser Kompetenzen wurden später im Rahmen der Neuorganisation der Verwaltung durch Augustus und seine Nachfolger den einzelnen Curatoren zuerkannt. Lehrreich ist der Umstand, daß Agrippa durch die Bekleidung der Ädilität im Jahre 33 v. Chr. (also nach seinem Konsulat) offenbar die vorhandenen Kompetenzen dieses Amtes im Rahmen der Stadterhaltung und Stadterneuerung nutzen wollte.[369]

Von nicht zu unterschätzender Bedeutung war schließlich die *cura ludorum*, die Organisation[370] und Beaufsichtigung[371] der Spiele. Die *ludi Romani* (15. September) fielen wohl ursprünglich in die Kompetenz der curulischen Ädilen[372], ebenso jene der Großen Mutter (Megale[n]sia, 10. April). Die plebejischen organisierten die *ludi plebei* (15. November) und die Cerealia (19. April). Die dadurch gebotene Prunkentfaltung wurde nicht selten für die weitere politische Karriere genützt.

§ 17. Der Volkstribun[373]

Der Ursprung dieses Amtes liegt wie viele historische Ereignisse der ersten Hälfte des 5. Jh. im Dunkel der Überlieferung. Außer Streit

[366] Vgl. O. F. Robinson, Ancient Rome, City planning and administration, London/New York 1992, 113 ff., 124 ff., 134, 137 ff.

[367] Vgl. Zeilen 24–28 bezüglich der Erhaltung der öffentlichen Straßen. Inwieweit freilich Mommsen StR II, 507 recht zu geben ist, daß die Ädilen eingreifen konnten, wenn gegen die öffentliche Straße hin Einstürze von Privatbauten drohten, sei dahingestellt.

[368] A. Kolb, Die kaiserliche Bauverwaltung in der Stadt Rom, Stuttgart 1993, 15 und Robinson, Ancient Rome, 59 ff.

[369] Vgl. Cass. Dio. 49, 43.

[370] Vgl. L. Ross Taylor, Cicero's aedileship, in: AJPh 60 (1939) 194 ff.

[371] Macrobius Sat. 2, 6, 1.

[372] Mommsen StR I, 519.

[373] Literatur: Mommsen StR II, 272 ff.; G. Niccolini, Il tribunato della plebe,

steht, daß die Tribunen als Vertreter der Plebs in Erscheinung traten und dies gewiß sehr bald nach dem Sturz der etruskischen Monarchie, so daß die von der Überlieferung angeführte Jahreszahl 493 im wesentlichen akzeptabel erscheint. Schwerer ist es dagegen, die Entwicklung des Tribunates bis zum 1. Ständeausgleich um die Jahrhundertwende zu verfolgen.[374] Auch die ursprüngliche Zweierzahl ist nichts anderes als ein nach rückwärts projiziertes Spiegelbild der magistratischen Kollegialität. Ebensowenig kann einer vermeintlichen Erhöhung der Anzahl auf 4 oder 5 im Jahre 471 durch ein Plebiszit des P. Volero[375] irgend etwas abgewonnen werden. Gewiß wird es einen oder mehrere delegierte Vertreter der Plebs gegeben haben, aber als typisch außerstaatliche, politische Einrichtung unterlagen die Tribunen keinen festen Regeln, weder der Zahl noch der Funktionsdauer. Mit den älteren *tribus* einen Zusammenhang herzustellen ist nicht möglich, viel eher dürfte man an Bezirksvorsteher der von den Etruskern begründeten neuen Territorial*tribus* denken, die eben bewußt im Sinne der etruskischen Tyrannen nicht gentilizisch-patrizisch organisiert waren. Ein gewisses Überleben dieser an und für sich sinnvollen staatlichen Einteilung auch zwecks Einteilung des *tributum* dürfte ebenso in der neuen patrizischen Phase der 1. Hälfte des 5. Jh. anzunehmen sein. Die Übernahme des Namens würde auch auf eine bestimmte und gewiß beschränkte Übernahme der Typizität derartiger Funktionen schließen lassen. Freilich waren die zur Vertretung der Plebs Bestimmten tatsächlich insofern revolutionär, als sie sich vom ursprünglichen Funktionsraster eines Bezirksvorstehers zu politischen Funktionären entwickelten, denen erst wieder nach 450 eine staatliche Funktion und nun im Sinne eines Amtes zuteil wurde.[376] Inwiefern diese Bezirksvorsteher in der servianischen Militärverfassung auch eine militärische Rolle erfüllten, muß in Ermangelung der Quellen dahingestellt bleiben. Den einzigen Beweis stellen die Mili-

Milano 1932; H. Siber, Die plebejischen Magistraturen, Leipzig 1936; J. Bleicken, Das Volkstribunat der klassischen Republik, München ^{2}1968; ders., Das römische Volkstribunat, in: Chiron 11 (1981) 87 ff.; G. Lobrano, Il potere dei tribuni della plebe, Milano 1982; De Martino I, 260 ff., 334 ff.; Kunkel/Wittmann 552 ff. mit zahlreichen Literaturhinweisen, insbesondere auch zu Einzelschicksalen und historischer Wirkung von Volkstribunen.

[374] Liv. 2, 32, 2; 2, 58, 1; DH 6, 89, 1.

[375] Vgl. dazu Siber 7; im traditionellen Sinn De Martino I, 336, der aber von revolutionärem Amt spricht. Von ursprünglich 10 Tribunen geht Momigliano, Ricerche sulle magistrature romane III (1931) Bull. Comm. Arch. 157 ff. aus.

[376] Vgl. E. Meyer, Kleine Schriften 351; De Sanctis II, 25; Arangio-Ruiz 36.

tärtribunen nach 450 dar, sie könnten freilich aber auch aus reinem politischem Entgegenkommen – der Bezeichnung nach, nicht der Substanz – so genannt worden sein, so daß ich einen militärischen Ursprung der Tribune ablehnen möchte.[377] Gerade die patrizische Reaktion auf den antigentilizischen Staat oder etruskischen König führte zu einer verstärkten Zusammenarbeit und Organisation der Ausgeschlossenen, die freilich trotz der überlieferten Sezession ihre Position innerhalb des Staates sichern wollten und insbesondere (wieder) in verstärkter Form am politischen Leben des Staates teilhaftig sein wollten. Ob der Kampf in erster Linie ein sozialer auf wirtschaftlichem Hintergrund war, kann ich nicht nachvollziehen. Ich bin vielmehr der Ansicht, daß gerade die unter den Etruskern emporgekommenen Außergentilen das Sprachrohr aller politisch Entrechteten wurden. Erst in diesem Zusammenhang ist wohl auch von kultischer Gemeinsamkeit zu sprechen. Wie moderat der politische Kampf tatsächlich war und wie sehr sich die führenden Plebejer nach Mitarbeit sehnten und nicht nach Umwälzung, beweisen die *leges sacratae* zum Schutz der eigenen politischen Vertreter. Mit der religiösen Sanktion der *sacertas* sollte jeder konfrontiert sein, der sich am Volkstribun verging.[378] Dieser plebejische Selbstschutz, von der Plebs durch Schwur bekräftigt, wurde im Zuge des 1. Ständeausgleichs vermutlich zum Gesetz der *civitas*, damit waren die Volkstribunen offiziell zu staatlichen Amtsträgern aufgestiegen.[379] Damit mußte sich die institutionelle Frage nach der Wahl und der genauen Anzahl derselben stellen, die möglicherweise von den Plebejern bereits zuvor in Eigenregie gelöst worden war.[380] Eine nach Curien zusammengesetzte Versammlung

377 So aber Mommsen StR I, 273; Binder, Plebs 378; G. Niccolini, Tribunato 30; v. Lübtow 91 f.; Bleicken, Volkstribunat 5 ff. unter Bezug auf Varro Lingua V, 81.

378 Festus pp. 422–424 L s. v. *sacer mons*; Altheim, Lex Sacrata, Amsterdam 1940; v. Lübtow 93 ff.; Bleicken, Volkstribunat 6; Mommsen StR II, 281; De Martino I, 340 ff. Man wollte demnach die politische Auseinandersetzung und nicht den Klassenkampf. Nur im Falle einer patrizischen Aggression wäre man tätig geworden.

379 Liv. 3, 55, 6 ff.; Siber 65 ff.; Arangio-Ruiz 48 f. Zur *lex tribunicia prima* bei Festus pp. 422–424, vgl. De Martino I, 344 als eine der *leges Valeriae Horatiae.*

380 So zumindest der Hinweis, daß 471 vom Tribunen Publilius Volero ein Gesetz durchgeboxt worden sei, das die Zahl der Tribunen auf 5 erhöhte und die Wahl den Tributcomitien zuerkannte, so Liv. 3, 56–57. Der Bericht bzw. die Darstellungsweise ist pure Phantasie und entspricht der Auseinanderset-

der Plebejer ist weder überliefert noch sinnvollerweise denkbar, da die Versammlung der Plebejer eben stets nach den Territorialtribus erfolgte[381] und die Curien typischerweise dem patrizisch-gentilizischen System verhaftet waren. Ebensowenig ist an eine plebejische Versammlung nach dem Muster der späteren Tributcomitien zu denken, insbesondere eine Wahlordnung derart, daß nur die grundbesitzenden Plebejer stimmberechtigt gewesen seien, die *tribules*, und dies, um den Einfluß der besitzlosen Klienten der Patrizier auszuschließen.[382] Seit jeher erfolgte die Wahl der Tribunen durch die Volksversammlung der Plebejer, die der Ordnung halber nach *tribus* einberufen und aufgestellt wurden. In dieser Versammlung, den *concilia plebis*, wie sie später allgemein genannt wurden, galt ursprünglich: ein Mann – eine Stimme. Es wurde also keineswegs anfänglich nach *tribus*-Mehrheiten abgestimmt. Die Zahl von 10 Tribunen, die für den weiteren Verlauf der Republik konstant bleiben sollte, ist auch das Produkt des 1. Ständeausgleichs. Diese Tatsache ist einzig von Diodorus Siculus richtig überliefert.[383] Sie trägt der Tatsache Rechnung, daß ein Großteil der Bevölkerung Plebejer war und daß die Koordination der Plebs und die Vertretung ihrer Interessen eine entsprechende Anzahl von ermächtigten und geschützten Amtsträgern erforderte. Der Schutz der Plebejer gegen mögliche Übergriffe durch die Patrizier war tatsächlich die früheste und vornehmste Aufgabe der Tribune gewesen, insbesondere galt nach 450, daß dieses *auxilium* gegenüber den Amtsträgern der Republik und deren *imperium* geltend gemacht werden konnte.[384]

Aus diesem ursprünglich reinen Schutzrecht zugunsten einzelner Bürger entwickelte sich die staatsrechtlich relevante Interzession, die Möglichkeit für die Tribune, jeden anderen staatsrechtlich relevanten Akt auf Dauer lahmzulegen und damit den mit diesem beabsichtigten Zweck zu verhindern. Derart weitreichende Eingriffe schon um 450 anzunehmen, ist völlig absurd. Erst der 2. Ausgleich eröffnete den Weg für weiterreichende tribunizische Kompetenzen, die gewiß als politische Forderungen seit längerem zur Debatte standen. Doch nicht einmal das Jahr 367 dürfte reif für derart weitreichende Kom-

zung Tribune – Optimaten in der ausgehenden Republik. Auch die Terminologie *primum tributis comitiis creati tribuni sunt* ist einfach staatsrechtlich falsch.

381 So aber Mommsen StR III, 151, dagegen De Martino I, 347.

382 So aber De Martino I, 348 f.

383 12, 25, 2; anders Liv. 3, 30, 3–5; DH 10, 20, 2 ff. mit sagenhafter Begründung für das Jahr 457.

384 Liv. 6, 37, 4; Cic. Leg. 3, 9, 22.

petenzen gewesen sein, erst die Etablierung der patrizisch-plebejischen Herrscherschicht in der 2. Hälfte des 4. Jh. hat die institutionelle Fixierung der Interzession gebracht. Sie ist das Resultat des Ständekampfes einerseits und der Regierungspraxis der neuen Oberschicht zum anderen: Keine erfahrenen politischen Kämpfer bewarben sich um das Amt des Tribunen, sondern junge Sprößlinge, die das Amt als Beginn einer zukünftigen politischen Karriere im großen betrachteten. Insofern wird man mit der Interzession sparsam umgegangen sein. Die Interzession selbst konnte gegen alle staatsrechtlichen Akte der Magistrate erfolgen, also auch gegen jede Handlung der Consuln auf Grund ihres *imperium*, gegen *rogationes* an die Comitien, Senatsbeschlüsse, Aushebungen, Wahlen, nicht aber gegen Volksbeschlüsse.[385] Aushebungen und Verteilungen von *ager publicus* zählten zu den am häufigsten beanspruchten Maßnahmen. Einen Aspekt der Interzession betrifft die *potestas*, Akte mit einem Veto zu verhindern, etwa die Ansprache des Magistraten bei der *contio*.[386] Selbstverständlich verfügten die Tribune nie über das *imperium*, ihre *potestas* als Magistrate des römischen Staates wurde als *summa coercendi potestas* bezeichnet.[387] Diese Coercitionsgewalt diente der Durchsetzung der *intercessio*, sie führte zu Festnahmen und Prozessen und kann daher nicht vor Anerkennung der Interzession in Geltung gewesen sein. In diesem Zusammenhang ist auch die Verhängung von Multen zu sehen. Bereits früher wird den Tribunen die Möglichkeit offengestanden haben, Störenfriede aus der Plebs mit Multen zu bestrafen[388], wobei bei Überschreiten bestimmter Wertgrenzen die plebejische Versammlung angerufen werden konnte.[389] Die Tribunen beriefen die *concilia plebis* ein, leiteten sie, stellten Anträge, die zu Wahlen der plebejischen Magistrate oder zu Plebisziten führten. Gerade die Gleichstellung der Plebiszite mit den Gesetzen (spätestens durch die *lex Hortensia*) führte dabei zu einer enormen staatsrechtlichen und auch politischen Aufwertung der Tribune. Diese wurden dadurch sowie durch ihr Interzessionsrecht zu Kontrollorganen im Namen des Senats, zu dessen

385 *Intercessio* gegenüber dem Kandidaten Liv. 25, 2, 6; nach Beginn der Abstimmung Liv. 27, 6, 3.

386 Mommsen StR I, 268 ff. sah im Veto ein eigenes Recht.

387 Gell. 13, 12, 9.

388 Vgl. Siber 28 ff.

389 Überlieferte Kapitalprozesse aus der 1. Hälfte des 5. Jh. gegen Patrizier entbehren jeder realistischen Grundlage und waren höchstens politische Wunschverfahren vor der plebejischen Versammlung ohne den Beschuldigten. Vgl. Liv. 2, 52, 3 ff.; 2, 54, 2; 3, 13.

Sitzungen sie offenbar bereits nach dem 2. Ständeausgleich regelmäßig hinzugezogen wurden[390], wo ihnen somit wohl auch ein *ius sententiae dicendae* zukam.[391] Das Recht, den Senat einzuberufen, wird erstmalig für das gewiß problematische Jahr 216 überliefert.[392] Gewesene Magistrate konnten von den Tribunen verfolgt werden, dabei kam es, falls das Vergehen die Todesstrafe nach sich gezogen hätte, zu einem Comitialprozeß.[393]

So eindrucksvoll die Machtbefugnisse der Tribune erscheinen, so waren sie doch durch ihre eigene vermeintliche Stärke, die relativ große Zahl, extrem gehandicapt, ein einziger Tribun konnte die Interzession oder das Veto oder jeden anderen tribunizischen Akt zunichte machen.

§ 18. Die untersten Magistrate (*vigintisexvirat* und *praefectus urbi*)[394]

Diese sehr unterschiedliche Funktionen ausübenden Magistrate wurden in den Tributcomitien gewählt.[395] Die *tresviri capitales* sind erstmalig für das Jahr 290 erwähnt[396]: Sie waren ursprünglich lediglich Gehilfen der Prätoren; auf Grund einer *lex Papiria* unbestimmten Datums, wahrscheinlich aber nach 242, wurden sie zu vom Volke gewählten Magistraten.[397] Ihnen oblag die Verwahrung der eines Kapitalverbrechens Beschuldigten sowie die Vollstreckung der Todesstrafe[398],

[390] Liv. 8, 23, 12, wo im Jahre 326 ein erster Auftritt im Senat aufscheint, Gell. 14, 7, 4.

[391] Vgl. Bleicken, Volkstribunat 23 Fn. 3 erst ab *ius senatus habendi* auch *ius sententiae dicendae*. Vgl. aber dagegen G. Niccolini, Tribunato 66.

[392] Liv. 22, 61, 5; Mommsen StR II, 317 Fn. 1

[393] Liv. 10, 37, 10–12; Mommsen StR II, 320 ff. mit Überblick über verschiedene Prozesse.

[394] Zur Bezeichnung Festus 262 L s. v. *praefecturae*.
Literatur: Mommsen StR III; Kunkel 532 ff.; F. Cancelli, A proposito di tresviri capitales, in: Studi De Francisci (1956) 15 ff.; G. Franciosi, Sui decemviri stlitibus iudicandis, in: Labeo 9 (1963) 163 ff.; D. Hamilton, The tresviri monetales and the Republican Cursus honorum, in: TAPhA 100 (1969) 181 ff.; De Martino II, 257 ff.

[395] Zumindest die *tresviri capitales* unter Vorsitz des Prätors *urbanus*, vgl. Festus 468 L s. v. *sacramentum*.

[396] Liv. per. 11.

[397] Kunkel 533 Fn. 4.

[398] Cic. Leg. 3, 6; Liv. 32, 26, 17; Val. Max. 8, 4, 2; Pomp. D. 1, 2, 2, 30; Mommsen StR II, 595; ders. Strafrecht 930 Fn. 6; De Martino II, 259.

die sie selbstverständlich nicht selbst vollzogen.[399] Auch kamen ihnen allgemeine Funktionen einer Sicherheitspolizei zu.[400] Sklaven und Freie aus den unteren Schichten der Bevölkerung unterstanden offenbar unmittelbar ihrer Jurisdiktion in Strafsachen, d. h., es stand ihnen eine eigenständige Rechtsprechung bis zur definitiven Entscheidung[401] vor einem *consilium iudicum* zu. Das Richterkollegium der *decemviri stlitibus iudicandis* wurde ebenfalls in den Tributcomitien gewählt. Zumindest zu Ciceros Zeit bildeten sie den Gerichtshof in Freiheitsprozessen, die vermittels *legis actio* abgewickelt wurden.[402] Die vier *praefecti Capuam Cumas* wurden nicht als einfache Hilfskräfte des Prätors betrachtet, sondern auch ihnen kam durch die Volkswahl magistratischer Status zu. Erwähnung finden sie erstmalig für das Jahr 318.[403] Als wirkliche Jurisdiktionsmagistratur wurde sie wohl im 2. Punischen Krieg nach Abfall und Wiedergewinn des reichen Kampanien eingerichtet[404], die Vierzahl wurde vermutlich erst bei einer definitiven Neuorganisation dieses Gebietes in den 70er und 60er Jahren des 2. Jh. erreicht.[405]

Die *tresviri aere argento auro flando feriundo* waren im wesentlichen für das Münzwesen zuständig[406], sie hatten ihren Sitz im Tempel der Juno Moneta auf dem Kapitol. Kunkel hat wohl zu Recht erkannt, daß die Gründung dieser Magistratur mit den währungspolitischen Problemen während des 2. Punischen Krieges in Zusammenhang gebracht werden muß.[407] Die Kreation der Silbermünze Denar und die

[399] Zu Recht Kunkel 533 Fn. 5.

[400] Plaut. Amph. 153 ff., Liv. 25, 1, 10.

[401] Cic. Cluent. 38 f.; Caec. 50; Val. Max. 8, 4, 2 f.; Mommsen StR II, 596; W. Kunkel, Untersuchungen zur Entwicklung des römischen Kriminalverfahrens in vorsullanischer Zeit, München 1962, 71 ff., dagegen Nippel, Aufruhr und Polizei in der Römischen Republik, 46.

[402] Cic. Caec. 97; Dom. 78. Zur Frage der Identität zu den bei Livius im Zusammenhang mit der *lex Valeria Horatia* 449 erwähnten *iudices decemviri* Kunkel 537 ff. (bejahend), dagegen M. Wlassak, Die Römischen Prozeßgesetze I, Wien 1888, 139 ff.; E. Ferenczy, Vom Ursprung der *decemviri stlitibus iudicandis*, in: SZ 89 (1972) 338 ff.

[403] Liv. 9, 20, 5; Kunkel 540 ff.

[404] Liv. 26, 16, 10.

[405] Kunkel 544, vgl. Mommsen StR II, 609.

[406] Kunkel 547 ff.; Cic. Leg. 3, 6; vgl. K. Pink, The Triumviri Monetales and the Structure of Coinage of the Roman Republic, New York 1952. Die *tresviri* brachten ab dem 2. Jh. bisweilen ihre Namen auf den von ihnen geprägten Münzen an. Mommsen StR II, 601 ff., vgl. Pomp. D. 1, 2, 2, 30.

[407] Kunkel 548.

Degradierung der Bronze zur Scheidemünze fallen in jene Jahre. Die Münzprägungen erfolgten wohl *ex senatus consulto*.[408]

Der Überlieferung nach hinterließen die Könige, falls sie die Stadt verließen, einen *praefectus urbi*, um die Regierung in der Stadt zu gewährleisten, ähnliches dürfte in den ersten anderthalb Jahrhunderten der Republik erfolgt sein für den Fall, daß sämtliche *magistratus cum imperio* die Stadt verließen.[409] Als mit dem endgültigen Ständeausgleich 367 typischerweise ein Amtsträger *cum imperio* in Rom zurückblieb, in erster Linie zur Ausübung der Jurisdiktion, nämlich der Prätor, gab es für den Präfekten keine sinnvolle verfassungsmäßige Rolle mehr. Nun gab es nur mehr einen Anlaß, um einen derartigen Präfekten zu ernennen, und zwar den Zeitpunkt, zu dem sämtliche Imperiumsträger die Stadt verließen, was anläßlich der *feriae Latinae* stattfand[410], eines Festes, das die Teilnahme sämtlicher *magistratus cum imperio* am Mons Latinus (Monte Cavo) notwendig machte. Der *praefectus urbi* wurde vom König und später vom Obermagistraten ernannt. Die Regentschaft dauerte in republikanischer Zeit anläßlich der *feriae Latinae* maximal 4 Tage. Grundsätzlich war der Präfekt Vertreter des Oberbeamten, konnte also auch die Jurisdiktion ausüben.[411]

§ 19. Der Pontifex[412]

Die Rolle der Priesterschaft im staatlichen Leben und mithin im Staatsrecht ergibt sich vielfach aus der Zersplitterung der königlichen

[408] Zur Rolle der *tresviri* auch als reines Kontrollorgan hinsichtlich des Qualitätsstandards der Münzen vgl. Kunkel 549 ff., der davon ausgeht, daß oft privates Metall von Bankiers, Pächtern staatlicher Minen zu Münze geschlagen wurde. Dem Staat sei es nur um das Prägemonopol gegangen, nicht um Kontrolle der Geldmenge. Vgl. Plin. Nat. 33, 46.

[409] Vgl. Tac. Ann. 6, 11, 1; DH 2, 12, 1; Liv. 1, 59, 12, für die frühe Republik 3, 3, 6; 3, 8, 7; 3, 24, 2; 3, 29, 4; Mommsen StR I, 669, Kunkel 274 ff., besonders Valditara 233 f. mit reicher Behandlung der Quellen auf Seite 235.

[410] K. Latte, Römische Religionsgeschichte, München 1960, 144 ff.

[411] Pomp. D. 1, 2, 2, 33; Tac. Ann. 6, 11, 1.

[412] Literatur: Mommsen StR II, 18 ff.; K. Latte, Römische Religionsgeschichte 195 ff.; J. B. Carter, in: Mem. American Academy, Rome 1, 1917 ff.; De Martino I, 134 ff.; J. Vernacchia, Il pontefice nell'ambito della repubblica romana, in: Studi Betti IV (1962) 436 ff.; J. Bleicken, Oberpontifex und Pontifikalkollegia, in: Hermes (1957) 345 ff.; A. Calonge, El pontifex maximus y el problema de la distinctión entre magistraturas y sacerdocios, in: AHDE (1968) 5 ff.; G. J. Szemler, The priests of the Roman Republic, in: Collection

Kompetenzen nach dem Untergang des Königtums. Gewiß war der König auch charismatischer Mittler zwischen dem Volk und den Gottheiten. Bezeichnenderweise gingen jene Funktionen in Rom auf den *rex sacrorum* über.[413] Eine hervorragende Rolle unter Roms Priestern nahmen die *pontifices*, insbesondere deren Oberhaupt, der *pontifex maximus*, ein. Die Ursprünge dieses Priesteramtes liegen im Dunkeln. Mir scheint seine Bedeutung bereits auf die langen Zeiten der Wanderungen zurückzugehen und zumindest auf Grund einer vielfach auch heute anerkannten Etymologie[414] hohe Fertigkeiten in der Technik vorauszusetzen. Die ursprüngliche Zahl ist ebensowenig mit Bestimmtheit zu nennen. Mit großer Wahrscheinlichkeit setzte die *lex Ogulnia*, welche erst den Plebejern den Zugang zum Pontifikat ermöglichte, die Zahl 9 fest. Fest steht für die quellenmäßig erfaßbare Zeit die Ergänzung durch Kooptation.

Der *pontifex maximus* wurde im Verlaufe des 3. Jh. aus dem Kreise der übrigen *pontifices* von den Tributcomitien gewählt *(comitia pontificis maximi)*.

Mit Erreichung der 35 *tribus* im Jahre 241 ist wohl die Zahl 17 für die an diesen Comitien teilnehmenden *tribus* festgesetzt worden. Eine erneute Änderung brachte ein Plebiszit des Jahres 102, eingebracht durch den Tribunen Cn. Domitius Ahenobarbus. Nach einer Vorauswahl durch das Kollegium hatten die 17 *tribus* über jeden *pontifex* abzustimmen. Nach einer etwa 20 Jahre dauernden Rückkehr zur

Latomus 127, 1972; J. G. Wolf, Zur Amtsautorität der Pontifices, in: Das Profil d. Juristen in der europ. Tradition, Ebelsbach 1980, 3 ff., F. D'Ippolito, Giuristi e sapienti in Roma Arcaica, Bari 1986. Zur Entstehung: Cic. Rep. 2, 14, 26; DH 2, 73 legendär auf Numa zurückgeführt. Zur *lex Ogulnia* vgl. Liv. 10, 6, 6 und 10, 9, 3 sowie F. d'Ippolito, Das *ius Flavianum* und die *lex Ogulnia*, in: SZ 102 (1985) 91 ff.; K. J. Holkeskamp, Das plebiscitum Ogulnium de sacerdotibus, Überlegungen zur Authentizität und Interpretation der livianischen Überlieferung, in: Rheinisches Museum 131 (1988) 51 ff.

413 Viel bedeutender waren aber staatsrechtlich andere Priesterämter, so daß davon auszugehen ist, daß diese bereits in frühen Zeiten neben dem König über erheblichen Einfluß verfügten. A. Momigliano, Il rex sacrorum e l'origine della repubblica, in: Studi Volterra I, Milano 1971, 357 ff.

414 Varro, Lingua 5, 83; Mommsen Römische Geschichte I, 170; Wissowa, Religion und Kultus der Römer, ^{2}1912, unveränderter Nachdr. München 1971, 503 Fn. 2; P. De Francisci, Primordia 442 f.; Täubler, in: SB Heidelberg 1931/32, 2. Abh. 67 ff.; Walde-Hofmann s. v. *pontifex*, wo auch „Pfadfinder" zugelassen wird. Interessant die Ausführungen von De Martino I, 137 f. zur Rolle als Vertreter des Patriziats zur Wahrung von dessen Interessen gegenüber dem König. Wichtige sakrale Funktionen des letzteren seien auf den

totalen Kooptation unter Sulla trat im Jahre 62 die vorsullanische Regelung erneut in Kraft.

Die Aufnahme in das Kollegium geschah auf Lebenszeit. Die Kompetenz der *pontifices* betraf im wesentlichen die grundsätzliche Überwachung des Kultes, des Fest- und Gerichtskalenders. In diesen Belangen oblag ihnen ausschließlich die Beratung anderer staatlicher Organe (Magistrate und Senat) sowie der einzelnen Bürger. Als Leiter des Staatsarchives im Tempel der Juno Moneta blieben die *pontifices* lange Zeit Hüter der dort aufbewahrten Sätze der Rechtsordnung, die nur sie authentisch wiederzugeben und zu interpretieren vermochten.[415] Dabei kam ihnen nicht nur eine gewichtige Rolle als Wahrer und Entwickler des Sakralrechtes zu, sondern ihr Einfluß war auch für die Entwicklung des Zivilrechtes von großer Bedeutung. Pomponius berichtet, daß alljährlich bestimmt wurde, welcher der *pontifices* in zivilrechtlichen Belangen Auskunft erteilen sollte. Insbesondere hinsichtlich der korrekten Abwicklung der Prozesse war die Auskunft bezüglich der Spruchformeln entscheidend.[416] Sowohl der Herkunft nach wie auch um seiner umfassenden Kompetenz willen ist es besonders schwierig, den modernen, auf die Religion im engeren Sinne bezogenen Begriff Priester auf die *pontifices* zu beziehen.[417] Als Kenner des Rechts waren sie Juristen, und als Juristen erteilten sie Rechtsauskünfte, seit Tiberius Coruncanius[418] (ab 254) sogar in aller Öffentlichkeit, so daß es nicht richtig ist, von einer Laisierung der Rechtswissenschaft zu sprechen. Die Öffnung der Archive unter Appius Claudius und das öffentliche *responsum* bewirkten freilich, daß der Kreis der juristisch Gebildeten sich zusehends vergrößerte. Doch noch der größte Jurist des beginnenden 1. Jh. v. Chr. war *pontifex* gewesen (Q. Mucius Scaevola), und erst in der folgenden Generation vollzog sich endgültig die Trennung zwischen Pontifikat und Rechtsgelehrsamkeit. Bemerkenswert ist zudem, daß der *pontifex maximus* durch *captio*[419] die Auswahl von Vestalinnen, *flamines* und des *rex*

pontifex übergegangen, der schließlich auch in der *regia* residierte. Die Kollegien als Beweis für „gentilizische" Priesterschaften geradezu als Gegenüberstellung zum König sind wohl unhaltbar (De Martino I, 143).

415 Schulz, Geschichte der römischen Rechtswissenschaft, Weimar 1961, 10 f.; grundlegend nun Wieacker § 15; Wenger 475 ff.

416 Dazu Pomponius D. 1, 2, 2, 6.

417 Schulz, Geschichte 8.

418 Zu Tiberius Coruncanius, F. D'Ippolito, I giuristi e la città, Napoli 1978, 27 ff.; R. A. Bauman, Lawyers in Roman Republican Politics, München 1983, 71 ff.

419 Gell. 12, 13–16.

sacrorum vornahm. Gerade beim *flamen dialis*, dem höchsten Jupiterpriester, hätte dies zu einer beträchtlichen Machtfülle führen können, war doch dieser Priester durch vielfache Tabus an der Ausübung eines jeden anderen Amtes gehindert. Von einer Entmachtung anderer Priesterämter, insbesondere des *rex sacrorum* zugunsten des *pontifex maximus*, kann keine Rede sein[420]: Während in der Tat dem eigentlichen König priesterliche Kompetenzen zukamen, war der Opferkönig von jeher eine künstliche Figur gewesen. Von der aktiven Mitgestaltung des Staates durch die *pontifices* zeugte auch der Vorsitz des *pontifex maximus* in den besonderen Curiatcomitien *(comitia calata)*, in welchen Adrogationen (auch auf den Todesfall = *testamentum calatis comitiis)* durchgeführt wurden.[421]

Das Kollegium der Auguren hatte die Kunst der Zeichendeutung zu bewahren. Vogelzeichen, Tierzeichen, Himmelszeichen, Hühnerfraß und außergewöhnliche Vorzeichen *(signal ex diris)*[422] spielten auch im staatlichen Leben eine hervorragende Rolle als *auspicia*, deren offizielle Einholung ausschließlich den Magistraten zukam.[423] Diese hatten sowohl bei ihrem Amtsantritt wie vor Staatsakten aller Art (insbesondere Wahlen und Abstimmungen) stets die *auspicia* einzuholen. Dem *pontifex maximus* kam diese Aufgabe dagegen wohl ausschließlich im Rahmen seiner Kompetenz bei der Abhaltung der *comitia calata* zu. Stets wurden aber der Beratung halber die Auguren beigezogen, die selbstverständlich auch von sich aus Merkwürdigkeiten melden konnten *(obnuntiare)*.[424] Die offizielle Erklärung, *spectio*, kam freilich nur den Magistraten zu. Jeder Augur konnte aufgrund persönlicher Betrachtung an der Volksversammlung teilnehmen.

Wurde gegen die Vorzeichen vorgegangen, so konnte das Kollegium der Auguren dagegen einschreiten. Die Auguren hatten die Vorgehensweise als fehlerhaft zu brandmarken. Den Auguren kam außerdem die Aufgabe der *inauguratio* anderer Priester, möglicherweise aller anderen Priester[425], zu. Diese Weihehandlung unter Hinterfra-

[420] So aber K. Latte 194f.; die bei Festus 199 L erwähnte Rangordnung *rex sacrorum–flamines–pontifex* ist nicht substantieller Natur.

[421] Gell. 5, 19; Tac. Hist. 1, 15; Cic. Dom. 13, 34; Gaius 2, 101; Mommsen StR II, 37ff. zu stark als förmliches Gesetz.

[422] Festus 316, 317.

[423] Gell. 3, 2, 10; Cic. Off. 3, 16, 66; Mommsen StR I, 76ff.; P. Catalano, Contributi allo studio del Diritto Augurale, Torino 1960, 196ff.

[424] Cic. Phil. 2, 32, 81; Liv. 1, 36, 6.

[425] Cic. Leg. 2, 8, 20; Catalano 211ff. bes. 221, 235.

gung der Vorzeichen war Voraussetzung für die Bekleidung des Priesteramtes und erfolgte vor den Curiatcomitien. Ebenso mußten heilige Stätten inauguriert werden.[426]

§ 20. Die Volksversammlung[427]

Die Grundlage der Volksversammlung ist eine nach bestimmten Kriterien vorgenommene Einteilung der Bürgerschaft. Als Grundeinteilung muß diejenige in territoriale Einheiten angesehen werden, die von den Römern als *tribus* bezeichnet wurden. Die Einteilung wird von der Überlieferung auf Servius Tullius zurückgeführt[428], der zumindest das gesamte Stadtgebiet in vier Bezirke aufgeteilt haben soll: Capitolina, Collatina, Esquilina, Palatina. In der Folge fand auch eine Unterteilung des *ager romanus* statt, und zwar in der ursprünglichen Form nach dem Wohnsitz der bedeutendsten *gentes*: In der Tat sind weitere 16 unmittelbar an die Stadt angrenzende Territorien nach *gentes* benannt. Das hohe Alter ergibt sich allein dadurch, daß sich unter den Namen *gentes* befinden, die bereits in frührepublikanischer Zeit keine Rolle mehr spielen – Camilia, Galeria, Lemonia, Menenia, Pollia, Pupinia, Romilia, Voltinia, Voturia – andere wie Cornelia, Fabia, Horatia, Aemilia, Sergia, Claudia, Papiria gingen auf Geschlechter zurück, die während der gesamten Republik eine bedeutsame Rolle spielten. Zu ihnen gesellte sich die Crustumina der Überlieferung nach bereits im Jahre 470. Sie geht auf die Siedlung Crustumerium zurück und zeigt die beginnende territoriale Expansion Roms an. Die weiteren *tribus* entstanden später und spiegeln getreu die Expansion des römischen Staatswesens wider, zuerst Etrurien[429], dann Latium[430] und schließlich Campanien[431], ein letztes Mal wurden im Jahre 241 zwei *tribus* geschaffen, um Neubürger im Sabinerland (Quirina) und

[426] Gell. 14, 7, 7; Catalano 247 ff.

[427] Literatur: Mommsen StR I, 300 ff.; G. W. Botsfort, The Roman Assemblies, New York 1909; L. Ross Taylor, The Roman Voting Assemblies, Ann Arbor 1967; E. S. Stavely, Greek and Roman Voting and Elections, London 1972; E. Ferency, L'immigrazione della *gens Claudia* e l'origine delle tribù territoriali, in: Labeo 22 (1976) 362 ff.

[428] Liv. 1, 43, 13; vgl. DH 4, 15 und Varro Lingua 5, 56; Mommsen StR III, 161 ff.

[429] Stellatina, Tromentina, Arnensis, Sabatina.

[430] Pomptina, Poblilia, Maecia, Scaptia.

[431] Oufentina, Falerna, Terentina.

Picenerland (Velina) aufzunehmen, damit war die endgültige Zahl 35 erreicht. Auch in der Folgezeit wurden alle Neubürger in einer dieser *tribus* eingeschrieben. Klar sind die Funktionen dieser Bezirke, weniger klar die Zugehörigkeit zu ihnen. Die Funktion ist die Schätzung des Vermögens der einzelnen Bürger, die Aushebung und die Erfassung des *tributum*.

Nach welchen Kriterien erfolgte die Zugehörigkeit? Th. Mommsen[432] war davon ausgegangen, daß nur der Grund und Boden der *tribus* ursprünglich zugeordnet war, nicht der einzelne Bürger. Dessen Zugehörigkeit hätte sich ausschließlich infolge des quiritischen Eigentums an einem in einer bestimmten *tribus* lokalisierten Grundstück ergeben: Es ist dies die berühmte Gegenüberstellung zwischen Boden*tribus* und persönlicher *tribus*. Die Erweiterung der *tribus* über die vier städtischen hinaus erscheint mir freilich weniger als die allgemeine Ausdehnung des quiritischen Privateigentums, denn vielmehr als Versuch in nachservianischer Zeit, die Macht der *gentes* erneut zu zementieren. Die Verbindung zwischen quiritischem Eigentum, Boden*tribus* und Personal*tribus* führte Mommsen zur wohl irrigen Annahme vom Ausschluß der Nichtgrundeigentümer *(aerarii)* aus den *tribus*. Erst die Reformen des berühmten Appius Claudius hätten dies verändert: Für die städtischen *tribus* sei das Requisit des quiritischen Bodeneigentums aufgehoben worden.[433] Dagegen sprechen aber Überlegungen allgemeiner Art sowie sehr eindeutige Quellenaussagen. 1. Es ist verfehlt, von einer grundsätzlichen Eigentümergemeinde auszugehen. Vielmehr erfolgte erst ein allmähliches Herauslösen der Klientel zu einem zumindest *de iure* unabhängigen Stand von bäuerlichen Eigentümern. 2. Die Existenz eines eigenen Handwerkerstandes ist nicht auszuschließen.

Unter den Quellenzeugnissen möchte ich insbesondere auf die Überlieferung der Reformen des Appius Claudius verweisen, die nicht den geringsten Anlaß zu einer derartigen Vermutung geben.[434] Dort heißt es insbesondere, daß Appius Claudius plante, die *humiles*, die einfachen Leute, auf alle *tribus* aufzuteilen. Im Gegenteil, die Quellen beweisen gerade, daß schon zuvor auch *humiles* in die *tribus* aufgenommen wurden, und sie beweisen darüber hinaus die große

[432] Mommsen StR III, 23 ff.; 181. L. Ross Taylor, The voting district 6 ff., L. Capogrossi-Colognesi, La città e la sua terra, in: Storia di Roma, 275 ff.

[433] Mommsen StR III, 248 f.

[434] Liv. 9, 46; vgl. dazu insbesondere C. Masi Doria, Civitas operae obsequium, Napoli 1993, 15 ff. und passim.

gewohnheitsrechtliche, aber wohl beschränkte Macht der Censoren bei der Erstellung der *tribus*-Listen. Appius Claudius hatte offenbar mit einer Praxis gebrochen, wenn auch die Einzelheiten der Reform unklar bleiben. Auf jeden Fall kann nach der enormen Erweiterung des *ager romanus* ein längst von den *gentes* unabhängiger Bauernstand *iure Quiritium* angenommen werden. Andererseits mußte sich Rom – wir sind am Vorabend des entscheidenden Krieges um Süditalien gegen Pyrrhus – als bedeutende Stadt etabliert haben, mit einer bodenlosen, städtischen *plebs* der unterschiedlichsten sozialen Schichtung. Im übrigen waren Sklaverei und Freilassungen als sozial relevante Phänomene festzustellen. Was freilich der Bericht über die Reformen des Appius so deutlich zu machen vermag, ist die Tatsache, daß über censorische Manipulationen die Zusammensetzung der *tribus* beeinflußt werden konnte: Leider sind uns keine genauen Angaben über die Verteilungen bekannt, prinzipiell hatte sich der brillante Claudier wohl in Rom eine außerordentlich starke Gefolgschaft gewonnen, die er freilich, da es sich offenbar um stadtrömische Elemente *(forensis factio)* handelte, für sich politisch zu nutzen vermochte. Ein massives Einschreiben dieser Leute in alle *tribus* hätte aber zu Erfolgen politischer Art führen können, und zwar bei Wahlen. Das heißt, die Reformen betrafen keineswegs die Anerkennung der Zugehörigkeit der Nichtgrundeigentümer, sondern deren Zuweisung zu anderen *tribus*. Doch nicht erst die Censur des Appius Claudius mußte zu gezielten Zuordnungen geführt haben: Das Grundproblem mußte sehr bald aufgetreten sein, als Verkäufe, Erbschaften etc. (zweifellos für quiritisches Grundeigentum seit den XII Tafeln anerkannt) zu einer Trennung von Eigentum und Grund*tribus* führten. Hier erweist sich für die Land*tribus* die teilweise Richtigkeit der Mommsenschen These, und zwar insofern, als prinzipiell der Eigentümer dem Boden folgte. Solange die *gens*-Zusammengehörigkeit stabil gewesen war, wird dieses Problem nicht aufgetaucht sein, doch ab der Mitte des 5. Jh. wird gewiß Eigentum auch außerhalb der *gentes* bereits verschoben worden sein. Besonders problematisch mußte ein Mehrfacheigentum in mehreren *tribus* werden. Vielleicht kann man so Diodors (20, 36, 4) Hinweis verstehen, daß in derartigen Fällen der Eigentümer frei wählen konnte. Für die entwickelte Republik, also das 3./2. Jh., sind wir in der Lage, gezielte Einflußnahmen nachzuweisen. So läßt sich anhand der Senatoren zeigen, daß offenbar verschiedene Zweige ein und derselben Familie (oder, wenn man will, der *gentes* der patrizisch-plebejischen Nobilität) in verschiedene *tribus* aufgenommen waren. Insbesondere findet man die Senatoren in den neuen, also nicht gentilizischen Land*tribus*. Hier kann nur von einer gezielten weitsichtigen Planung die Rede sein. Wenn von gezielten, geplanten Maßnahmen die Rede ist, so stellt sich die Frage nach dem Sinn und Zweck. Dieser kann nur darin gesehen werden, daß die *tribus* auf verschiedene Weise als Wahlkörper fungierten oder auf diese Einfluß nahmen. Es kann kein Zweifel darüber bestehen, daß es sowohl eine rein plebejische *(concilium plebis)* wie auch eine gemischt patrizisch-plebejische Volksversammlung *(comitia tributa)* gegeben hat. Gerade erstere sollte für den Gesamtstaat von allergrößter Bedeutung werden, erhielt sie doch spätestens im Jahre 287 das Recht, bindende Normen für den Gesamtstaat zu erlassen. Die Abstimmungsweise der *concilia plebis*, die nicht unter dem nicht unwesentlichen Auspizienzwang standen, erfolgte nach *tribus*, wie aus einer Mitteilung des Livius für das Jahr 196 hervorgeht.[435] Unklar ist freilich, ab wann die *plebs tributim* abstimmte. Der Bericht des Livius bezüglich der Wahl des Publilius Volero zum Volkstribunen mag bei aller Ausschmückung insofern zutreffen, als die Wahl eines vom Gesamtstaat anerkannten Amtsträgers eine „geordnete" Wahl voraussetzte: Auch der Name Tribunus ist ein Hinweis dafür.[436] Der Bericht des Livius spiegelt immerhin die Angst der Gegner dieses Amtes wider, daß die Wahl nicht mehr zu beeinflussen sei. Freilich, ein definitiv nach *tribus* geordneter Abstimmungsmodus im *concilium plebis* muß erst für 287 angenommen werden. Ursprünglich war die Versammlung ja tatsächlich nur eine politische. Daraus wiederum leitet sich aber der Wunsch nach der Einflußnahme ab, der am deutlichsten bei Appius Claudius auftaucht. Es galt, die Zusammensetzung der *tribus* so zu verändern, daß Appius direkten Einfluß nehmen konnte. Während Appius Claudius' Versuch zum Scheitern verurteilt war, bot die ständig fortschreitende soziale Entwicklung, insbesondere die enorme Steigerung der Sklaverei und der damit verbundenen Freilassung, stets Anlaß für ehrgeizige Politiker, über die Zusammensetzung der *tribus* das immer bedeutender werdende *concilium plebis* zu beeinflussen; andererseits gab es starke Tendenzen, dies zu verhindern und insbesondere jene Abhängigkeitsverhältnisse persönlicher Natur, wie sie einfach einmal Freigelassenen und Patron verbanden, nicht als politisches Machtmittel aussehen zu lassen. Nur dies und nicht etwa die ökonomische Situation erklärt die konsequente Politik gegenüber den Freigelassenen. In ihrem Falle wurde völlig bewußt auf das Grundprinzip des Eigentums an Land

[435] Liv. 33, 25, 7.
[436] Liv. 2, 56, 1.

in irgendeiner der *tribus* verzichtet, eine Restriktion, wie sie tatsächlich gegenüber jedem anderen *humilis* undenkbar gewesen wäre, dessen Zustand sich sofort durch Bodenerwerb verändern konnte. Möglicherweise wurde im Verlaufe des 2. Punischen Krieges diese restriktive Politik etwas gelockert und denjenigen *liberti*, die zumindest einen fünfjährigen Sohn und Grund im Wert von 30 000 As ihr eigen nannten, die Möglichkeit gegeben, in einer ländlichen *tribus* eingeschrieben zu werden. Dennoch wurde auch diese durchaus moderate Maßnahme nicht ohne weiteres hingenommen; einer der Censoren des Jahres 169, Tib. Sempronius Gracchus, versuchte die Freigelassenen aus sämtlichen *tribus* zu entfernen. Dies hätte, da die gesamte Bürgerschaft eben in einer der *tribus* registriert sein mußte, den Verlust des Bürgerrechts, des *status civitatis*, bedeutet. Offenbar nur durch den Widerspruch des patrizischen Censors C. Claudius Pulcher konnte dies verhindert werden. Die politische Kraft der Freigelassenen wurde allerdings dadurch weiterhin gemindert, daß sie ausschließlich auf eine einzige städtische *tribus*, die durch das Los bestimmte Esquilina, beschränkt wurden. Auch ein in den Auseinandersetzungen zwischen Marius und Sulla ergangenes, im Jahre 88 vom Tribunen P. Sulpicius Rufus rogiertes Plebiszit, das erneut eine allgemeine Verteilung der Freigelassenen vorsah, erfreute sich nur kurzer Geltung, so daß noch Cicero[437] den Censor Gracchus in höchsten Tönen loben konnte: *quod nisi fecisset, rem publicam, quam nunc vix tenemus, iam diu nullam haberemus.*

Also ist bis zum Ausgang der Republik davon auszugehen:

1. daß Eigentum an Grund und Boden als erste Voraussetzung für die Einschreibung in eine *tribus* zu gelten hatte;
2. daß aber unabhängig vom Eigentum der Wohnsitz zählte;
3. daß *filii familias* der *tribus* des Vaters zugehörten;
4. daß Freigelassene zumeist in städtischen *tribus* konzentriert waren, dies wohl weniger aus einem Gefühl der Minderwertigkeit als vielmehr aus Angst, daß diese über das enge Patronatsverhältnis in politische Abhängigkeit gedrückt werden könnten, daß es sich also um allzu leicht manipulierbare Stimmen gehandelt hätte. Diese Tatsache wird dadurch unterstrichen, daß die Söhne von Freigelassenen, die ja nicht mehr *iure patronatus* lebten, dieser Beschränkung nicht unterlagen;
5. daß die Censoren *ex officio* bzw. auf Antrag hin die Listen auf dem laufenden zu halten hatten.

[437] Cic. Orat. 1, 38

Allemal bedeutete die Einschreibung aller Ansässigen innerhalb der Stadt Rom in die vier städtischen *tribus,* daß die Masse der urbanen Plebs, die vermutlich die ländliche bei weitem an Anzahl überstieg, permanent in der Minderheit war.

§ 21. Die Comitia Tributa

Es handelt sich um die Versammlungen der gesamten Bürgerschaft, eingeteilt in *tribus.* Sie unterscheiden sich vom *concilium plebis* ausschließlich darin, daß an ihnen auch die Patrizier teilnahmen. Die Behauptung De Martinos[438], daß im Gegensatz zu den von den Großgrundbesitzern dominierten Centuriatcomitien in den Tributcomitien die kleinen Eigentümer politisch überwogen hätten, ist angesichts der dargelegten Selektion nicht haltbar, im Gegenteil, die Massen der „Kleinen" saßen in den neuen und neuesten Land*tribus,* während die Nobilität insbesondere die kleinen, zum Teil nach ihnen benannten alten Land*tribus* dominierte. Die Tributcomitien sind eine politisch sinnlose Versammlung, eine Versammlung, die freilich verwaltungsmäßig relativ leicht durchzuführen war, vor allem innerhalb des *Pomerium* und des einfachen Abstimmungsmodus (max. 35 Einheiten) wegen. Aus diesem Grunde könnten sie vor 287 in der legislatorischen Tätigkeit eine Rolle gespielt haben.[439] Konkrete Quellenangaben gibt es entgegen zahlreicher Gegenmeinungen nicht, ebensowenig im übrigen wie für die Zeit danach! Eher dienten sie als Gerichtsbarkeit bei Überschreiten der ädilizischen Höchstmulten.[440] Ihre Entstehungszeit ist ungewiß, Mommsen hat das valerisch-horatische Gesetz, *ut quod tributim plebs iussisset populum teneret,* als Beginn dieser Volksversammlung genommen, insbesondere im Hinblick auf die vermeintlich 447 eingeführte Volkswahl der Quästoren.[441] Beide Hinweise der Quellen sind problematisch, viel eher dürfte hier wie in vielen anderen

[438] De Martino I, 290, anders Càssola-Labruna (u. Fn. 439) als Sprachrohr der mittleren Grundeigentümer; Wieacker 401 ff.; R. Develin, The comitia tributa, in: Athenaeum 55 (1977) 425 ff.

[439] Vgl. Càssola-Labruna, Linee di una storia delle istituzioni repubblicane, Napoli ^{3}1991, 206 ff. bes. 210 für eine intensive legislatorische Tätigkeit, erstmalig sei die Versammlung beim Beschluß der *lex de vicesima manumissionum* tätig geworden, also im Jahre 357, dagegen aber A. Biscardi, Auctoritas patrum, Napoli 1987, 110.

[440] Gell. 4, 14, 1 f.; Val. Max. 8, 1, 7; Liv. 10, 31, 9; Cic. Pro Mil. 14, 40.

[441] Vgl. W. Soltau, Die Gültigkeit der Plebiszite, Berlin 1884, 22–25.

Fällen der Kompromiß des Jahres 367 ausschlaggebend gewesen sein, als die patrizische Magistratur der Ädilen geschaffen wurde, die nachweislich später stets von den Tributcomitien gewählt wurde.[442] Sie gelten noch bei Cicero in ihrer hauptsächlichen Funktion, nämlich der Wahl der *magistratus minores*, als *comitia leviora*.[443] In der Regel leitet ein Prätor diese Versammlung, obwohl prinzipiell jeder curulische Beamte das *ius agendi cum populo* gehabt haben mußte.[444]

§ 22. Die Comitia Centuriata[445]

Nach diesem Überblick wenden wir uns der zumindest staatsrechtlich wichtigsten und vornehmsten Volksversammlung zu, den Centuriatcomitien. Zuerst zum Problem der Entstehung und Zusammensetzung in ihrer historischen Entwicklung.[446] Nach dem Bericht des Livius[447] schuf König Servius Tullius eine neue, auf timokratischen Prinzipien beruhende Einteilung des Volkes, deren Sinnhaftigkeit in Kriegs- und Friedenszeiten außer Streit zu stellen sei. Livius gibt uns im Detail jene Ordnung wieder, die man gemeinhin in Lehr- und Handbüchern vorfinden kann: Sie basiert auf Klassen und Centurien, genauer gesagt auf 1 bis 5 Klassen und 193 Centurien. Livius liefert uns auch Reichtumsgrenzen, die für die Zugehörigkeit zur einen oder anderen Klasse ausschlaggebend waren: 100000 As (120000 nach Plinius Nat. 33, 3, 43), 75000 As

[442] Gell. 13, 15, 4; Liv. 6, 42, 11; vgl. L. Garofalo 134 ff.

[443] Cic. pro Plancio 3, 7.

[444] Rogationen wurden zumindest in der ausgehenden Republik auch von Consuln durchgeführt, J. Bleicken, Lex Publica 103.

[445] P. Fraccaro, La riforma dell'ordinamento centuriato, in: Studi Bonfante, Pavia 1929, I. 105 ff.; ders., La storia dell'antichissimo esercito Romano e l'età dell'ordinamento centuriato, in: Atti del II congresso nazionale di studi romani III, 91 ff.; ders., *Tribules* ed *aerarii*. Una ricerca di diritto pubblico romano, in: Athenaeum N. S. 11 (1933) 150 ff.; ders., Ancora sull'età dell'ordinamento centuriato, Athenaeum N. S. 12 (1934) 57 ff.; E. S. Staveley, The reform of the *comitia centuriata*, in: AJPhil 74 (1953) 10 ff.; ders., Cicero and the *comitia centuriata*, in: Historia 11 (1962) 299 ff.; L. J. Grieve, The reform of the *comitia centuriata*, in: Historia 34 (1985) 278 ff.

[446] Vgl. auch Garofalo 47 ff. Zur Entstehung und Entwicklung Capogrossi 209 ff., über den späteren politischen Charakter 250 und H. M. Last, The Servian reforms, in: JRS 35 (1945) 30 ff.

[447] Liv. 1, 42, 4 – 1, 43, 13.

(125 000 Gellius 6, 13), 50 000 As, 25 000 As, 11 000 As (12 500 Dionysius Hal. 4, 17, 2).

Dazu ist folgendes zu bemerken: Durchaus im Sinne von Titus Livius glaube ich prinzipiell an eine Reform des Staates unter Servius Tullius[448]: „*Servium conditorem omnis in civitate discriminis ordinumque ... posteri fama ferrent*", allerdings ausschließlich im militärischen Sinne. Ich sehe es als erwiesen an (hier gibt es auch die Möglichkeiten einer vergleichenden Militärgeschichte sowie eindeutige archäologische Evidenz), daß in der zweiten Hälfte des 6. Jh. von Etrurien ausgehend eine Reform des Militärwesens erfolgte, im Sinne der Einführung von Hoplitenphalanx und Taktik. Diese Reform wird immer wieder in der Überlieferung „zitiert": *quadrato agmine* etc. Ebenso wahrscheinlich ist diese Reform von Servius Tullius, dem berühmten „*magister*" und somit Kommandanten des Fußvolkes, initiiert worden. Wenn ich auch bei der Bewertung der annalistischen Überlieferung stets äußerste Kritik anempfehlen möchte, so können in diesem Falle doch einige bedeutsame (und weder für Fabius noch für Livius besonders auffallende) Details stützend wirken. Dies ist die Ausrüstung der drei ersten Klassen. Diejenige der ersten Klasse stimmt haargenau mit bildlichen Darstellungen überein: der Helm, der Schild, Beinschienen und Panzer als Schutz und als Angriffswaffe insbesondere die Lanze und erst in zweiter Linie das Schwert. Diejenigen der zweiten Klasse waren ganz gleich ausgerüstet, trugen nur einen größeren Schild und eisernen Panzer, waren also nicht weniger gut überall in der Phalanx einsatzbereit, ebenso wie die Krieger der dritten Klasse, denen nun als Schutz auch die Beinschienen fehlten, die aber gleichermaßen mit Angriffswaffen ausgestattet waren. Der Bruch kam danach, die Bewaffnung war zusehends schlechter und die Kämpfer bestenfalls als Störfaktoren außerhalb der Phalanx einsetzbar. Es ist darauf hingewiesen worden, daß die Zahl der wehrfähigen Centurien, also der *iuniores* dieser drei Klassen genau 60 ausmacht, genau diejenige Zahl, aus der die spätere (oft aber nicht eingehaltene) Sollstärke einer Legion bestand. In späterer Zeit gab es aller Regel nach 20 Centurien *hastati* zu jeweils 60 Mann, 20 Centurien *principes* zu ebenfalls jeweils 60 Mann und 20 Centurien *triarii* zu jeweils 30 Mann. Es ist leicht zu erkennen, daß die Sollstärke der späteren Legion nur mehr 3000 Mann betrug und man aus diesem Grunde von einer Teilung der ursprünglichen Legion ausgehen kann. Das bedeutet, daß die Einheiten neu geschaffen wurden, die Stärke aber nicht erreicht wurde, so

[448] Liv. 1, 42, 4.

daß davon auszugehen ist, daß eben die Legion ihre Basisorganisation einer bereits existierenden Struktur verdankt.[449] Damit wäre die militärische Struktur, wie bei Livius beschrieben, mit ziemlicher Sicherheit gegeben. Ebenso ist es gewiß, daß eine derartige militärische Formation administrative Einheiten zur Feststellung der jeweiligen ökonomischen Situation der Bürger voraussetzt, wobei es absolut unmöglich ist, die Grundwerte nur irgendwie zu bestimmen. In der Nachfolge von Mommsen hat man vielfach 2 *iugera* in der niederen und 20 *iugera* (5 ha) in der obersten Klasse angenommen. Diese Ansätze sind zwar plausibel, aber ohne jeden Hinweis in den Quellen, in der Tat wurden sie von Mommsen auf Grund der Rückberechnung von den bekannten Sätzen bestimmt. Die spätere Bedeutung der servianischen Reform als amilitärische = politische Neuordnung findet eine Unterstützung darin, daß sie spätestens mit dem Erstarken Roms am Beginn des 4. Jh. und der Notwendigkeit, einen Krieg an mehreren Fronten zu führen, obsolet geworden war. Der *populus centuriatus* wurde von der Legion abgelöst, die Taktik der Phalanx von der des Manipels.[450] Man hat viel über den politischen Sinn der Reform nachgedacht, einen Sinn, den der „Tyrann" Servius beabsichtigt gehabt haben mag[451], der aber gewiß durch die patrizische Reaktion, die am Beginn der Republik steht, völlig verdeckt wurde. Bis zu den Dezemvirn ist überhaupt keine politische Rolle denkbar, ebensowenig wie im übrigen an feste verfassungsrechtliche Kompetenzen für den Zeitraum danach gedacht werden kann. Doch in den folgenden 80 Jahren mußte sich diese Kompetenz langsam entwickeln, d. h., ihre Entstehung erst im 4. Jh. ist abzulehnen, da damals die besagte Ordnung überhaupt keinen militärischen Sinn mehr gehabt hätte und eigentlich recht gekünstelt exhumiert werden hätte müssen, was niemand annehmen möchte. Am ehesten mögen Kompetenzen im Kapitalprozeß (vgl. XII Tafeln!) an die Versammlung der Centurien abgetreten worden sein, wobei religiöse Riten aus dem militärischen Bereich, wie die

[449] Zu diesem Problem nach wie vor grundlegend P. Fraccaro, Ancora sull'età dell'ordinamento centuriato, in: Athenaeum 12 (1934) 57ff. Die Juniorcenturien der ersten drei Klassen 40/10/10 hätten die Hoplitenphalanx gestellt. 60 Centurien bedeuten 6000 Mann, dies sei der ursprüngliche *exercitus centuriatus* gewesen. Da in späterer Zeit die Stärke einer Centurie nur mehr 50 Mann betragen hat, würde dies beweisen, daß aus einer Einheit zwei – eben Legionen – entstanden seien. Dies bringt Fraccaro mit dem Beginn der Republik und dem consularischen System in Zusammenhang (etwa S. 71).

[450] Liv. 8, 8, 3 und Polyb. 6, 21. Legion aus 60 Centurien von 30–60 Mann.

[451] So auch De Martino I, 182.

Auspizien, übernommen wurden. Wie die legislative Kompetenz und die höchst politische Wahl der Oberbeamten anzusehen ist, kann schwerlich genau nachgewiesen werden, die politischen Wirrnisse der Zeit nach den XII Tafeln beweisen aber gerade eine Experimentierfreude bei Nummern und Wahl sowie Bezeichnung der Oberbeamten. Dabei darf aber eins nicht übersehen werden: Eine noch dominierende Adelsschicht, von Servius auf die 18 Reitercenturien beschränkt, die soeben erst eingewilligt hat, das Eheverbot zu sozial Niederstehenden aufzuheben, läßt sich nicht von 175 gegnerischen Centurien majorisieren. Entsprechend eindeutig sind denn auch die relativ unbedenklichen *fasti*, die unter welchem Namen auch immer patrizische Oberbeamte ausweisen; erst ab etwa 400 haben wir mit plebejischen Militärtribunen zu rechnen. Wir haben es also im Zeitraum ab dem Dezemvirat mit einem politischen Kampf zu tun, der darauf abzielte, klare Regeln bei der Bestellung der Imperiumsträger zu setzen. Dieser Kompromiß endete wohl damit, daß grundsätzlich die *comitia centuriata* diese Funktion zugestanden erhielten, in welchen die Plebejer eine erdrückende Mehrheit bildeten, die Patrizier sich aber zumindest vorübergehend eine kontrollierende *auctoritas* vorbehielten. Der Aufstieg der *plebs* von einer Schicht zumindest politisch Zurückgedrängter zu einem neuen Adel hängt gewiß mit dem durch die römischen Eroberungszüge, an denen wie gesehen die *plebs* den militärischen Löwenanteil hatte, so enorm angewachsenen Land und damit Reichtum zusammen. Die Expansion nach dem Fall Vejis führte offenbar auch zu einem ökonomischen Ausgleich führender plebejischer Familien mit dem Patriziat und damit zur Grundlage einer neuen gemeinsamen Führungsschicht, die letztlich den republikanischen Staat bis zu dessen Ende entscheidend gestalten sollte. Erst jetzt war der Weg frei für einen definitiv geregelten Wahlmodus, wie er uns geläufig ist. Ich bin davon überzeugt, daß, wenn auch Wahlen bereits vorher unter gewissen Prämissen in den Centuriatcomitien stattfanden, diese erst im Jahre 367 definitiv institutionalisiert wurden. Damit nimmt dieses Jahr einen wirklich entscheidenden Platz in der römischen Verfassungsgeschichte ein. Die Mehrheiten wurden offenbar nicht mehr erkämpft, sondern in der Oberschicht abgesprochen und durchgezogen. Die 80 Centurien plebejischen Adels waren absolut staatstragend geworden. Endgültig erlosch der Gegensatz erst durch das erste rein plebejische Consulnpaar im Jahre 172. Dieser Vorschlag steht auch im völligen Einklang mit der überlieferten Censurordnung: Denn wenn man sich fragt, auf welche Zeit diese zutrifft, so kann man nur antworten, weder auf die Zeit des Servius noch auf die späte Republik. Die Einführung des As als Wertmünze, ausgehend vom *aes signatum*, der auf ein römisches Pfund genormten Bronzebarren (ungefähr 330 g Bronze), deutet genau in die Jahre des großen politischen Ausgleichs.

Die von den Autoren Livius und Dionys genannten Werte gehören aber in eine andere Zeit, die sich vielleicht recht gut fixieren läßt, in die Zeit nach den Kriegen gegen Pyrrhus (nach Plinius, Nat. 33, 44 sehr genau im Jahre 269: *argentum signatum anno urbis CCCCLXXXV Q. Ogulnio C. Fabio quinque annis ante primum Punicum bellum ...*) und der neuen Geldwerte nach dem hannibalischen Krieg.[452] Diese Aussage beruht auf Hinweisen bei Dionys (4, 16–17), denen zufolge 1 As[453] 10 Drachmen seien. Da eine Drachme = 1 römischer Silberdenar in diesem Zeitraum war, fällt die Umrechnung leicht. In dieser Zeit waren tatsächlich 100 000 As ein erheblicher Betrag, wenn es auch absolut unmöglich erscheint, genaue Wertrelationen anzunehmen. In dieser Hinsicht muß der Versuch Mommsens und De Martinos als gescheitert bezeichnet werden, die unter Zuhilfenahme von Columella und Varro den Grundbesitz der 1. Klasse auf 20 *iugera* schätzen.[454] Diese lächerliche Größe wird allein durch die licinisch-sextischen Gesetze ad absurdum geführt! Für die Zeit Catos freilich gibt es Berechnungen, daß ein Landgut von 60 ha Oliven *cum instrumento* 300 000 As gekostet haben muß; diese Summe entspricht bei aller Vorsicht nach der Neufestsetzung der Parität As – Denar, also nach dem 2. Punischen Krieg, 1 200 000 As. Dieses waren gewiß noch eher kleinere Landgüter der plebejischen Nobiles. Um so eher tendiere ich dahin, die Aussage des Livius in 24, 11, 7, 8 als historisch zu verstehen. Dort ist für die 1. Klasse eine Untergrenze von 1 000 000 As angeführt, 300 000 für die zweite, 100 000 für die dritte und 50 000 für die vierte. Das werden die tatsächlichen Sätze nach dem 2. Punischen Krieg gewesen sein, durchaus äquivalent zum ständig wachsenden Reichtum aufgrund der Eroberungen. Warum Livius und die

[452] Die Silbermünzen der republikanischen Zeit waren die Sesterzen (Varro Lingua, 5, 173 *semis tertius*), deren Wert eben das Zweieinhalbfache des As betrug. Später war das Verhältnis 1 : 4, also 4 Asse = 1 Sesterz. 10 Asse waren 1 Denar.

[453] Dionys führt aus, daß in der 1. Klasse jene zu finden waren, die mehr als 100 Minen besaßen. 1 Mine entsprach 100 Drachmen, Drachmen und Denare hatten identische Parität. 100 Minen entsprachen 100 000 Assen. Vgl. Polyb. 6, 23, 15.

[454] Ausgehend von der Vermutung, daß die 12 500 Asse als *heredium* = 2 *iugera* bildeten (0, 5 ha), De Martino I, 185 ff.; Mommsen StR III, 248 f.

übrigen auf der Annalistik beruhenden Quellen die Sätze des 3. Jh. nennen, erklärt sich leicht damit, daß Fabius Pictor, die wichtigste Quelle der späteren Historiker, für die Entstehungszeit einfach die ihm geläufigen früheren Sätze annahm.

Kommen wir nun zum letzten Punkt, zum Verhältnis zwischen Centurien und *tribus*. Dieses Verhältnis läßt sich aus zwei direkten Quellen und weiteren indirekten Zeugnissen erschließen. Aus Liv. 1, 43, 12 geht hervor:

1. daß die ursprüngliche servianische Ordnung keinen Bezug zur Tribusaufteilung hatte;
2. daß dies aber sehr wohl nach Vollendung der 35 *tribus* der Fall gewesen sein mußte, also nach dem Jahre 241.

Man hat vielfach geglaubt, vor einer kapitalen Reform zu stehen, und hat versucht, gestärkt durch Mommsens Autorität, den Sinn in der Erhöhung der Centurien auf 350 zu setzen: Damit sei eine entscheidende Demokratisierung des Staatswesens verbunden gewesen. Abgesehen von der Tatsache, daß sich die Regierung der *nobiles* keinen Deut veränderte, steht dem auch eindeutig eine Stelle aus Ciceros *de republica* entgegen, derzufolge in der ersten Klasse zwar nur mehr 70 Centurien zu finden waren, im übrigen aber eindeutig die Zahl 193 festgeschrieben ist! Die Reform hatte demnach offenbar denjenigen Sinn, die wichtigste 1. Klasse mit der neuen Tribuseinteilung in Einklang zu bringen, um so pro *tribus* 2 Centurien kreieren zu können. Die übrigen Klassen mußten von den Censoren wie bisher aus den *tribus* zusammengestellt werden, wobei es sicherlich gewisse praktische, tradierte Grundsätze gegeben haben mag, die aber keinen erkennbaren systematischen Charakter trugen. Daß im übrigen noch zur Zeit Ciceros nach dem zumindest seit 367 festgeschriebenen Wahlmodus nach Klassen vorgegangen wurde, geht aus der II. Philippica hervor. Abgesehen von den Unsicherheiten terminologischer Natur der griechischen Autoren haben auch die Römer selbst zur Verwirrung beigetragen: Während vor der Reform stets eine Patriziercenturie als *praerogativa* erkoren war (dies sicher zusammen mit der *auctoritas patrum* eine ursprüngliche Konzession zugunsten der Patrizier im Rahmen des Kompromisses), wurde nun aus den 70 Centurien der 1. Klasse, oder besser gesagt: aus der stets beibehaltenen

Der Hinweis aus der *lex Iulia Papiria*, daß bei Multverfahren 100 Asse = 1 Rind sein sollten, ist vielsagend (1 Schaf = 10 Asse). Das Gesetz wird dem Jahr 430 zugeschrieben. Vgl. Cic. Rep. 2, 35, 60; Liv. 4, 30, 3; Rotondi 211; D. Flach, Die Gesetze der frühen römischen Republik, Darmstadt 1994, 248 ff. mit weiteren Literaturangaben.

Unterteilung, eine Centurie der *iuniores* gelost, die zur *praerogativa* werden sollte, die also zuerst abstimmte und deren feierlich kundgetanes Ergebnis gewiß (magischen) Vorbildcharakter hatte. Nun ist es offenkundig, daß bei 35 Juniorcenturien und 35 *tribus* eine Centurie je einer *tribus* entsprach. Dieser Vorgang ist vielfach nachgewiesen, erstmalig eben im Jahre 215/14.[455] Daher und bei der Rolle der 1. Klasse ist es kein Wunder, auch hier und da verallgemeinernd von *tribus* zu sprechen. Gewiß war diese Reform nicht unbedingt den wohlhabendsten der *nobiles* entgegenkommend und schon gar nicht patrizierfreundlich, dem verfassungsrechtlichen Schein nach „demokratisch". Vermutlich wurde die 2. Klasse auf 30 aufgestockt, doch angesichts einer expandierenden Gesellschaft konnten die plebejischen *nobiles* es durchaus wagen, eine Öffnung nach unten durchzusetzen, für Bürger, die gewiß schon am allgemeinen Wohlstand teilhatten und durchaus das System als solches nicht in Frage stellen konnten und wollten. Zu Recht spricht daher auch Cicero vom Ausschluß der *plurimi* bei der Entscheidungsfindung. Da die Wirrnisse des 2. Punischen Krieges wohl kaum größere Reformen denkbar machen, ist die Zeit davor, womöglich die Censur des C. Flaminius, in Erwägung zu ziehen. Das also war die Minireform, die unruhigere Kreise der *plebs* beruhigen sollte, die im übrigen eben administrative Erleichterungen für die Censoren schuf, ansonsten aber zur Gänze ohne Folgen blieb und die Regierung der patrizisch-plebejischen Nobilität zementierte.

Die Kompetenzen der Centuriatcomitien[456]

Angesichts der militärischen Bedeutung des *exercitus centuriatus* ist eine Mitsprache demokratischer Natur in militärischen Belangen – etwa Entscheidung über einen Krieg – durchaus denkbar. Aus dieser ursprünglichen Mitsprache entwickelte sich das Recht der Kriegserklärung, *lex de bello indicendo*.[457] Der 1. Ständeausgleich[458] führte zu

[455] Liv. 24, 7, 12; 24, 9, 3

[456] Vgl. zuletzt Wieacker 388 ff.

[457] Liv. 45, 21, 4. Vgl. für die frühere Zeit etwa zum Jahre 427 anläßlich eines Krieges mit dem etruskischen Veji Liv. 4, 30, 15, sowie Liv. 31, 6, 3–31, 7 (a. 200 gegen Philipp V. von Makedonien), Liv. 42, 30, 10 (a. 171 gegen Perseus).

[458] Zur Rolle der Centuriatcomitien im Ständekampf W. Kunkel, Bericht über neuere Arbeiten zur römischen Verfassungsgeschichte I, in: SZ 72 (1955) 316 ff.; J. Bleicken, Lex Publica 84 und Fn. 2.

einer direkten Beteiligung der Centuriatcomitien an der Wahl der Oberbeamten, Voraussetzung war natürlich, daß diese ausschließlich in militärischen Belangen tätig waren. Es waren dies die *tribuni militum*. Schließlich brachte der 2. Ständeausgleich endgültig eine erhebliche politische und staatsrechtliche Stärkung dieser Comitien mit sich; von nun an sollten die beiden höchsten Amtsträger, die Consuln, sowie die weiteren ordentlichen Imperiumsträger ausschließlich vom Volk, geordnet nach Klassen und Centurien, gewählt werden. Des weiteren waren diese wichtigsten Comitien schließlich befugt, über Leben und Tod eines römischen Bürgers zu entscheiden (Comitialprozeß) sowie Gesetze *(leges)* zu beschließen.

Auch die politischen Comitien der Jahrhunderte nach dem 2. Ständeausgleich bewahrten in mancherlei Vorgehensweisen und Begriffen ihren eigentlichen militärischen Ursprung: *imperare exercitum* bedeutete die Einberufung der Comitien. Damit ist auch klar zum Ausdruck gebracht, daß nur Imperiumsträger zur Einberufung berechtigt waren. Zur Einberufung der Wahlcomitien für Consuln und Prätoren waren hingegen ausschließlich erstere sowie der Dictator befugt. In Ermangelung eines Oberbeamten mußte man auf einen *interrex* zurückgreifen.[459] Censoren konnten die Comitien zwar einberufen, aber lediglich, um den *census* durchzuführen. Es oblag dem einberufenden Magistraten, Ort und Zeitpunkt der Versammlung festzusetzen. In der Regel traten die Centuriatcomitien auf dem außerhalb des *pomeriums* liegenden Marsfeld zusammen.[460] Zwischen der Ankündigung *(edictum)* und dem Versammlungstag mußte ein bestimmter Zeitraum von mindestens 16 Tagen und maximal 30 Tagen verstreichen.[461] Zusammen mit der Einberufung mußten auch die *rogatio* bzw. die *rogationes*, also jene Anträge, die der Magistrat der Versammlung zur Abstimmung vorzulegen trachtete, veröffentlicht werden *(promulgatio)*. Seit dem Jahre 339 *(lex Publilia Philonis)* für Gesetzesanträge und seit der *lex Maenia* bei Wahlvorschlägen mußte der Senat dazu den vorbringenden Beamten autorisiert haben. Die *rogatio* mußte unmißverständlich abgefaßt sein, mehrere *rogationes* konnten aber zur Abstim-

[459] Zum *ius agendi cum populo* vgl. Cic. Leg. 3, 4, 10.

[460] Gell. 15, 27; Cic. Pro Rab. 11; Liv. 6, 20, 11; 7, 41, 3; zum Marsfeld F. Castagnoli, Il Campo Marzio nell'antichità, in: Memorie Acc. Lincei ser. 8 I, Roma, 1948, 93 ff. Am Marsfeld waren ursprünglich provisorische, später aus Holz bestehende Einteilungen errichtet *(saepta)*, in welchen das Volk nach Centurien Aufstellung nahm. Zu den späteren *saepta* Cic. Att. 4, 16, 8.

[461] Für die Curiatcomitien ist das *trinundinum* überliefert, also das Verstreichen von 2 Markttagen, Macrobius, Saturnales I, 16.

mung vorgelegt werden.[462] Zur Vorbereitung des Abstimmungs-, nicht aber des Wahlvorganges, konnte jeder Magistrat Versammlungen einberufen, die ausschließlich der Diskussion der Vorschläge dienen sollten *(contio)*. Diese Versammlungen traten ohne Ordnung zusammen und hatten keinerlei Entscheidungsbefugnis. Auf Grund der Debatten konnte der proponierende Magistrat seinen Antrag zurückziehen oder auch abändern, das bedeutete freilich, daß er von neuem die Comitien einberufen mußte und daß neuerlich Gelegenheiten zu *contiones* im vorgeschriebenen Zeitraum stattfinden konnten. Freilich, die Comitien konnten nur an *dies fasti* oder genauer an solchen, die für sie vorbehalten waren *(comitiales)*, einberufen werden.[463] Am festgesetzten Tag mußten zuallererst die Auspizien vorgenommen werden. Ein vom Censor bestimmter Herold *(classicus)* informierte die Bevölkerung über den Beginn der Versammlung[464], am Janushügel wurde die rote Fahne *(signum)* gehißt.[465] Vor Beginn des Wahl- bzw. Abstimmungsvorganges sprach der leitende Magistrat noch ein Gebet.[466] Insbesondere bei den Wahlcomitien wurde vor dem Wahlvorgang noch über die Kandidaten nach Art einer offenen *contio* diskutiert. Dem vorsitzenden Magistraten oblag es, diese noch ungeordnete Versammlung zu beenden und zur eigentlich entscheidenden und nach Centurien aufgestellten Versammlung überzugehen *(summovere populum)*[467] und zur Abstimmung zu schreiten.[468] Diese war bis zur Einführung der geheimen, schriftlichen Wahl im 2. Jh. öffentlich und mündlich. Dabei herrschte eine strenge Ordnung nach Klassen und Centurien derart, daß die 18 Reitercenturien gefolgt von der 1. Klasse mit dem Abstimmungsvorgang begannen.[469] Stets wurde dabei eine Centurie ausgelost, die als *praerogativa* als allererste abstimmen durfte. Nicht selten war das Wahlergebnis dieser Centurie von entscheidender Bedeutung, da die anderen – auch aus religiös-magischen Vorstellungen – mitzogen. Zumindest in historisch faßbarer Zeit war dies

[462] Vgl. *lex Caecilia Didia de modo legum promulgandarum* aus dem Jahre 98 gegen *rogationes per saturam*, also *rogationes* mit unterschiedlichen Sujets.

[463] Macrobius, Saturnales I, 16. Vgl. A. K. Michels, The Calendar of the Roman Republic, Princeton 1967.

[464] Varro Lingua 6, 86–93; Liv. 49, 15, 11.

[465] Cassius Dio. 37, 27, 3.

[466] Cic. Pro Murena 1, 1; Liv. 39, 15, 1.

[467] Vgl. Liv. 3, 11; Asconius p. 70. Or.

[468] Varro Lingua 6, 88.

[469] Cic. Rep. 2, 39; DH 4, 20, 3 und 7, 59. Vgl. P. Fraccaro, La procedura di voto nei comizi tributi romani, 1913, jetzt in: Opuscula II, 1931, 239.

nie eine Reitercenturie, sondern immer eine Centurie aus der 1. Klasse.[470] Bis zur Reform der Centuriatcomitien, also zur Reduzierung der 1. Klasse auf 70 Centurien, bildeten Reitercenturien und Centurien der 1. Klasse bereits die absolute Mehrheit. Wurde diese Mehrheit erzielt, so wurde der Abstimmungsvorgang abgebrochen. Jeder Bürger wußte auf Grund des vorangegangenen Census, in welcher Centurie er sich befand. Die Hälfte der Centurien einer jeden Klasse waren den *seniores* ab etwa 45 Jahren vorbehalten. Jedes Mitglied der Centurie mußte dabei am *rogator* vorbeigehen, der die vom Magistraten formulierte Frage weitergab und die Erklärung des Bürgers aufnahm.[471] Jede Centurie verfügte letztlich über eine Stimme. Bei Gesetzesanträgen war die Aufgabe des *rogator* eine relativ einfache, galt es doch nur zwischen Ja und Nein zu unterscheiden. Bei den Beamtenwahlen mußten die Stimmen eben den vorgeschlagenen Kandidaten zugerechnet werden. Derjenige, der die Mehrheit der Stimmen *(puncta)* innerhalb der Centurie auf sich vereinigen konnte, erhielt die Stimme der gesamten Centurie. Es hing somit vom Wahlvorschlag ab, welchen Kandidaten für welches Amt ein Bürger wählen wollte. Das heißt, man konnte wohl etwa im Falle des Consulates 2 Kandidaten seine Stimme geben,[472] konnte auch bloß eine abgeben, nicht aber drei.

Eine wesentliche Veränderung des Abstimmungsmodus wurde durch die Einführung des geheimen und schriftlichen Wahlrechtes erzielt. Es galt vielen in der späten Republik als Bollwerk der bürgerlichen Freiheiten.[473] Eingeführt wurden über Gesetze die sogenannten *tabellae*, auf welche der Bürger seine Antwort zu schreiben hatte. Als erste *lex tabellaria* ist uns die *lex Gabinia* aus dem Jahre 139 bekannt. Sie sollte für Wahlen gelten, die *lex Cassia* aus dem Jahre 137 betraf den Comitialprozeß mit Ausnahme des Verfahrens wegen Hochverrates, eine *lex Papiria* des Jahres 131 regelte die Gesetzgebung, und schließlich führte die *lex Caelia* des Jahres 107 die geheime Abstimmung bei Hochverratsprozessen *(perduellio)* ein.[474] Mit Einführung des gehei-

[470] Cic. Ad Q. fr. 2, 14, 4; Liv. 26, 22, 2–8 und 24, 7, 12–19; Cic. Pro Plancio 49.

[471] Zum *rogator* Cic. De Orat. 2, 200. Ob der *rogator* auch vom Censor bestimmt wurde wie der Vorsteher der Centurie, der Centurio, sei dahingestellt. Zum Centurio Festus 184 L.

[472] Anders nur eine Stimme U. Hall, Voting Procedure in Roman Assemblies, in: Historia 13 (1964) 267 ff.

[473] Cic. Pro Plancio 16; Leg. Agr. II, 4; vgl. aber Ciceros persönliche Kritik daran in Leg. 3, 34–39 und C. Nicolet, Cicéron, Platon et le vote secret, in: Historia 19 (1970) 39 ff.

[474] Cic. Leg. 2, 16, 35; De Martino II, 435 f.

men und schriftlichen Wahlrechtes erhielt jeder Bürger eine oder mehrere *tabellae*, die zumindest in der späteren Republik mit Wachs überzogen worden waren. In das Wachs wurde mit einem Griffel die Antwort eingeritzt. Nach Centurien geordnet betrat der Bürger den für seine Centurie bestimmten und abgegrenzten Gang, erhielt vor Erreichen einer kleinen hölzernen Brücke, zu der er über Stufen gelangte, die *tabellae*; daraufhin konnte der Bürger je nach *rogatio* frei entscheiden, möglicherweise gerade auf der Brücke, um vor neugierigen Blikken geschützt zu sein. Bei Wahlen hatte er die Namen des gewünschten Kandidaten selbst zu schreiben, bei Gesetzesvorschlägen gab es „vorgedruckte" *tabellae* mit UR = *uti rogas* und A = *antiquo*, im ersten Falle also zustimmend, im zweiten ablehnend. Der Bürger mußte die nicht gewünschte Entscheidung einfach auslöschen. Bei Comitialprozessen lautete der „Vordruck" A *(= absolvo)* und D *(= damno)*, Freispruch und Verurteilung. Die bereits erwähnte Reform der Centuriatcomitien, die letztlich in einer Verringerung der ersten Klasse auf 70 Centurien bestand, bedeutete eine numerische Anpassung an das System der Territorial*tribus*. *Leges tabellariae* und Reform des Systems stehen offenbar im Zusammenhang. Gewiß, die erste Klasse verlor durch die Reform – geringfügig – an politischer Macht, betrug doch die Zahl der Reitercenturien plus der 1. Klasse nur mehr 88 Einheiten bei einer absoluten Mehrheit von 97 Einheiten, was zur Folge hatte, daß auch bei Einstimmigkeit der ersten 88 Centurien weitere 9 der 2. Klasse zur Mehrheitsbildung erforderlich waren.[475] Die arithmetische Anpassung des bedeutendsten Wahlkörpers, nämlich der 1. Klasse, an die *tribus* 70 : 35 hatte aber bei den geheimen Abstimmungen infolge der *leges tabellariae* folgende praktische Bedeutung: Die *saepta* auf dem Marsfeld bestanden aus 35 Gängen und entsprachen der Anzahl der *tribus*; die 70 Centurien, und zwar in vorausbestimmter Reihenfolge eben 1–70, stellten sich je nach Tribuszugehörigkeit auf und schritten zum Abstimmungsvorgang: Verteilt auf 35 Wahlurnen *(cistae)* konnten die *tabellae* einer Centurie relativ schnell ausgezählt und ausgewertet werden *(diribitio)*. Das bedeutet aber auch, daß nach wie vor die Ergebnisse Centurie für Centurie feststanden.[476] Es

[475] Vgl. Cic. Phil. II, 82.

[476] Anders Nicolet, Le métier de citoyen dans la Rome républicaine, Paris 1976, 356, der davon ausgeht, daß die 1. Klasse in zwei Wahlgängen, aber kompakt abstimmte. In diesem Falle hätte man durch komplizierte Abzählungsmechanismen das Ergebnis der gesamten 1. Klasse verhindern können. Vgl. auch Varro Rust. lib. III.

stimmten demnach nicht mehrere Centurien gemeinsam ab, sondern immer jeweils eine! Insofern konnte leicht der Überblick über den tatsächlichen Stand der Dinge beibehalten werden. Es stand also das Ergebnis einer jeden Centurie fest, und damit war klar, welcher Kandidat von dieser Centurie aus gewählt oder ob der Gesetzesantrag angenommen bzw. abgelehnt worden war. Dieses Ergebnis wurde gewiß bekanntgemacht. Ein gewählter Magistrat konnte dann sofort sein Amt antreten, wenn es zum fraglichen Zeitpunkt keinen entsprechenden Amtsinhaber gab.[477] Anderenfalls wurde er *designatus* bezeichnet. Zur Vorbereitung seiner Amtsführung konnte er allerdings bereits Edikte erlassen.[478] Der leitende Magistrat konnte natürlich das Ergebnis in der Centurie anzweifeln und den Abstimmungsvorgang wiederholen lassen. Nach Erreichung der absoluten Mehrheit wurde das Ergebnis offiziell vom leitenden Magistraten bekanntgegeben und damit der Abstimmungsvorgang abgebrochen. Freilich gibt es durchaus überlieferte Abstimmungsvorgänge, an welchen fast alle Centurien teilnahmen.[479] Derartig lange und wirklich fast die gesamte Bevölkerung betreffende Abstimmungen dürften die große Ausnahme gewesen sein. Auch bevor nach dem Bundesgenossenkrieg zahlreiche italische Bürger das römische Bürgerrecht erhielten, lebte nur mehr ein Teil der Bürgerschaft in Rom und seiner Umgebung. Die tatsächliche Teilnahme an den Comitien war daher regelmäßig *de facto* beschränkt gewesen. Vermutungen darüber anzustellen, wie viele Bürger eigentlich in den ersten 97 Centurien vertreten waren, ist müßig, es kann sich aber allemal nur um einen verschwindend geringen Anteil gehandelt haben, in der 1. Klasse tatsächlich die Nobilität und jene, die dorthin aufzusteigen bestrebt waren. Nicolet hat bei aller gebotenen Vorsicht auf Grund einer Consulwahl im Jahre 45 die Vermutung aufgestellt, und zwar infolge der Überlieferung, daß der Wahlvorgang nur 4 Stunden gedauert habe, für die ersten 97 Centurien 15 600 Wahlberechtigte angenommen. Selbst diese Zahl dürfte noch in der ausgehenden Republik, als die Zahl der wahlberechtigten römischen Bürger auf 1 700 000[480] geschätzt wird, zu hoch gegriffen sein, für das 3. und 2. Jh. ist sie viel zu hoch.

[477] Liv. 6, 1, 9; 9, 8, 1; 23, 31, 13; 41, 17, 6; 22, 33, 12.

[478] Cic. Fin. 2, 74; Liv. 21, 63, 1; Cass. Dio. 55, 6, 5.

[479] Liv. 43, 16, 13. Hochverratsprozeß im Jahre 169 gegen die Censoren C. Claudius und Ti. Sempronius Gracchus. 89 Centurien verurteilten Claudius, 97 sprachen ihn frei, also stimmten 186 Centurien ab.

[480] P. A. Brunt, Italian Manpower 225 B. C. – A. D. 14, Oxford 1971, 54.

§ 23. Die Lex[481]

Als Rechtsquellen sind für die Republik neben dem Gewohnheitsrecht das Plebiszit und die *lex* zu nennen.[482] Als grundsätzlich muß die Erkenntnis gelten, daß es seit dem Jahre 287, als Plebiszite Gesetzescharakter erhielten, zu einer Kompetenzvermischung kommen mußte[483], dies um so mehr, als eigentliche Gesetze wie Plebiszite als *leges* bezeichnet wurden. Aus der Frühzeit dürfte als einzige Erkenntnis die Tatsache gelten, daß der König zusammen mit der ältesten Versammlung, den Curiatcomitien, Normen allgemeinen Charakters erlassen konnte. Die Überlieferung weiß von derartigen Gesetzen der Könige. Wenn auch manche der überlieferten sogenannten *leges regiae* als unhistorisch zurückgewiesen werden müssen, so ist nicht auszuschließen, daß insbesondere auch in sakralrechtlichen Belangen gezielte Präzisierungen bereits durch die Könige vorgenommen worden waren.[484] In kriegeri-

[481] Literatur: Mommsen StR III, 301 ff.; v. Lübtow 502 ff.; D. Daube, Forms of Roman Legislation, Oxford 1956; Guarino 218 ff.; M. Elster, Studien zur Gesetzgebung der frühen römischen Republik, Frankfurt a. M./Bern 1976; Wieacker 277 ff.; R. Orestano, I fatti di normazione, Torino 1967; Kunkel, FS Koschaker II, 4; G. Broggini, Ius lexque esto, in: FS M. Gutzwiller, Basel 1959, 9, 23 ff.; Herzog, Über die Glaubwürdigkeit der aus der römischen Republik bis zum Jahre 387 der Stadt überlieferten Gesetze, Dekr. Progr. Tübingen 1881; G. Rotondi, Osservazioni sulla legislazione comiziale romana di diritto privato, in: Filangieri 35 (1910) 641–670. Grundlegend in deutscher Sprache J. Bleicken, Lex Publica. Gesetz und Recht in der römischen Republik, Berlin 1975; in italienischer Sprache F. Serrao, Legge, in: Enciclopedia del Diritto XXIII, Milano 1973, 794 ff. hier zitiert nach Classi, Partiti e legge nella repubblica Romana, Pisa 1974, in französischer Sprache A. Magdelain, La loi à Rome. Histoire d'un concept, Collection d'Etudes latines, 34, Paris 1978. Zur chronologischen Erfassung der Gesetze nach wie vor grundlegend G. Rotondi, Leges publicae populi Romani, Milano 1912, vgl. auch D. Flach, Die Gesetze der frühen römischen Republik, Darmstadt 1994.

[482] Inst. 1, 2, 4 auf Gai. 1, 2–3; D. 1, 1, 7 pr. (Papinian 2 def.); D. 1, 3, 1; Gell. 10, 20, 2–4; Auctor ad Herennium 2, 19.

[483] Bleicken, Lex Publica.

[484] Vgl. Bleicken, Lex Publica 97, ganz im Sinne der Tradition die neuere italienische Rechtsliteratur, etwa L. Fascione, Il mondo nuovo. La costituzione romana nella 'Storia di Roma arcaica' di Dionigi d'Alicarnasso, Napoli 1988 oder P. Giunti, Adulterio e leggi regie, Milano 1990, sowie S. Tondo, Introduzione alle Leges regiae, in: SDHI 37 (1991) 1 ff.; Bleicken 74 betrachtete die Beschlüsse der Curiatcomitien niemals als normative Reglementierung, dagegen Kaser, Ius 69.

schen Angelegenheiten werden seit jeher die Centurien ein Mitspracherecht gehabt haben. Nach dem Sturze des etruskischen Königs ist eine Kompetenz der Curiatcomitien darin nicht auszuschließen.[485] Gewiß ist der Begriff *lex*[486] im Ständekampf in Anlehnung an die allgemeine staatliche Praxis von *leges* verwendet worden, um den Forderungen der Plebs Nachdruck zu verleihen, insbesondere um die eigentlichen Vertreter nachhaltig zu schützen *(lex sacrata)*.[487] Unklar erscheint außerdem der Übergang sämtlicher legislativer Kompetenzen auf die Centuriatcomitien. Möglich ist immerhin, daß der 1. patrizisch-plebejische Kompromiß gerade vom *exercitus centuriatus* mitgetragen wurde, daß die Heeresversammlung ausnahmsweise gerade zur Unterstreichung der Wichtigkeit dieser Maßnahmen ihr *placet* dazu gab. Freilich, staatsrechtliche Notwendigkeit und politische Einsicht sind zweierlei, so daß ich glaube, daß auch die XII Tafeln von den Curiatcomitien beschlossen wurden[488], ebenso wie die *lex Valeria-Horatia de provocatione*. Prinzipiell erfuhr der *exercitus centuriatus* eine immense Aufwertung, als ihm insbesondere die Kontrolle über die Blutgerichtsbarkeit übertragen wurde und die Vereinbarung galt, daß bei militärischen Erfordernissen auch die höchsten Staatsbeamten von dieser Versammlung zu wählen waren. Damit war der Grundstein gelegt für die wichtigste aller römischen Volksversammlungen. Freilich, von einer allgemeinen legislativen Kompetenz kann zu dieser Zeit keineswegs gesprochen werden. Zu der bedurfte es der gewiß künstlichen, weil nicht militärischen Aufteilung des *exercitus centuriatus* in 193 Centurien, eine politisch tragbare Aufteilung, die die Spitze der Plebs zusammen mit den Patriziern an die Macht brachte. Natürlich waren auch im Zeitraum zwischen etwa 450 und 367 der Heeresversammlung bedeutende Kompetenzen erwachsen, und es ist anzunehmen, daß stets dann, wenn es politische Standeskontroversen gab, diese durch ein Votum der Centurien beigelegt wurden. Im übrigen ist darauf hinzuweisen, daß die Erfordernisse für eine Gesetzgebung immens gering ge-

[485] Vgl. Wieacker, als eine Quelle der späteren *lex publica* die „autoritäre Bestimmung eines Magistraten" (280).

[486] Der Begriff dürfte mit *legare,* binden, somit bindend anordnen in Zusammenhang zu bringen sein, vgl. Serrao 8 mit den Quellenstellen sowie den verschiedenen Meinungen zur Etymologie.

[487] Dazu Bleicken, Lex Publica 90 wohl stark im Sinne überhaupt einer Begründung des normativen Volksbeschlusses. Cic. Pro Sestio 79; Liv. 2, 33, 2; 3, 55, 6 ff.; DH 6, 89, 3. Vgl. auch F. Altheim, Lex sacrata, Amsterdam 1940, Serrao 26 ff. als politischer Akt.

[488] Anders Bleicken, Lex Publica 91.

wesen sein mußten.[489] Relativ statischen Gesellschaften ist keineswegs ein besonderer Output an Gesetzen zuzumuten. Dies änderte sich grundlegend ab 367: Wiederum wohl infolge einer Zustimmung der Heeresversammlung kam es zu einem von Senat und Plebsversammlung gebilligten Kompromiß, der nun den neuen Centuriatcomitien die Gesetzgebungsfunktion zuwies.[490] Magistrate *cum imperio* wurden allerdings weiterhin von den Curiatcomitien bestätigt, eine der wenigen Kompetenzen, die dieser nun nur mehr Scheinversammlung verblieb: Diese Bestätigung erfolgte auf dem Wege einer *lex*.[491]

Grundsätzlich sollte aber forthin eine den Gesamtstaat bindende Norm, eine *lex*, von den Centuriatcomitien beschlossen werden. „*Lex est quod populus iubet atque constituit*", stellt der Jurist Gaius um die Mitte zum 2. Jh. n. Chr. fest.[492] Die justinianischen Institutionen ergänzen dazu noch, daß ein Magistrat wie etwa der Consul den Gesetzesantrag zu stellen hatte *(magistratu interrogante)*.[493] Noch von der alten militärischen Tradition her, daß bloß ein Beamter ausgestattet mit der Vollgewalt des *imperium* die Heeresversammlung und das Heer befehligen konnte, konnten nur Amtsträger *cum imperio* – Consuln, Prätoren und Dictatoren – Gesetzesanträge in die Versammlung einbringen. Ein Selbsttätigwerden war der Versammlung nicht möglich. Durch den Mehrheitsbeschluß der Centurien wurde der Antrag *(rogatio)* allgemein bindend[494] und damit zur Norm.[495] Auch Ent-

[489] Zu Recht hat Bleicken auch für die Zeit nach 367 auf die Ausnahmefunktion der *leges* hingewiesen (vgl. Lex Publica 77 und 94 ff.), da viele der frühen Gesetze von Dictatoren vorgeschlagen worden waren. Für historisch hält Bleicken im 4. Jh. lediglich folgende Gesetze: *lex Publilia Philonis de patrum auctoritate*, *lex Publilia Philonis de censore plebeio creando* (beide aus dem Jahre 339), die *lex Valeria militaris* (342), die *lex Maenia de instauraticio* (338) sowie die *lex Maenia de patrum auctoritate*, die *lex Poetelia Papiria* (326), die *lex Valeria de provocatione* (300) und die *lex Hortensia* (287). Beim gegenwärtigen Stand der Quellenlage muß man Bleicken folgen.

[490] Differenzierter Bleicken, Lex Publica 93 f., der *lex sacrata*, Plebiszit und XII Tafeln als diejenigen Quellen bezeichnet, aus denen *lex publica* entstand.

[491] Zur *lex curiata* Cic. Leg. Agr. 2, 30; Liv. 5, 52, 16; 9, 38, 16.

[492] Gai. 1, 3.

[493] Inst. 1, 2, 4.

[494] *Lex* von *legare* vgl. A. Walde – J. B. Hofmann, Lat. etymologisches Wörterbuch I, Heidelberg [3]1938, 789 f. Dagegen freilich mit dem ganzen Gewicht seiner Autorität Wieacker 278 Fn. 48 in Verbindung *lectus*. Vgl. Mommsen StR III, 308 und A. Magdelain, La loi à Rome, Paris 1978, 12–22 von *legere* im Sinne des Vorgehens der magistratischen *rogatio*. Wie hier Bleicken, Lex Publica 61.

[495] Wieacker 277 ff. als Entwicklungsprozeß.

scheidungen, die Staat und Volk nur zeitweilig banden[496], wie Kriegserklärungen, galten als *leges*[497], ebenso Koloniegründungen (etwa *lex Atinia* im Jahre 197) oder Zuteilungen von Ackerland (etwa *lex Flaminia* im Jahre 232) oder auch die Konstituierung außerordentlicher Amtsgewalten wie die der Promagistrate *cum imperio*.[498] Selbst administrative Anweisungen konnten auf dem Wege einer *lex* erfolgen, so etwa im Jahre 177 die Ausweisung der Latiner und Bundesgenossen.[499] Im Jahre 248 wurde Flaminius der Triumph durch ein Gesetz gewährt.[500] Zu Unrecht versklavten Provinzialen wurde die Freiheit wiedergegeben.[501] Freilich, da im Jahre 287 die Plebiszite Gesetzeskraft erhielten und auch als solche bezeichnet wurden, sei darauf hingewiesen, daß, was den systematischen Inhalt der *leges* anbelangt, es sich sowohl um in den Centuriatcomitien beschlossene *leges* im engeren Sinne handeln kann wie um Plebiszite: Für die normative Wirkung war dies bekanntlich bedeutungslos. Im Gegenteil, wie die politische Entwicklung lehrt, wurden nach 287 die meisten „*leges*“ als Plebiszite beschlossen.

Bleicken hat vom Inhalt der *leges* normativen Charakters ausgehend[502] folgende Einteilung vorgenommen, die man durchaus beibehalten sollte:

- Verfahren der Volksversammlungen und Stimmrecht,
  leges Aelia et Fufia de iure et de tempore legum rogandarum,
  leges tabellariae (*Gabinia* des Jahres 139, *Cassia* 137, *Papiria* 131, *Coelia* 107).
- Privatrecht, Privatprozeßrecht:
  Die gemäß der römischen Zivilrechtsordnung nur äußerst sporadische gesetzliche Weiterentwicklung des republikanischen Zivilrechtes erfolgte stets unter tribunizischer Rogation als Plebiszit. Als

[496] Zur Einleitung in situationsgebundene und normative Gesetze, Bleicken 105 f., darunter wurden auch im kultischen Bereich Weihungen angesehen.

[497] Vgl. I. W. Rich, Declaring War in the Roman Republic, Bruxelles 1976; vgl. z. B. Liv. 45, 21, 2.

[498] Vgl. Liv. 23, 30, 9 an Marcellus im Jahre 215 v. Chr.

[499] *Lex Claudia* Liv. 41, 9, 9.

[500] Vgl. Mommsen StR I, 134 f. Sogar Privilegien wurden auf Grund von Gesetzesbeschluß verteilt, vgl. die Denuntianten im Bacchanalenprozeß Faecenia Hispala, Liv. 39, 19, 3–7 und die Erlaubnis, die einem blinden Senator im Jahre 241 gewährt wurde, mit dem Wagen zu Sitzungen zu fahren, Plin. Nat. 7, 43, 141.

[501] *Lex Marcia* Liv. 42, 21, 5.

[502] Bleicken, Lex Publica 137ff., dazu Serrao 63 ff.

wohl wichtigstes Gesetz muß die *lex Aquilia* genannt werden[503], die das *damnum iniuria datum*, das Schadensersatzrecht, zu regeln begann. Dabei wurden insbesondere die Voraussetzungen *(inuria)* und die Folgen der Schadenszufügung im Rahmen der Urteilsfindung durch den Richter vorgegeben. Die *lex Aquilia* ist der Ausgangspunkt des gesamten modernen Schadensersatzrechtes, und es ist bezeichnend, daß die gesamte sehr weitreichende Interpretation dieses Gesetzes nicht wiederum über Gesetze erfolgte, sondern ausschließlich auf dem Wege des Juristenrechtes.

- Zinsrecht – Münzwesen.
- Strafrecht – Strafprozeßrecht: Einrichtung der *quaestiones perpetuae*: *lex Calpurnia derepetundis* im Jahr 149.
- Errichtung neuer Priestertümer: *lex Licinia* 196 über die *III viri epulones.*
- Ordnung der Magistraturen: *lex Baebia de praetoribus* im Jahre 181, *lex Villia Annalis.*
- Luxusverbote – *leges sumptuariae.*

Die Verfassung von 367 sah offenbar zwingend vor, daß ein Gesetz von Magistraten rogiert werden müsse und daß das Volk dieser *rogatio* zustimmen müsse *(lex rogata)*. Richtigerweise hat Wieacker dies der Sache nach als Machtverteilung zwischen Exekutive und Populus bezeichnet.[504] Insofern sind alle Versuche, eine volle Volkssouveränität anzunehmen, zum Scheitern verurteilt, wenn auch darauf hingewiesen werden muß, daß unter dem Einfluß griechischer Staatslehre Formulierungen wie *quodcumque ... populus iussisset id ius ratumque esset*[505] in der Spätphase in diese Richtung weisen. Von den *leges rogatae* sind jene *leges* zu unterscheiden, die vom Magistraten kraft seiner Amtsgewalt erlassen wurden, ein letzter Rest des nicht auf Volksbeschluß gründenden *imperium*. Seit 367 konnten freilich derartige Gesetze nicht mehr für die *cives* erlassen werden, allenfalls dienten sie der Einrichtung von Nichtbürgerkolonien und Provinzen.[506]

Der Gesetzesantrag mußte vom rogierenden Magistraten[507] veröf-

[503] Dazu grundsätzlich H. Hausmaninger, Das Schadenersatzrecht der lex Aquilia, Wien [5]1996.

[504] Wieacker 280 f.

[505] Liv. 7, 17, 12. Vgl. auch Festus 326 L s. v. *rogatio* und Auctor ad Herennium 2, 13, 19. In diesem Sinne insbesondere Serrao 108 ff.

[506] Zur *lex data* Mommsen StR II, 125 f.; Bleicken, Lex Publica 62 ff. und 165 f.; vgl. FIRA I Nr. 16– 26; Wieacker 406 f.

[507] Zur *lex Caecilia Didia* Rotondi 335.

fentlicht werden *(promulgatio)*[508]. Desgleichen mußte der Termin für die zuständige Volksversammlung angeführt werden. Zwischen der Promulgation und der Versammlung hatten zumindest drei Markttage zu liegen *(trinundinum)*. Verschiedene Bereiche durften nicht von ein und demselben Gesetz geregelt werden, eine *rogatio per saturam* bedeutete Nichtigkeit des Gesetzes. War das Gesetz von der Versammlung abgelehnt worden, so durfte es im Amtsjahre des rogierenden Magistraten nicht mehr eingebracht werden. Die angenommenen Gesetze wurden in der Regel in bronzene Tafeln graviert und öffentlich zur Bekanntmachung aufgestellt, sei es in Tempeln, vor allem dem plebejischen Archiv des Cerestempels, aber auch im Saturntempel, in welchem die Quästoren als Hüter des Staatsschatzes tätig waren, oder direkt auf dem Forum.

Alle Gesetze nannten zuerst den Namen des rogierenden Magistraten, die Versammlung, den Versammlungsort, das Datum. Es folgt jene Einheit, die zuerst abgestimmt hat, sowie jener Bürger, der dies als erster getan hatte. Sodann folgte der eigentliche Inhalt, die Rogation, sowie jene Maßnahmen, die zum Schutze dieses Gesetzes erlassen wurden *(sanctio)*, insbesondere auch Strafen gegen Magistrate, Senatoren und Richter, die sich der Anwendung widersetzen sollten.[509]

§ 24. Concilium Plebis und Plebiszit

Die politisch bei weitem wichtigere Volksversammlung, die nach *tribus* geordnet auftrat, waren die *concilia plebis*.[510] Sie dienten als

[508] Festus 251 s. v. *promulgari*.

[509] Dazu eingehend Serrao 82 ff. Zum Problem der *leges perfectae – leges imperfectae – leges minus quam perfectae* (Ulp. tit. ex corpore 1–2) s. Serrao 99 (je nachdem wie stark der Wille des Gesetzgebers war, die *ratio legis* auch tatsächlich zu erreichen).

[510] Die Diskussion um die Frage, ob es eine oder zwei nach *tribus* geordnete Volksversammlungen gegeben hat, ist in der modernen Geschichtsschreibung früh aufgegriffen worden. G. B. Niebuhr, Römische Geschichte III, 283 war zum Ergebnis gelangt, daß es nur eine derartige Versammlung hätte geben können. Ihm waren gefolgt Rein, in: RE IV, 952 s. v. „*lex*“; Ruppel, De comitiorum tributorum et conciliorum plebis discrimine, Wiesbaden 1884; Costa, Lex Hortensia de plebiscitis, in: Memorie, R. Accademia di Bologna 1911/12, 1 ff. Dagegen hatten sich aber Mommsen, Römische Forschungen I, 155 ff. und 193 ff.; Karlowa, Römische Rechtsgeschichte I, 407 f.; De Francisci, Storia del Diritto Romano I, 339 f. ausgesprochen. Biscardi, Auctoritas Patrum, sprach

Wahlversammlung zur Wahl der Volkstribune und plebejischen Ädile. Ab der *lex Hortensia* wurden in dieser Versammlung Beschlüsse für den Gesamtstaat gefaßt. Das Plebiszit als allgemeine Norm war entstanden.[511] Möglicherweise bedeutete eine derart einschneidende verfassungsmäßige Änderung auch ein definitives Abgehen vom Abstimmungsmodus, der in einer ursprünglich rein politischen Versammlung völlig frei gewesen sein mußte nach dem Grundsatz: ein Mann – eine Stimme. Die Tatsache, daß nun auch die Plebs *tributim* abstimmte, bedeutete natürlich eine erhöhte Kontrolle der wohlhabenden Plebejer über den Rest, insbesondere jener, die in den *tribus* über Grundbesitz verfügten. Alleine die Tatsache, daß *plebiscita* nun ganz allgemeine Geltung erhalten konnten, beweist natürlich das extrem hohe, kompakte Zusammengehörigkeitsbewußtsein der gesamten Oberschicht; offenbar waren die zahlenmäßig ständig geringer werdenden Patrizier davon zu überzeugen, daß ihre Standesgenossen in der Nobilität nicht gegen die Interessen der gesamten Oberschicht vorgehen würden. Umstritten ist die Frage, ob die *tribus* ihre Stimmen gleichzeitig abgaben[512] oder nach einer bestimmten Reihenfolge[513].

Ab der *lex Hortensia* galt also das Mehrheitsprinzip der *tribus*. Die gesetzlichen Maßnahmen, die vom *concilium plebis* gefaßt wurden, sind weitester Natur. Sie reichen von Friedensschlüssen[514], Übertra-

von einer faktischen Angleichung, 97ff. Einziger Unterschied sei die magistratische Rogation geblieben. Als gewichtiger Vertreter zweier Versammlungen muß Soltau 79ff. genannt werden. Vgl. auch Berns, De comitiorum tributorum et conciliorum discrimine, Wetzlar 1875 und Lange, Römische Alterthümer II2, 422, 431 und 575. Besonderes Gewicht kommt andererseits dem erneuten Versuch zu, die Existenz zweier Versammlungen zu leugnen: L. Ross Taylor, The voting districts of the Roman Republic, Rome 1960, 298ff. Dennoch muß ich eben wegen der verschiedenen Einberufungsmodalitäten am *de iure*-Unterschied festhalten. Die Behauptung von Ross Taylor, daß Appius Claudius die Patrizier auf alle *tribus* verteilt habe, sagt eigentlich nichts über *concilium plebis* aus. R. Develin, Comitia Tributa Plebis, in: Athenaeum 53 (1975) 302ff.; Wieacker 403ff.

[511] Bleicken, Lex Publica 85 ursprünglich zu Recht Plebiszit als politisches Programm.

[512] So Mommsen StR III, 397; DH 7, 59, 9; anderer Auffassung P. Fraccaro, La procedura del voto nei comizi tributi romani (1913), jetzt in: Opuscula 2, 235ff.

[513] Bleicken, Lex Publica 247 bei Wahlen gleichzeitig, bei Gesetzen und Strafen nach geloster Ordnung.

[514] Liv. 30, 40, 14; 30, 43, 2.

gung der Amtsgewalt[515] bis zu privatrechtlichen Normierungen wie die *lex Aquilia*. Die Tatsache, daß die Quellen zwei Vorgänger der *lex Hortensia* zitieren, hat Anlaß zu allerlei Spekulationen gegeben.

Als reine politische Vorschläge und Programme der Plebs banden sie solange niemanden, bis sie vom Gesamtstaat anerkannt wurden. Die Überlieferung kennt drei Gesetze, die von einer völligen Gleichschaltung von *lex* und Plebiszit berichten. Staatsrechtlich relevant ist wohl bloß die *lex Hortensia*, die tatsächlich aus jedem Beschluß der Plebs eine *lex* machte,[516] *„ut plebiscita universum populum tenerent"*, wie sich Gaius, der Jurist des zweiten nachchristlichen Jahrhunderts, ausdrückte. Die auch erwähnte *lex Publilia Philonis*[517] dürfte entweder bloß ein politisches Programm dargestellt haben oder aber die Gültigkeit der Plebiszite streng an die Kontrolle im Sinne einer Bestätigung des Senates gebunden haben, eines Senates, der damals zur überwältigenden Mehrheit patrizisch war.[518] Allemal stand es freilich 287 fest, daß die politisch herrschende patrizisch-plebejische Oberschicht eine derartige Konsolidierung erfahren hatte, daß die Patrizier einer offenbar nicht neuen politischen Forderung der Plebs nachgaben, möglicherweise auf Drängen der plebejischen Nobilität, die dadurch mit Recht annahm, den Rest der Plebs über die Einrichtung des Tribunats langfristig beherrschen zu können.[519] Von einer *auctoritas* der *patres* oder überhaupt des Senats ist keine Rede mehr. Auch dies

[515] Liv. 30, 41, 4; 31, 50, 10.

[516] Gell. 15, 27, 4; Plin. Nat. 16, 10, 37; Gai. 1, 3; Pomp. D. 1, 2, 2, 8. Grundlegend H. Siber s. v. „Plebiscita", in: RE 21, 1 (1951) 54 ff. Die *lex Hortensia* mit einer vermeintlichen *auctoritas senatus* oder *patrum* auch für Plebiszite in Zusammenhang zu bringen, halte ich für verfehlt. Vgl. dazu bes. Mommsen StR III, 156 f., der im übrigen die *lex Publilia Philonis* mit den patrizisch-plebejischen Tributcomitien in Zusammenhang brachte. Vor der *lex Hortensia* hätte zu Plebisziten der Senat seine *auctoritas* geben müssen. Vgl. De Martino II, 154, der auf Grund einer überholten Emendation von Gai. 1, 3 annahm, daß, gerade infolge des Kompromisses zur Gleichschaltung *lex* – Plebiszite, die Zustimmung des Senats zu letzteren erforderlich gewesen sei. Die Emendation *sua* in *suae* ist gescheitert, sie würde tatsächlich bedeuten, daß die Patrizier jene Plebiszite bekämpften, die ohne *auctoritas* der *patres* zustande gekommen waren. Vgl. auch Serrao 39 ff.

[517] Liv. 8, 12, 14.

[518] Vgl. aber V. Mannino, L'Auctoritas Patrum, Milano 1979, 93 ff. Der Verfasser hält auch die *lex Valeria Horatia* des Jahres 449 (Liv. 3, 55, 14 f.) für historisch. Dieses Gesetz hätte gerade die *auctoritas patrum*, die Bestätigung durch die patrizischen Senatoren, festgeschrieben.

[519] Dazu F. Cassola, Lo scontro fra patrizi e plebei, in: Storia di Roma, 468 f.

ein schlagender Beweis dafür, daß sich die herrschende Schicht über die Tragweite ihres Schrittes durchaus im klaren war.

Dabei mögen gewiß auch praktische Überlegungen eine Rolle gespielt haben. Es war einfach leichter, ohne alle Formalitäten die *concilia plebis* einzuberufen, und es war zudem für die relativ große Anzahl von Volkstribunen einfacher, das legislatorische Geschehen vorzubereiten, die Versammlung und die Abstimmung zu leiten. Man bedenke, zwei Consuln und (danach) einem Prätor standen 10 Tribunen gegenüber; erstere hatten die militärischen Operationen zu lenken, die Rechtsprechung zu organisieren, sich am kultischen Leben zu beteiligen, die Polizeigewalt auszuüben.

Nach Beendigung des Ständekampfes verschob sich auch innerhalb der Plebs das Gewicht: Die eigentlichen Anführer, die im Ständekampf als Tribunen fungierten, trachteten nun danach, die höchsten Staatsämter zu bekleiden. Den Tribunat überließ man den Jungen, die am Beginn der Karriereleiter wohl willig zum ausführenden Organ der gesamten Nobilität wurden. Insbesondere verblieb ihnen – sieht man vom vielfach theoretischen Schutz der einzelnen Plebejer ab – keine andere Kompetenz als die Leitung des *concilium plebis*. Aus dem ungeordneten Haufen der politisch aktiven Plebs wurde wohl im Jahre 287 die nach *tribus* geordnete und abstimmende Versammlung. Damit war die Kontrolle der *nobiles*, der plebejischen Großgrundbesitzer, ohnehin gewährleistet.[520]

Serrao[521] hat aus der numerischen Überlegenheit der Plebiszite auf die demokratische Ausrichtung geschlossen und dieses Vorgehen als besondere Tätigkeit der Tribune geradezu als Selbstzweck hingestellt. Dies sei damit zu beweisen, daß von 367 bis 331 von 366 namentlich bekannten Volkstribunen 101 keine curulischen Magistraturen erlangten. Ich glaube vielmehr, daß der hohe Anteil von annähernd 70 % genau das Gegenteil beweist, nämlich daß die Tribunen prinzipiell bestrebt waren, weiterhin politische Karriere innerhalb des Systems zu machen.

So nimmt die dargestellte Entwicklung immer deutlicher die Konturen eines staatspolitischen Systems an, tatsächliche Institutionen einer Verfassung. Die Volksversammlungen und insbesondere die Centuriatcomitien und die *concilia plebis* sind nach einer Phase des Aus-

520 Zu Recht De Martino II, 156. Vgl. auch allg. zur Ordnung *tributim*, Bleicken, Lex Publica 250 ff., wo auf die Tatsache verwiesen wird, daß man sehr wohl in Rom wohnen und als Grundeigentümer einer ländlichen *tribus* zugehören konnte. Zu oft wurde mit Recht betont, daß die Masse des effektiven Wahlvolkes in den 4 städtischen *tribus* konzentriert war.

521 Serrao 72 ff.

lotens, Absteckens und Ausprobierens spätestens 287 zu einem festen, unveränderlichen System geworden, das selbst die Wirrnisse der Gracchen und des Bürgerkrieges zwischen Marius und Sulla im wesentlichen unbeschadet überstand und erst durch die am weitesten gehende Neugestaltung des Staates unter Augustus völlig verschwand. Die Volksversammlungen waren über Jahrhunderte zusammen mit den Magistraturen (Consuln – Praetoren – Censoren – Volkstribune) und dem Senat die Eckpfeiler des Staates. Die von mir als System bezeichnete staatsrechtliche Wirklichkeit war der Ausdruck einer in der Geschichte fast einmaligen homogenen Oberschicht, der patrizisch-plebejischen Nobilität, deren wirtschaftliche Prosperität zum einen und deren Drang nach griechischer Kultur zum anderen als Folgen der unglaublichen territorialen Expansion der Republik in den letzten zwei Jahrhunderten zu bewerten sind. Wer dies nicht versteht, dem wird insbesondere die Rolle der plebejischen Versammlungen stets ein Rätsel bleiben müssen: Bedeutende Forscher wie zuletzt Ernst Meyer und Staveley sind so zur irrigen Ansicht gelangt, daß ab dem Zeitpunkt, als die Beschlüsse der *concilia plebis* Gesetzeskraft erhielten, auch die Patrizier miteinbezogen werden hätten müssen. Doch abgesehen von der noch bei Gaius und Pomponius strengen staatsrechtlichen Trennung von *lex* und *plebiscitum* widerspricht diese Ansicht in eklatanter Weise den Quellen. Die plebejischen *concilia*, zusammengerufen und geleitet vom Volkstribun wie die *comitia centuriata* vom Consul, waren Ausdruck eben derselben politischen Majorität. Sie waren, wie eindrucksvolle Stellen beweisen, als fester Bestandteil im System verankert: So berichtet Livius für die Zeit des ausgehenden 2. Punischen Krieges, daß der Senat die Consuln beauftragte, sich mit den Tribunen zu verständigen, auf daß jene *ad plebem ferrent quem cum imperio mitti placeret in Hispaniam.*[522] Keine Arbeit könnte unser System schöner beschreiben als die knappen Worte des Livius.

§ 25. Der Senat[522a]

Der Senat war ursprünglich nichts anderes als die Versammlung der Oberhäupter der *gentes*, der *patres*. Von wichtiger beratender Funktion seit den Wanderungen und der Seßhaftwerdung, bildete dieses

[522] Liv. 26, 2, 5.

[522a] Mommsen StR III, 835 ff.; Willems 1 ff.; O'Brien Moore, in: RE Suppl. VI (1935) 672–760 s. v. „Senatus“ (Republik); De Martino I, 263 ff.; De Martino II, 185 ff.; Bleicken, Verfassung 108 ff.; Wieacker 408 ff.

Gremium seit jeher eine der tragenden Stützen des römischen Staates. Die annalistische Überlieferung schrieb ihm die wichtige Aufgabe zu, den *rex*[523] zu bestimmen. Beim Tod des Königs übten die Oberhäupter der *gentes* selbst die Staatsmacht aus, und zwar so lange, bis ein neuer *rex* bestimmt war.[524] Selbstverständlich setzte sich der älteste Senat nicht aus einer vorausbestimmten Anzahl von Mitgliedern zusammen, sondern wesentlich war einzig und allein die Anzahl der *gentes*. Wie in vielen institutionellen Bereichen führte auch beim Senat die etruskische Monarchie zu schwerwiegenden Veränderungen. Bereits der erste der etruskischen Könige, Tarquinius, soll neue Mitglieder in den Senat aufgenommen haben, und zwar solche, die außerhalb der althergebrachten latinischen Gentilordnung standen[525], die also nicht dem Patriziat zugerechnet werden konnten. Freilich, sie wurden durch ihre Aufnahme in den Senat auch in das Patriziat erhoben, ihre Familien als *gentes* strukturiert. Die Überlieferung kannte noch nach vielen Jahrhunderten *gentes minores*. Dies war ein klarer politischer Akt des etruskischen Königs, seine eigene Machtbasis auszubauen und sozialen Aufsteigern gebührende Anerkennung zu verleihen. Ob nun bei dieser Gelegenheit, die zweifelhaft von revolutionärer Art war, tatsächlich eine bestimmte Anzahl festgesetzt wurde oder ob die Erhebung von ökonomischen[526] und sozialen Meriten abhängen sollte, kann definitiv nicht geklärt werden, eine offene Zahl der Senatsmitglieder dürfte nach wie vor aber vorzuziehen sein. Die Fixierung der für lange Zeit gültigen Anzahl von 300 Senatoren ist mit exakten Aufnahmekriterien in Zusammenhang zu bringen, etwa mit der *lex Ovinia*, als der *lectio senatus* die Aufnahme in den Senat übertragen wurde. Auf jeden Fall ist sie das Ergebnis des Verfassungsausgleiches von 367. Im Zuge dieses Kompromisses wurde es selbstverständlich, daß auch Plebejer in den Senat gelangten. Es sind dies die *conscripti; patres* und *conscripti* sprechen die Quellen, man versuchte diese Differenzierung auch institutionell zu begründen und Schlüsse daraus zu ziehen. Doch nach dem Ausgleich von 367 ist dies ein sinnloses Unterfangen. Der Senat der entwickelten römischen Republik ist nichts anderes als das institutionelle Spiegelbild des sozialen und politischen Ausgleichs: Wer im Senat aufgenommen worden war, der war gleichberechtigtes Mitglied des Gremiums. Während in früherer Zeit gleichsam selbstverständlich die Zugehörigkeit zu den *gentes* ausschlaggebend war und später Tar-

523 Liv. 1, 17, 8–9.
524 *Auspicia ad patres redeunt.*
525 DH 3, 67, 1; Liv. 1, 35, 6; Cic. Rep. 2, 35.
526 Vgl. Capogrossi 144 ff. bes. 151.

quinius Priscus den Versuch unternommen hat, als Monarch, als Tyrann selbst Senatoren zu be- und ernennen, so mußte nach dem Sturz der Etrusker, nach der Beseitigung des Königtums, das ursprüngliche Prinzip automatisch wieder aufleben. Niemand konnte institutionell mehr den Senat ergänzen, jeder *pater* einer *gens* gehörte ihm auf Lebenszeit an. Es waren die Senatoren, die nun für Jahrzehnte den Ton angaben, einen der Ihren zum Staatsoberhaupt bestimmten.

Erst die Wiedererlangung politischer Macht über die militärischen Erfordernisse durch die Plebejer, die Möglichkeit, auch das höchste Staatsamt zu bekleiden, mußte erneut die Frage aufwerfen, ob nun dieses Bollwerk patrizischer Machterhaltung weiterhin bestehen konnte. Der wichtigste und entscheidendste Schritt war dabei der Verlust von seiten des Senats, das Staatsoberhaupt zu bestimmen. Dies war keinesfalls ein einmaliger, revolutionärer Schritt, immer häufiger mußten aber nach 450 die militärischen Formationen bei der Wahl auch politischer Führer gegenüber dem Senat erfolgreich geblieben sein. Auch diese institutionelle Ungewißheit, dieser Kompetenzkonflikt Heer – Senat wurde 367 aus der Welt geschafft. Ab diesem Jahr stand eindeutig fest: Der Senat hatte die Kompetenz verloren, und zwar für immer, das Staatsoberhaupt zu küren. Gleichzeitig mußte aber aus Gewißheit darüber, daß ein rein patrizischer Senat das neue institutionelle Gleichgewicht langfristig stören mußte, eine Möglichkeit geschaffen werden, auch Plebejern den Zutritt zu selbigem zu verschaffen. Nur Vermutungen können darüber angestellt werden, wie dies geschah, wahrscheinlich mußte die Wahl in eines der obersten Staatsämter (Prätur/Consulat) zur Aufnahme in den Senat führen. Damit war das Gentilprinzip endgültig gefallen, möglicherweise erteilte man auch dem Consul die Möglichkeit, neue Mitglieder in den Senat aufzunehmen. Endgültige Klarheit erfolgte jedenfalls durch die *lex Ovinia*: Ab jetzt oblag es ausschließlich den Censoren, den Senat zu ergänzen, es bildeten sich wie so oft in der römischen Verfassung gewohnheitsrechtliche Regeln, die freilich als *mos* alsbald bindend wurden. So durften die obersten Beamten regelmäßig nicht übergangen werden, im weiteren Verlauf auch nicht die unteren Beamten, vorausgesetzt, man überschritt dabei nicht das Limit von 300 Senatoren. Andererseits war den Censoren die Kompetenz übertragen, Senatoren wegen ausschließlich moralischer Gründe aus dem Senat zu verstoßen.

Zuletzt – freilich über ein Gesetz – erhielten auch die Volkstribunen als solche das Recht zuerkannt, über die censorische *lectio* in den Senat aufgenommen zu werden (*lex Atinia* 2. Hälfte 2. Jh. v. Chr.).[527]

[527] Zum Auswahlverfahren bei der *lectio senatus* vgl. Liv. 23, 23, 5.

Praxis war es desgleichen, daß gewesene Amtsträger vor der nur alle 5 Jahre stattfindenden *lectio* an den Sitzungen des Senats teilnehmen konnten und dort auch das Wort ergreifen durften *(ius sententiae dicendae in senatu)*. Eine strenge Hierarchie herrschte auf Grund der bekleideten Ämter und der Anciennität. Den Vorsitz im Senat führte der älteste patrizische Consular *(princeps senatus)*; dieser war gleichsam der offizielle Sprecher der Versammlung und erteilte den einzelnen Sitzungsteilnehmern eben auf Grund der rigiden Reihenfolge das Wort. Dabei kann ich auch keinen Hinweis dafür erkennen, daß die plebejischen *conscripti* als solche hinter die Patrizier gereiht wurden, dies hätte dem Verfassungsausgleich von 367 gröblichst widersprochen. Daher galt: Es wurde vom *princeps senatus* als erster der dienstälteste Consular befragt, der obendrein noch die Censur bekleidet hatte, unabhängig davon, ob er patrizischer oder plebejischer Herkunft war. Nur in außergewöhnlichen Fällen, etwa wenn es um Fragen aus ihrem Kompetenzbereich ging, wird man auch Senatoren, die noch kein Amt *cum imperio* innegehabt hatten, um ihre Meinung gebeten haben. Ansonsten mußten sie sich lediglich an der Abstimmung beteiligen, weshalb man sie auch als *pedarii* bezeichnete, als solche, die bei der Abstimmung *(discessio)* einer Meinung beitraten *(pedibus ire in sententiam alienam)*. Der Senat berief sich üblicherweise nicht selbst ein, dieses Recht stand regelmäßig einem Magistraten zu, zuletzt sogar dem Volkstribunen.[528] Tagungsorte waren vornehmlich die *Curia Hostilia* auf dem Forum (heute *Curia Iulia*), die *Curia Calabra* am Kapitol sowie Tempel. Ein Tempel deshalb, weil der Ort inauguriert sein mußte.[529] Auch außerhalb des *Pomerium* konnte der Senat tagen.[530]

Die Kompetenzen waren im einzelnen wie folgt:

1. Das Interregnum

Vgl. § 13.

[528] Vgl. Gell. XIV, 7. Freilich mußten im Falle des Interregnum andere Regeln gelten. Dazu Kunkel 242 ff.

[529] Gell. XIV, 7, 7, 1.

[530] Festus p. 470 (v. *senacula*); Liv. 3, 63, 6; DH 11, 49, 2. Dabei wurden eigene Tempel verwendet, wie jener der Bellona am Marsfeld oder ein Apolltempel bei den Prata Flaminia, insbesondere dann, wenn man Promagistrate anhören wollte, die bei Überschreiten des *pomerium* das *imperium* verloren hätten.

2. *Die* auctoritas patrum[531]

Offenbar als Relikt aus den Ständekämpfen hatten sich die *patres* vorbehalten, die Beschlüsse der wichtigsten Volksversammlung, der Centuriatcomitien, zu billigen oder zu verwerfen.[532] Dies betraf sowohl die Gesetze wie auch die Wahl der wichtigsten Magistrate. Der Überlieferung nach war es Publilius Philo, der im Jahre 339 die Bestätigung der *patres* für Gesetzesbeschlüsse durch ein eigenes Gesetz beseitigte und an ihre Stelle eine vorangehende Billigung des Gesetzgebungsaktes setzte.[533] Etwas später, vermutlich am Beginn des 3. Jh., wurde durch eine *lex Maenia*[534] auch die Wahl der Magistrate erst nach erfolgter *auctoritas* zugelassen. Damit war wohl ein letztes verfassungsrechtlich relevantes Privileg der Patrizier beseitigt,[535] das sehr wohl immer wieder als politisches Druckmittel angewandt worden war. Die Einholung der *auctoritas* durch die patrizischen Senatoren

[531] Literatur: Mommsen StR III, 1037 ff.; Kunkel 319 ff.; Wieacker 399 ff.; R. Heinze, in: Hermes 60 (1925) 348 ff.; F. Hofmann, Der römische Senat zur Zeit der Republik, Berlin 1847; P. Willems, Le Sénat de la Républic Romaine, II, Louvain ²1883–1885, 33 ff.; v. Lübtow, Das römische Volk, Frankfurt a. M. 1955, 245 ff.; H. Siber, Römisches Verfassungsrecht in geschichtlicher Entwicklung, Lahr 1952, 58; J. Bleicken, Lex Publica 296 ff.; A. Guarino, L'exaequatio legibus dei „plebis scita", in: FS F. Schulz, Weimar 1951, 460; De Martino I, 440 ff. und II, 149 ff.; Kunkel, Magistratische Gewalt und Senatsherrschaft, in: ANRW I/2 (1972), 3 ff.; V. Mannino, L'„Auctoritas Patrum", Milano 1979; P.-C. Ranouil, Recherches sur le patriciat (509–336 avant J.-C.), Paris 1975, 45 ff.; A. Biscardi, Auctoritas patrum, in: BIDR 48 (1941) 401 ff.; Ders., Auctoritas Patrum; A. Magdelain, De l'auctoritas patrum à l'auctoritas senatus, in: IURA 33 (1982) 25 ff.
Quellen: Gai. 1, 3; Liv. 1, 17, 9; 6, 41, 10; 7, 16, 7; 8, 12, 15; 8, 21, 10; 6, 42, 10; 45, 21, 5; Sall. Hist. 3, 48, 15; Cic. Rep. 2, 56; Cic. Dom. 38; Cic. Planc. 8, 12; Cic. Leg. 3, 12, 28.

[532] Insofern auch zur Rechtsentwicklung, wenn Beschlüsse den bisherigen verfassungsmäßigen Rahmen sprengten (Liv. 7, 16, 7). Es handelt sich dabei ausschließlich um die Beschlüsse der Centuriatcomitien, Guarino, Origini 152 ff. hat dies richtig erkannt. Die neue „politische" Rolle dieser Versammlung ab der Mitte des 5. Jh. sollte durch eine Überwachung durch die Patrizier eingebremst werden, anders Biscardi 223 ff.

[533] Liv. 8, 12, 14 f.

[534] Vgl. E. Weiss, in: RE XII 2 (1925) s. v. „*lex Maenia*"; G. Rotondi, Leges publicae populi Romani, Milano 1912, 227; Mommsen, Römische Forschungen I, Hildesheim 1962, 242; B. L. Twyma, The Consular Elections of 216 BC and the lex Maenia de patrum auctoritate, in: Classical Philology 79 (1984) 285 ff.

[535] Bleicken, Lex Publica 300 f.

verfiel zur reinen Routine,[536] zu einer nicht bindenden Meinung. Ob nun auch die plebejischen Senatoren teilnahmen, muß dahingestellt bleiben. Im Sinne der endgültigen Beilegung des Ständekampfes wäre es durchaus denkbar.[537] Die *auctoritas* betraf nun die *rogatio* der Magistrate, sie war verpflichtend und bindend.[538] Für die im wesentlichen politisch unbedeutenden Curiatcomitien wurde wohl an der bestätigenden *auctoritas* festgehalten.[539] Für die Tributcomitien sind wir auf ein einziges Zeugnis bei Livius angewiesen.[540] Sollten freilich Gesetze dort rogiert worden sein, wird man darüber gleichermaßen im Senat beratschlagt haben. Anläßlich der Wahl der *magistratus minores* wird man ebensowenig von der Praxis abgewichen sein, war doch diese Wahl vielfach der erste konkrete Schritt, um später in den Senat aufgenommen werden zu können. Ob damit freilich förmlich die *auctoritas* zu erteilen war, erscheint mir fraglich.

3. *Die* senatus consulta

Nach der Debatte konnte zum Zwecke einer Beschlußfassung eine offene Abstimmung unter den Senatoren erfolgen. Mommsen, dem natürlich die immense politische Rolle des Senats nicht entgangen sein konnte, hatte diese Beschlüsse für reine Empfehlungen an die Magistrate erachtet.[541] Allzu leicht könnte man dabei dem Senat überhaupt

[536] Anders Bleicken, Lex Publica 301 f., als Stärkung dagegen vgl. Magdelain (o. Fn. 531) 41 ff. Vgl. V. Mannino, L'Auctoritas Patrum, Milano 1979, 84, anders Siber 141.

[537] So Biscardi, Auctoritas Patrum 59; Bleicken, Lex Publica 309. Vgl. Cic. Leg. 3, 28 ... *suam potestor in populo, auctoritas in senatu* ... Anders Kunkel 320 unter Berufung auf Cic. Dom. 38 freilich nach vorangegangener Debatte des Gesamtsenates; in meinem Sinne Mannino, L'Auctoritas Patrum 129 ff.

[538] Anders Biscardi, Auctoritas Patrum 43 ff. unter Berufung auf DH 2, 14.

[539] Liv. 6, 41, 10; Cic. Dom. 38.

[540] Zweifelnd auch Kunkel 320 mit dem äußerst interessanten und richtigen Hinweis: „Anomalien wie die Freiheit der einen Gesetzgebungsform von Erfordernissen der anderen sind in einer ‚gewachsenen' Verfassung keine Seltenheit." Anders Mommsen StR III, 1040 und Römische Forschungen I, 238 u. Fn. 27.

[541] Mommsen StR III, 1031 ff. Zur Kritik an der Mommsenschen Auffassung als zu rechtspositivistisch Bleicken, Verfassung 118; problematisch, so Bleicken, sei nicht der regelmäßig geleistete Gehorsam des Magistraten gewesen, sondern vielmehr der mögliche Ungehorsam. Zur normativen Funktion von Senatsbeschlüssen Serrao 57.

nur die Rolle eines beratenden Gremiums zuerkennen. Freilich, *more maiorum* stand völlig fest, daß, wenn es verfassungsmäßige Organe gab, die zur Ausführung eines Senatsbeschlusses die nötigen Kompetenzen hatten, sie dies tun mußten. Als Beispiel könnte man ein *senatus consultum* nennen, das den zuständigen Beamten zu einer *rogatio* in den Centuriatcomitien aufforderte.[542]

Das *senatus consultum ultimum*, das für die Spätphase der Republik in verstärktem Ausmaße überliefert ist, muß eher in den Bereich des politischen Machtkampfes verwiesen werden[543]. Jedoch in Notzeiten hatte der Senat schon immer in die magistratische Amtsführung eingegriffen.[544] Dadurch wurden den betroffenen Beamten, in der Regel den Consuln, aber auch den Prätoren in der Ausübung ihres *imperium* keine Grenzen gesetzt, sie sollten zusehen, daß das Gemeinwesen keinen Schaden nehme.[545] Dazu zählten vor allem militärische Maßnahmen auch innerhalb des *pomerium*. Damit war wohl auch zum Ausdruck gebracht, daß es gegen Akte der Magistrate weder Provokation noch tribunizische Interzession geben konnte.[546] Überspitzt könnte man sagen, daß nun das *imperium militiae* auf das Zivilleben, auf die Stadt Rom ausgedehnt wurde.

4. *Aufsicht in religiösen Angelegenheiten*

In vieler Hinsicht arbeitete der Senat eng mit den höchsten Priestertümern zusammen, vielfach geradezu als Bindeglied zwischen den einzelnen Priestern und deren Dekreten und den diese ausführenden Magistraten. Auch bei der Anerkennung neuer Kulte oder dem Verbot anderer kam dem Senat eine wichtige Rolle zu.[547] Bei Vorliegen unheilschwangerer Zeichen *(prodigia)* ordnete der Senat auf Anraten

[542] Vgl. *lex Sempronia de pecunia credita* aus dem Jahre 193 v. Chr.

[543] Zum ersten Mal wurde es 121 gegen Gaius Gracchus zur Anwendung gebracht. Mommsen StR I, 693 ff.; v. Lübtow 334 ff.; Bleicken, Lex Publica 473 ff.; J. von Ungern-Sternberg, Untersuchungen zum spätrepublikanischen Notstandsrecht, Vestigia 11 (1970).

[544] Vgl. Liv. 26, 9– 26, 10 zur Situation des Jahres 211, als sich Hannibal vor den Toren befand.

[545] Cic. Phil. 5, 34, zu den Anwendungsfällen Kunkel 232 Fn. 459: Es können zwischen den Jahren 121 und 40 insgesamt 14 Fälle festgestellt werden.

[546] Insbesondere Kunkel 235 und Fn. 468 zu Recht gegen Bleicken, Lex Publica, 422 Fn. 189.

[547] Mommsen StR III, 1050 ff.; vgl. Liv. 22, 10, 10 zur Aphrodite von Eryx.

der zuständigen Priester Gegenmaßnahmen an.[548] Die Weihe von Tempeln oder heiligen Stätten[549] wurde ebenso auf Bestreben der Priester an die Magistrate weitergeleitet, letztlich bildete der Senat die unerläßliche „Durchlaufstation“ aller religiösen Akte. Nicht zuletzt konnte der Senat darauf hinweisen, daß irgendein staatsrechtlich relevanter Akt an irgendeinem staatsrechtlichen Mangel litte, etwa daß ein Beamter *vitio creatus* geworden war.[550]

5. *Finanzgebarung*

Schon früh nahm der Senat die Finanzgebarung wahr, freilich auch in diesem Gebiet im Wechselspiel mit den zuständigen Beamten, unter welchen die Censoren ständig bedeutsamer wurden. Der Senat entschied offenbar über Landverteilungen (*adsignatio* am *ager publicus*)[551], insbesondere auch im Zusammenhang mit der Gründung neuer Kolonien[552], ebenso wie über die Okkupation von Staatsland. Dieser *ager occupatorius*, an welchem ein dem Eigentum sehr nahes Besitzrecht erworben wurde, war einer der wichtigsten ökonomischen Auseinandersetzungspunkte im Zuge des Ständekampfes. Ein Gesetz des Verfassungsausgleichs von 367 betrifft gerade die Beschränkung dieses Sonderbesitzes sowie vermutlich die Aufhebung der Beschränkung der *occupatio* auf die Patrizier.[553] Ab diesem Zeit-

[548] Gell. V, 17, 2.

[549] Dazu freilich Cic. Dom. 49, 127: *video enim esse legem veterem tribuniciam, gerre velat iniussu plebis aedes terram aream consecrari.* In 53, 136 spricht Cicero dagegen vom *iniussu populi.* Vgl. Liv. 9, 46, 7, wo der Senat und die Mehrheit der Volkstribune erwähnt sind. Mir scheint das Gesetz = Plebiszit im Zusammenhang mit dem ausgehenden Ständekampf tatsächlich um 300 datiert werden zu können. Das Volk sollte bei der Weihe auch mitbestimmen, die bestehende Kompetenz des Senats wurde nicht in Frage gestellt. Vgl. Mommsen StR III, 1050; Willems II, 309; De Martino II, 192 f., der sich nicht auf ein Datum festlegen möchte.

[550] Für die ausgehende Republik L. De Libero, Obstruktion, Stuttgart 1992.

[551] Also auch darüber, welches Land den Unterlegenen verbleiben sollte. Zur Viritanassignation am *ager Ligostinus et Gallicus*: Liv. 42, 4; vgl. allg. Varro Rust. I, 2, 7; Mommsen StR III, 1119 f.; Willems II, 677 ff.

[552] Liv. 37, 47, 2 (Bononia im Jahre 190); Liv. 39, 55, 5 (Aquileia im Jahre 183); Liv. 43, 3, 1–4 (Carteia im Jahre 171); zum ersten Mal für 296 auch ein Plebiszit Liv. 10, 21, 9.

[553] Zum *ager publicus* M. Kaser, Eigentum und Besitz im älteren römischen Recht, Weimar 1943, 239 ff.; F. Bozza, La possessio dell'ager publicus, Milano

punkt durften nur mehr 500 *iugera* unentgeltlich am *ager publicus* besessen werden. Die Verpachtung der *agri vectigales*, also gegen Entgelt, fiel dagegen in die Kompetenz der Censoren.[554] Der Verkauf von Staatsland wurde von den Quästoren betrieben. Angesichts ihrer untergeordneten Rolle im Staatswesen mußte der Verkauf zuvor gebilligt werden, unklar ist, ob von Gesetzes wegen oder auf Grund eines Senatsbeschlusses.[555] Unvorstellbar ist weiter, daß der Senat nicht in die allgemeine Verwaltung und Verwendung von Staatseigentum eingreifen hätte können.[556] Insbesondere wurden Beschlüsse bezüglich zu tätigender Staatsausgaben gefaßt, die über einen Magistraten *cum imperio* zur Ausgabe durch den Quästor führten.[557] Es stand dem Senat zu, die jeweils notwendigen Einnahmen über das *tributum*[558] zu konkretisieren, zumeist im Zusammenhang mit militärischen Notwendigkeiten.

6. *Die Einsetzung von Kommissionen*

Derlei Kommissionen konnten in Form von Gesandtschaften[559] oder zur Lösung irgendwelcher anstehenden Probleme in der Stadt Rom oder im römischen Territorium eingesetzt werden, zu innen- wie außenpolitischen Maßnahmen. Dabei entwickelten sich derartige Kommissionen häufig zur Untersuchung von Umtrieben, die entweder gegen den Staat als solchen gerichtet waren oder doch die sittliche

1939; A. Burdese, Studi sull'ager publicus, Torino 1952; L. Capogrossi Colognesi, Proprietà e signoria in Roma antica I, Roma ²1994, 93 ff.

554 Wobei freilich nicht selten der Senat die Maßstäbe vorgab und selbst Änderungen erzwang; vgl. Liv. 39, 44, 8; Mommsen StR III, 1115 ff.

555 Vgl. Liv. 28, 46, 4 f.; Mommsen StR III, 1144; M. Kaser, Die Typen der römischen Bodenrechte in der späteren Republik, in: SZ 62 (1942) 44.

556 Vgl. Liv. 45, 43, 10; 25, 7, 5.

557 Cic. Phil. 9, 7, 16; 14, 19, 38 SC. de Asklep.

558 Vgl. zuletzt F. Milazzo, La realizzazione delle opere pubbliche in Roma arcaica e repubblicana. Munera e ultro tributa, Napoli 1993. Zur engen Beziehung zwischen *tributum* und *stipendium*, dem angeblich 406 eingeführten Sold für die Soldaten, vgl. Soltau, Volksversammlungen 403 ff.; Liv. 23, 31, 1; 23, 48, 10. T. Spagnuolo Vigorita/F. Mercogliano, s. v. „Tributi", in: ED. XLV (1992) 86 ff.

559 G. Clemente, Esperti ambasciatori del senato e la formazione della politica estera romana tra il III. e il II. secolo a. Cr., in: Athenaeum 54 (1976) 31 ff.

Ordnung gefährden konnten.[560] Aus diesen Kommissionen entstanden wahre Gerichtshöfe, wobei einem Magistraten *cum imperio* die Untersuchung, *quaestio,* anvertraut wurde. Es richteten freilich die Senatoren als *consilium iudicum*[561], eine Kompetenz, die den Senatoren teilweise durch ein Gesetz des Gaius Gracchus zugunsten der Ritter entzogen wurde (*lex Sempronia iudiciaria* des Jahres 122). Von besonderer Bedeutung waren jene Gerichtshöfe, die nicht von Fall zu Fall, sondern seit der *Lex Calpurnia de repetundis* des Jahres 149 in verstärktem Ausmaße auf Dauer eingerichtet wurden, die *quaestiones perpetuae*[562]. Dabei galten die Geschworenenbänke für ein magistratisches Amtsjahr. Jedoch bei den weiterhin möglichen *quaestiones extraordinariae*, die entweder vom Senat selbst oder auf Volksbeschluß eingerichtet wurden, bestellte der Senat weiterhin die Richter, wie den *quaesitor*, den Leiter des Verfahrens.

7. *Militärische Aufgaben*

Regelmäßig wurde die Aushebung sowie die Auflösung des Heeres vom Senat beschlossen.[563] Der Senat erkannte über Triumph, *ovationes* und *supplicationes*.[564]

8. *Verwaltung neuer Territorien*

Bereits früh mußte das Problem auftauchen, auf welche Weise den Magistraten im Falle der Kollegialität Sonderkompetenzen zuerkannt werden konnten. Diese ausschließliche Kompetenzsphäre wurde als *provincia* bezeichnet. Von großer Bedeutung war diese Kompetenzaufteilung insbesondere im Rahmen der Verwaltung neu eroberter Territorien. Dem Senat stand dabei nur die abstrakte Verteilung eben des Tätigkeitsbereiches[565] zu, während die konkrete Zuweisung an die

[560] Vgl. etwa die Untersuchung gegen die Anhänger des Bacchuskultes im Jahre 186.

[561] Festus 274 L.

[562] Zu den *quaestiones perpetuae* W. Kunkel s. v. „*quaestio*" in: RE 24, 736 ff.

[563] Unzählige Fälle zur Aushebung e. g. Liv. 3, 30, 3; 6, 27, 9.

[564] Mommsen StR I, 126 ff.; Karlowa, Römische Rechtsgeschichte I, Berlin 1885, 164; Versnel, Triumphus, Leiden 1970; E. Künzl, Der römische Triumph, München 1988.

[565] *Nominare provincias*: Liv. 21, 17, 1; 38, 38, 12; 44, 17, 9.

vom Volk gewählten Beamten *cum imperio* durch das Los erfolgte.[566] Im Falle einer Vergabe ohne *sortitio*, also *extra ordinem*, hatte das Volk über die Vergabe zu entscheiden. Der Kompetenzbereich des *praetor urbanus* unterlag als althergebrachtes Staatsamt überhaupt nie der senatorischen Kompetenzaufteilung.[567] Spätestens ab dem 2. Punischen Krieg konnte der Senat ohne Mitwirkung des Volkes die *prorogatio imperii* verfügen.[568]

9. Koordination der Außenpolitik

Es war der Senat, der als solcher die Grundlinien römischer Außenpolitik bestimmte. Wenn irgendwo, dann kann man gerade in diesem Bereich die Magistrate als Erfüllungsgehilfen des Senats bezeichnen. Diese unbestrittene Kompetenz kam dadurch zum Ausdruck, daß der Senat außenpolitische Probleme – und dies bedeutete zumeist die römische Expansion – eingehend debattierte, Gesandtschaften ausschickte und seinerseits Gesandte empfing. Kriegführende empfing man freilich grundsätzlich nicht ohne Genehmigung durch den involvierten römischen Feldherren.[569] Aller Regel nach erfolgte die Vorbereitung und Textierung internationaler Verträge durch den Senat.[570] Das entsprechende *senatus consultum* wurde sodann zur Ratifizierung dem Volk vorgelegt, bzw. der vom Senat nur formlos vorbereitete und abgesegnete Vertrag wurde nach dem Beschluß des Volkes durch ein endgültiges *senatus consultum* bekräftigt.[571] Außenstehende, insbesondere aus dem hellenistischen Osten, haben den Senat immer als den eigentlichen Vertreter römischer Herrschaft angesehen.[572]

566 De Martino II, 194 u. 232 ff.; Mommsen StR I, 56; vgl. Liv. 6, 30, 3; 32, 28, 2.

567 So zu Recht De Martino II, 233; anders der *Praetor peregrinus*, dem auch weitere Kompetenzen zuerkannt werden konnten, etwa „*cum Gallia*" in Liv. 27, 7, 8.

568 Liv. 24, 10, 3; 30, 1, 7; 31, 8, 9; 35, 20, 11; 40, 18, 6.

569 Liv. 42, 36, 5; 37, 49, 8.

570 Zu den Verträgen Mommsen StR I, 274; III, 340; E. Täubler, Imperium Romanum, Berlin 1913, 99 ff.

571 Liv. 30, 43, 2 bezüglich des mit Carthago zu schließenden Vertrages im Jahre 201.

572 Vgl. die berühmte Episode des Königs Prusias II. von Bithynien, der im Jahre 166 als Freigelassener gekleidet vor den Gesandten des Senats auftrat, Polyb. 20, 18 ff.

Freilich, im Senat liefen die Fäden nicht nur der Außenpolitik, sondern des gesamten politischen Lebens zusammen. Richtig ist, daß der Senat für alles, was die allgemeine Staatsleitung anbetraf, zuständig war.[573] Er konnte tatsächlich über alles befinden und eben seiner Ansicht durch ein *senatus consultum* staatsrechtlich relevanten Ausdruck verleihen. Die weiteren Ausführungen Bleickens, daß die Magistrate lediglich ausführende Organe des Senats gewesen seien, verschieben das Gleichgewicht viel zu sehr zuungunsten ersterer. Interessant ist vielmehr, wie oft der Senat zur Durchsetzung eigener Interessen die Volkstribune heranzog.[574]

§ 26. Die Regierungspraxis

Mit einem bemerkenswerten Verständnis für die römische Realität hat J. Bleicken zum Abschluß seines Buches über die Verfassung der römischen Republik ein Kapitel der Regierungspraxis gewidmet, worin er grundsätzlich dem Funktionieren des römischen Staates nachzugehen trachtete. In der Tat haben die Besonderheiten der römischen Verfassung immer wieder die Frage laut werden lassen, wie denn überhaupt ein derartiges System praktikabel gewesen sei: Kollegialität und Interzession, Volksversammlungen verschiedener Art, Interferenzen des Senates; was den einen als bewundernswerte Leistung erschien, wurde von anderen geradezu als Inbegriff der Schwerfälligkeit abgelehnt: somit römischer Staat infolge seiner Ordnung oder trotz derselben?

Die Antwort auf die Frage ist außerordentlich schwer zu geben. Dies hängt erstens einmal davon ab, daß die Einrichtungen des römischen Staates nicht *a priori* erdacht wurden, sondern vielmehr zum einen das Produkt einer bisweilen langen historischen Entwicklung sind, zum anderen eben gerade als Endpunkte dieser Entwicklung häufig infolge politischer Kompromisse verfeinert und bestimmt wurden. Diese politische und verfassungstechnische Arbeit war im Jahre 287 endgültig abgeschlossen, nachdem sie insbesondere infolge des 2. und entscheidenden politischen Ausgleiches des Jahres 367 klare Konturen angenommen hatte.[575] Die Angleichung von Plebiszit an die *lex*

[573] Vgl. Bleicken, Verfassung, 114.

[574] Liv. 26, 2, 5; 28, 19, 6; 29, 20, 4–11; 30, 27, 3; 31, 50, 8; 35, 45, 4; 39, 19, 4; 40, 14; 41, 4.

[575] R. Develin, The Practice of Politics at Rome 366–167 BC, Brüssel 1985;

ist ein geradezu natürlicher Endpunkt, nachdem Magistraturen, Centuriatcomitien und Senat im wesentlichen in ihrer Rolle und staatsrechtlichen Kompetenz schon feststanden. Man darf also nie diesen historischen Entwicklungsprozeß beiseite schieben und insbesondere nicht die Tatsache vergessen, daß die Verfassung des Jahres 367 immer in weiteren 80 Jahren den Feinschliff durch die Praxis erhielt. Daß es sich tatsächlich nur mehr um einen solchen handelte, ist für mich der beste Beweis des grundsätzlichen Funktionierens des staatsrechtlichen Systems. Politisch waren mit den Regelungsmechanismen, die spätestens 287 feststanden, für lange Zeit die Forderungen erschöpft, und erst viel später wurde infolge völlig veränderter politischer Verhältnisse in einer völlig gewandelten Gesellschaft die Forderung nach Anpassungen, nicht einmal grundsätzlichen Veränderungen laut. Noch Ciceros Schriften überliefern uns eine lebendige Verfassung von 367. Wie ich im ersten Kapitel dargelegt habe, bedeutete erst der Sieg des Machtmenschen Octavian, sein Weg zum Augustus, einen Bruch, wie er radikaler nicht hätte sein können. Des weiteren darf nie außer acht gelassen werden, daß die staatliche Ordnung von 367 den Römern jenen Rückhalt bot, der es ihnen ermöglichte, bis zum Siege Octavians einen der größten politischen Machtbereiche zu schaffen, die die Menschheit je gekannt hat. Diese Kraft war nicht zuletzt das Ergebnis des inneren Staates und seines Rechtes. Gerade Annuität und Kollegialität der höchsten römischen Amtsträger boten immer wieder Ansporn zu neuen außenpolitischen Glanzleistungen; das Volk, geblendet von leichtem Reichtum, folgte dem politischen Führer in alle Abenteuer; und der Senat bot der politischen Führungsschicht die Möglichkeit, über die Annuität hinaus tatsächlich als solche zu regieren. Polybios' Bemerkungen zeugen von großem Einfühlungsvermögen: In der Tat, Rom lebte politisch vom Zusammenwirken zwischen Volk, Senat und Magistraturen. Wie im konkreten? Gewiß, ohne die Kompaktheit derjenigen Schicht, welche den Ausgleich von 367 herbeigeführt hatte, wäre wohl die der Verfassung entspringende politische Realität undenkbar gewesen. Letztlich ging es darum, daß der neue Adel, die *nobilitas*[576], im wesentlichen unabhängig davon, ob er den patrizischen oder plebejischen Ursprung für sich in Anspruch nehmen konnte, ökonomisch homogen war. Die Zulassung zu allen

L. Loreto, Un'epocha di buon senso. Decisioni, consenso e stato a Roma tra il 326 e il 284 a. Cr., Amsterdam 1993.

576 Zur *nobilitas* nach wie vor grundlegend M. Gelzer, Die Nobilität der römischen Republik, Leipzig 1912.

politischen Ämtern und den meisten Priesterämtern[577] mußte spätestens 287 auch definitiv eine soziale Gleichrangigkeit mit sich gebracht haben. Die *nobilitas* war grundsätzlich für Aufsteiger offen, wer insbesondere die ökonomische Grundlage aufzuweisen hatte, konnte zumindest den Versuch wagen, die für die Zugehörigkeit zur Oberschicht allein ausschlaggebende magistratische Karriere zu versuchen. Hierbei kam es dann allerdings auf die Unterstützung durch die bereits Etablierten an. Auch die unterste Stufe magistratischer Tätigkeit, Volkstribunat und plebejische Ädilität, waren ohne „Nobilitäts-Mehrheiten" in den Wahlversammlungen ausgeschlossen. Von besonderer Bedeutung für das Zusammengehörigkeitsbewußtsein der römischen Nobilität waren Bildung und gemeinsame Werte. Gewiß, der genuin bäuerliche Ursprung der Nobilität war prägend, wenn auch gerade die ständigen militärischen Auseinandersetzungen eine wohl noch tiefer wirkende Grundlage schufen. Weniger als die äußerst punktartig abgefaßten Pontifikalannalen mußten die tradierten Familienchroniken die Ruhmestaten der einzelnen Familienmitglieder tradieren. Gerade diese militärische Überlieferung mußte einen überragenden Stellenwert eingenommen haben. Im Heer zu dienen galt nicht nur als ehrenhaft, sondern stellte die unabdingbare Voraussetzung für die Bekleidung von Magistraturen dar; klarerweise war doch die politische Karriere so ausgerichtet, daß sie in den militärischen Kommandostellen der mit *imperium* ausgestatteten Ämter endete.

Dem Consul stand auch das *imperium domi* zu, das zwar theoretisch äußerst umfassend erscheinen muß, das aber in der Praxis der Staatsführung allein durch die zahllosen Sonderkompetenzen der übrigen Magistrate beschränkt war und im Bereiche der Koerzition römischen Bürgern gegenüber durch die *provocatio* und die ausschließliche Blutgerichtsbarkeit der Centuriatcomitien eine besonders nachhaltige Abwertung erfuhr. Der Consul konnte kraft *imperium* zwar gegen Sklaven und Nichtbürger vorgehen, doch in den seltensten Fällen bedeutete dies einen Vermerk in der Geschichte. Anders freilich bei den zahlreichen militärischen Aktionen, die gewiß bereits in der Frühzeit genügend Gelegenheit boten, über Sieg und Eroberung als Vorbild in die Geschichte einzugehen. Militärische Tugenden wie Tapferkeit, Ausdauer, aber eben auch Korpsgeist waren mächtige Grundlagen einer gemeinsamen Mentalität der Nobilität: Verhaltensweisen, diese

[577] Wenige Priesterämter verblieben weiterhin ausschließlich den Patriziern wie die *Fratres Arvales*, die Salier, der *rex sacrorum*, andererseits waren einige Ämter, Ädil und Tribun, rein plebejisch.

wie jene gegenüber Familie und Gemeinschaft, die die Verantwortung und die Opferbereitschaft in den Vordergrund stellten. In diesen Zusammenhang fällt selbstverständlich die Entwicklung grundlegender moralischer Begriffe, an erster Stelle der *fides*. Nicht zuletzt sei an die komplexen Regeln der römischen Religion erinnert, welche in vieler Hinsicht durch die strenge Observation von Riten und Festen ein einigendes Band darstellte. Gerade die strenge Einhaltung der Regeln lag über die Besetzung der entscheidenden Priesterämter in den Händen der Nobilität. Abgesehen von ausgefallenen Kulten und vom *rex sacrorum* waren jene Priesterämter, die tatsächlich über Festsetzung der Regeln, Überwachung ihrer Einhaltung und ihrer Auslegung die Gesellschaft beeinflussen und bestimmen konnten, Patriziern wie Plebejern offen, insbesondere das Amt der *pontifices* und jenes der Auguren. Als mächtiger Zusammenhalt der Oberschicht fungierte außerdem das Recht, das als Recht der gesamten Oberschicht bereits ab dem 1. Ausgleich des Jahres 450 gemeinsam entwickelt wurde. Gewiß, solange nicht auch die Plebejer zum wichtigsten Priesteramt, dem Pontifikat, zugelassen waren, solange rein patrizische Magistrate das gemeinsame Recht, insbesondere das XII-Tafel-Gesetz, aber auch die *mores* auslegten und zur Anwendung brachten, konnte die Gefahr bestehen, daß diese ein standesspezifisches Recht schufen. Daß dies nicht geschehen ist, belegt die historische Entwicklung. Trotz alleiniger patrizischer Rechtsanwendung über mehr als 100 Jahre kam es in diesem Zeitraum zum entscheidenden 2. politischen Ausgleich. Nirgendwo gibt es nur den geringsten Hinweis in der Überlieferung, daß durch die Besetzung der Prätur durch einen Plebejer oder durch das Durchdringen des Pontifikates mit Plebejern Recht und Rechtsanwendung in irgendeiner Weise andere Wege einschlugen. Der plebejische Prätor wirkte wie seine patrizischen Vorgänger und späteren Kollegen als Jurisdiktionsmagistrat, gemeinsam entwickelten später patrizische und plebejische Prätoren das Edikt und trugen somit wesentlich zur Entstehung eines einheitlichen Privatrechtes bei. Auch die plebejischen *pontifices* änderten nicht ihre Art und Weise, das Recht zu interpretieren und ihm so zu seiner Durchsetzung zu verhelfen. Gerade Tiberius Coruncanius, der erste plebejische *pontifex maximus*, ging als großer Rechtsgelehrter in die Geschichte ein.[578] Als Jurisdiktionsmagistrate, als *pontifices*, als Rechtsgelehrte auch ohne Amt hat die *nobilitas* das römische Recht geschaffen und auch als Richter zur Anwendung gebracht. Zu oft wird diese enorme Leistung nicht als

578 D. 1, 2, 2, 35.

festigender Ausdruck einer bestimmenden Oberschicht verstanden. Die Ausübung der Prätur sowie des Pontifikates gereichte den Betreffenden gerade deshalb zu hoher Ehre und Ansehen, weil es sich um die typischen „juristischen" Ämter handelte. Ebenso galt die Ausübung des Richteramtes als besondere Ehre, und in der Tat handelte es sich gerade nach heutiger Diktion um ein Ehrenamt, wurden doch die Richter von Fall zu Fall bestellt. Eigene Richterlisten, die ausschließlich aus Senatoren bestanden, wurden zu diesem Zwecke geführt. Die Beschäftigung mit dem *ius*, dem überkommenen wie seiner Weiterentwicklung, galt den *nobiles* neben der Erfüllung militärischer Pflichten als vorrangige Aufgabe, ganz konkret wurde die Jugend in das Recht eingeführt, indem sie erfahrenen Juristen bei ihrer zentralen Tätigkeit, dem Erteilen von Rechtsgutachten, lauschten. Es ist evident, daß dadurch in einem für den Staat und damit für die Politik zentralen Bereich eine gemeinsame Bildungsgrundlage geschaffen wurde.

F. Schulz hat in Anlehnung an Max Weber von einer Honoratiorenjurisprudenz gesprochen, dies völlig zu Recht. Nicht einzelne historisch faßbare Juristen treten uns entgegen, sondern die Juristen, aber nicht als selbständiger Stand, sondern als Ausdruck der Nobilität. Es ist bezeichnend, daß wir zwar ab dem Ende des 2. Jh. in verstärktem Ausmaße über die literarische Produktion der einzelnen Juristen Bescheid wissen, wenn es aber darum geht, herauszufinden, welcher Prätor im einzelnen die Entwicklung des Rechts vorangebracht hat, indem er neue Rechtsbehelfe in sein Edikt einführte, sind wir, wenn überhaupt, auf Mutmaßungen angewiesen. Nicht irgendwelche Prätoren haben das Edikt entwickelt, sondern der Prätor als Ausdruck der nobiliaren Jurisprudenz. Die zunehmenden Kontakte zu den Griechen ab dem 2. Punischen Krieg brachten eine Erweiterung des Bildungshorizontes mit sich. Wenn auch, wie sich am Beispiel von Cato leicht demonstrieren läßt, geistige Opposition gegen die neue Mode laut wurde, so konnte doch das immense, den Römern neue Bildungspotential nicht die Einheit der Nobilität zunichte machen, im Gegenteil, die griechische Kultur wurde zum dritten verbindenden und vereinenden Element der römischen Oberschicht. Sprache, Literatur, Wissenschaften, Redekunst und insbesondere die Philosophie wurden geradezu zum Pflichtprogramm bei der Ausbildung eines jungen Römers aus vornehmem Hause. Staat und Recht aus der Sicht Platons, Aristoteles' und der Stoa boten die theoretischen Ansatzpunkte, mit deren Hilfe Vergleichsmöglichkeiten zur staatlichen und politischen Realität hergestellt werden konnten. Staat und Recht sind nicht mehr bloß Betätigungsfelder der Praxis, sie werden theoretischen Betrachtungen unterzogen. Das aus langen Jahren staatlicher Entwicklung und militärischer Triumphe herrührende Verhalten römischer Staatsmänner wird in zunehmendem Ausmaße theoretischen Maßstäben gegenübergestellt. Die Postulate an die Oberschicht werden zu Maximen.[579] Dabei spielt gewiß das Streben nach ethischer Perfektion in Recht und Staat eine vorrangige Rolle. Die Frage nach der Gerechtigkeit wird zum zentralen Thema: Recht und Unrecht werden an metaphysischen Konstrukten wie dem Naturrecht gemessen. In dieser Hinsicht geben Ciceros staatstheoretische Schriften, insbesondere *de legibus* und *de officiis*, einen großartigen Einblick in die Bildungswelt der letzten zwei Jahrhunderte der römischen Republik, vor allem über das Bemühen, politisches Handeln, Rechtsentwicklung und Rechtsanwendung auf die Grundlage philosophischer Erkenntnisse zu stellen.

Auf diesen vier Pfeilern beruhte demnach die Einheit, die Kompaktheit der Nobilität: Wirtschaft (Reichtum), Militär, Recht, griechische Kultur. Während die gemeinsame wirtschaftliche Grundlage durch die andauernden Kriege, die Eroberungspolitik, geradezu als das Produkt der Staatsführung angesehen werden kann, beruhen die anderen drei Pilaster auf gemeinsamer Tradition und Bildung, stellen somit die eigentliche geistige, unverzichtbare Grundlage dieser Oberschicht dar. Nur wer diese Grundwahrheiten erkennt, wird die Politik der römischen Republik verstehen können.

Im Vergleich und Zusammenspiel von Senat – Magistraten – Volksversammlungen gebührt gewiß ersterem die wichtige Rolle des Koordinators. Hier tagten die gewesenen Magistrate bis zu den Consuln und Censoren. Hier vertraten sie auch weiter nachhaltig ihre Interessen. Hier konnte in weitläufiger Planung die römische Politik im Inneren wie im Äußeren bestimmt werden. Gewiß, die Magistrate, insbesondere jene *cum imperio* waren frei, eigene Politik zu betreiben,[580] was sie auch bisweilen taten, aber ohne darüber in dauerhaften Streit mit dem Senat zu verfallen. Zu klar mußte einem jeden die Realität der Dinge erscheinen, die im Senat die Dauerhaftigkeit, in der Magistratur, insbesondere im Oberamt aller Regel nach die Einzigartigkeit geschaffen hatte. Insofern ist die Beobachtung Kunkels[581] durchaus

[579] F. Hampel, Stoische Staatsethik und frühes Rom, in: Historische Zeitschrift 184 (1957) 249 ff., ders., Römische Politik in republikanischer Zeit und das Problem des Sittenverfalls, in: Historische Zeitschrift 188 (1959) 497 ff.

[580] Zu radikal daher Bleicken, Lex Publica, 306 u. 315 zu der Beschränkung der magistratischen Rechte und dem Legitimitätsverlust.

[581] Kunkel 21.

richtig, daß der Magistrat als ausführendes Organ des Senats erscheinen mußte.[582] Dies traf besonders dann zu, wenn die Magistrate gezielt angehalten wurden, bestimmte Aktionen durchzuführen, bestimmte Gesetze zu beantragen und bestimmte außenpolitische Maßnahmen zu ergreifen. Freilich, der Senat war aller Regel nach klug genug, um die konkrete Abwicklung, insbesondere die Kriegführung selbst, nicht zu beeinflussen. Im übrigen verfügte man über die *auctoritas*-Erteilung immerhin noch über eine durchaus nicht stumpfe Waffe. Streng juristisch blieb der Senat bei der Vollziehung seines Willens zweifellos von der Mitwirkung der Magistrate abhängig, doch erfolgte dies in geradezu selbstverständlicher Weise eben wegen der Zugehörigkeit der Magistrate zur aristokratischen Gesellschaft, wie dies J. Bleicken richtig erkannt hat. Für den Nichtrömer der Blüte der Republik war es ohnehin völlig klar, wer in Rom der eigentliche Herrscher war, an wen man Delegationen zu schicken hatte, bei wem man sich um seine Interessen zu bemühen hatte. Seinerseits trat auch der Senat mit Abordnungen und Abgesandten in Erscheinung. Das immer wieder zitierte Beispiel des Popillius Laenas[583] ist natürlich aussagekräftig: Ein römischer Senator zieht um einen hellenistischen König einen Kreis im Sand und fordert ihn auf, ihm unverzüglich eine Antwort zu erteilen.

Das wesentliche Instrument der Senatsherrschaft war zweifellos die Kontrolle der Gesetzgebung[584] – natürlich weit weniger über die Comitien, sondern vielmehr über das *concilium plebis*. Die Verfassungsänderung von 287 erwies sich letztlich als der geniale Schachzug zur dauerhaften Sicherung der Nobilitätsherrschaft. Ohne die Kontrolle irgendwelcher strenger Priester, ohne den Einfluß eines womöglich eigensinnigen Consuls, ohne die Förmlichkeiten eines Aufmarsches am Marsfeld konnte die Plebs zu jedem erlaubten Zeitpunkt formlos zusammengetrommelt werden. Die Aufstellung nach *tribus*, insbesondere die Einschreibung der Unterschicht, der *humiles*, in 4 städtische *tribus* von 35 möglichen, bedeutete eine nachhaltige Einflußnahme der zumeist in den ländlichen *tribus* verteilten *nobiles*. Hinzu kam, daß eine Gruppe jüngerer angehender Magistrate dort die Leitung zu übernehmen, sprich Gesetzesvorschläge einzubringen hatte und die Abstimmungen leitete. Diese Sprößlinge der Nobilität, die Volkstri-

[582] Auctor ad Herennium 4, 35, 17: *magistratus est officium opera et diligentia consequi senatus voluntatem.*

[583] Bleicken, Lex Publica 309.

[584] Dazu bejahend gegen Mommsen, Bleicken, Lex Publica 311.

bunen, waren aller Regel nach alles andere als auf Revolutionen erpicht. Sie erwiesen sich als würdige und damit willige Vertreter ihrer Familien, der gesamten Oberschicht. Ihr Ziel war eben, die Karriereleiter weiter zu beschreiten sowie möglichst bald in den Senat aufgenommen zu werden. Ein dem Senat mißliebiges Verhalten konnte dann eben bei weiteren Wahlen oder bei einer anstehenden *lectio senatus* zu für den Betreffenden sehr negativen Folgen führen. Dieses Abhängigkeitsverhältnis war als Drohung natürlich nur für den unwahrscheinlichen Fall gedacht, daß ein Volkstribun von sich aus der Nobilität den Rücken zu kehren trachtete. Normalerweise waren die Volkstribune tatsächlich wesentlich an der Ausführung des Willens des Senates beteiligt.

Diese vom Senat in zentraler Funktion bestimmte Politik läßt es zu, die politisch aktive Rolle der Volksversammlungen relativ gering erscheinen zu lassen. Ihre Aufgabe beschränkte sich vielfach darauf, Gesetzesvorschlägen oder Wahlvorschlägen zum Durchbruch zu verhelfen, wobei am ehesten die Wahl zu den Magistraturen, insbesondere den wichtigsten, ihre institutionelle Rolle stärken konnte, derart, daß sie eben dem einen oder anderen Kandidaten den Vorzug geben konnten. Die vom Senat aus dirigierte Konsenspolitik der *nobilitas* geriet in zunehmendem Ausmaße in den letzten 100 Jahren der Republik unter Druck, ohne daß, wie ich ausdrücklich nochmals betonen möchte, dies zu wesentlichen Verfassungsänderungen geführt hätte. Trotz innerer Gegensätze überwogen die Gemeinsamkeiten innerhalb der Nobilität noch bei weitem, so daß eine Verfassungsänderung nie zustande kam. Erst die Gewalt des Bürgerkrieges und der überlegene Sieg des Octavianus führten nicht bloß zu einer Verfassungsänderung, sondern zu einem völligen Neuanfang. Die Gründe für die Krise der Senatsherrschaft sind vielseitig, sie sind zweifellos auch im verfassungsrechtlichen System begründet, aber besonders außerhalb der Verfassung virulent. An die erste Stelle möchte ich die Bildung eines neuen Mittelstandes setzen. Durch die unaufhaltsame Expansion des römischen Staates gelangten Reichtümer nach Rom und insbesondere die Gelegenheit, über Produktion und Handel diesen Reichtum zu mehren. Prinzipiell stand, wie festgestellt, einem jedem der Aufstieg in den Senat offen, doch angesichts der großen Masse der Nachrückenden war dies, bei der Beschränktheit der jährlich zur Verfügung stehenden Stellen, nicht so einfach. Tatsächlich konnten aber durch die neuen wohlhabenderen Nicht-*nobiles* zumindest bisweilen Unordnung und Unruhe in den Volksversammlungen ausgelöst werden. Auch der Censor wurde politisch relevanter und damit nicht nur der politische, sondern wohl auch der ökonomische Wunsch der etablierten Nobilität, sich von den Nachrückenden und Nachdrängenden abzuschotten. Die Folge war die Entstehung eines wohlhabenden bis reichen neuen Standes, des Ritterstandes, der eben vielfach wirtschaftlich mit den Senatoren gleichgezogen hatte, der aber nur sporadisch in die Machtstrukturen des republikanischen Staates integriert wurde. Absonderlicherweise dürften über den Census diese Ritter eher in die Kerncenturien der *nobilitas* vorgedrungen sein als in allzu viele *tribus*. Dies hing damit zusammen, daß sich diese Schicht in der Stadt Rom konzentrierte und in den Municipien, die insgesamt über weniger *tribus* verfügten als jene Bezirke, die von der Nobilität beherrscht wurden.

Weitere wichtige Gründe waren natürlich die zu enge Bindung von stehenden Heeren an die Feldherren, zu lange anhaltende *imperia*, insbesondere in den Provinzen, um dort Ruhe und Ordnung aufrechtzuerhalten, und das Streben, über militärische Kommandofunktionen dauerhafter das innenpolitische Leben mitzubestimmen, die Soldaten als williges Stimmvieh zu mißbrauchen. Dieses Heraustreten aus der Masse der *nobiles*, der Wunsch, in irgendeiner Weise stärker und zentraler als andere das politische Geschehen zu bestimmen, mußte die auf dem Grundsatz von Anciennität und Parität beruhende Senatsherrschaft in ihrer Substanz treffen. Gewiß, der Kontakt mit monarchisch organisierten Staaten und die großen Vorbilder aus der Geschichte, namentlich Alexander der Große, werden das Ihrige dazu beigetragen haben, die Idee der Alleinherrschaft zu fördern. Die hart umkämpfte Bürgerrechtsverleihung an die Bundesgenossen im Jahre 89 darf zuletzt nicht unerwähnt bleiben. Sie ist zwar für die Territorialisierung des römischen Staates an und für sich sehr bedeutsam und richtungweisend; strukturell hätte sie trotzdem wohl noch von der republikanischen Verfassung absorbiert werden können, da bereits vor 89 viele Römer nicht mehr in Rom oder seiner Umgebung lebten. Das politisch gewollte und erreichte Resultat war natürlich ein Anschwellen des bürgerlichen Standes und letztlich eine Schwächung der Position der *nobilitas*. Diese bürgerliche Masse, die weiterhin von der Macht ferngehalten werden sollte, sowie die Massen entwurzelter Soldaten, die begierig waren, nach Ende einer oft langen Dienstzeit eine neue Existenz zu gründen, und daher ihren Feldherren in der Regel zumindest bei Erfolgsaussichten blindlings ergeben waren, stellte jene explosive Mischung dar, die den republikanischen Staat vernichten sollte.

REGISTER

Namen

Sachen

Stellen